BORBOLETA

de refugiada a nadadora olímpica

BORBOLETA

de refugiada a nadadora olímpica

YUSRA MARDINI

COMO UMA TRAVESSIA A NADO PELO MEDITERRÂNEO
SALVOU VÁRIAS VIDAS E MUDOU MINHA HISTÓRIA

Tradução
Alda Lima

Rio de Janeiro, 2022

Copyright © 2018 por Yusra Mardini.
Copyright da tradução © 2022 por Casa dos Livros Editora LTDA. Todos os direitos reservados.
Título original: *Butterfly*

Publicado primeiramente em 2018 pela Bluebird, um selo da Pan Macmillan, uma divisão da Macmillan Publishers International Limited.

Todos os direitos desta publicação são reservados à Casa dos Livros Editora LTDA. Nenhuma parte desta obra pode ser apropriada e estocada em sistema de banco de dados ou processo similar, em qualquer forma ou meio, seja eletrônico, de fotocópia, gravação etc., sem a permissão do detentor do copyright.

Diretora editorial: *Raquel Cozer*
Gerente editorial: *Alice Mello*
Editora: *Lara Berruezo*
Editoras assistentes: *Anna Clara Gonçalves e Camila Carneiro*
Assistência editorial: *Yasmin Montebello*
Copidesque: *Sofia Soter*
Preparação de original: *Luíza Carvalho*
Revisão: *Thaís Lima*
Imagem de capa: © *Maximilian Baier*
Design de capa e diagramação: *Guilherme Peres*

Dados Internacionais de Catalogação na Publicação (CIP)
(Câmara Brasileira do Livro, SP, Brasil)

Mardini, Yusra
    Borboleta / Yusra Mardini ; tradução Alda Lima. – Rio de Janeiro : HarperCollins Brasil, 2022.

    Título original: Butterfly : from refugee to olympian, my story of rescue, hope and triumph
    ISBN 978-65-5511-427-0

    1. Jogos Olímpicos (31. : 2016 : Rio de Janeiro, RJ) 2. Mardini, Yusra 3. Nadadoras - Síria - Autobiografia 4. Refugiados políticos - Síria - Autobiografia I. Título.

22-123631	CDD-797.21092

Índices para catálogo sistemático:
1. Atletas : Nadadoras : Autobiografia 797.21092
Cibele Maria Dias - Bibliotecária - CRB-8/9427

Os pontos de vista desta obra são de responsabilidade de seu autor, não refletindo necessariamente a posição da HarperCollins Brasil, da HarperCollins Publishers ou de sua equipe editorial.

HarperCollins Brasil é uma marca licenciada à Casa dos Livros Editora LTDA.

Todos os direitos reservados à Casa dos Livros Editora LTDA.
Rua da Quitanda, 86, sala 218 – Centro
Rio de Janeiro, RJ – CEP 20091-005
Tel.: (21) 3175-1030
www.harpercollins.com.br

O barco

Eu pulo na água cintilante.

— Yusra! Que droga você está fazendo?

Ignoro minha irmã e mergulho sob as ondas. O oceano ruge mais alto que as marteladas do meu coração. O colete salva-vidas apertado no peito me puxa para cima. Minha cabeça irrompe pela superfície. Escuto as orações desesperadas vindas do barco.

Seguro a corda e vislumbro a costa. Já vejo a Europa. O sol está descendo e vai, lentamente, se aproximando da ilha. O vento está soprando forte. Os passageiros choram e gritam enquanto o barco gira em meio às ondas. O afegão puxa desesperadamente a corda do motor, que gagueja, mas não pega. O motor pifou. Estamos sozinhos, à mercê de um mar feroz.

Vejo o rosto do menino surgir entre os passageiros amontoados no barco. Ele sorri. É uma brincadeira. Ele não sabe nada sobre as pessoas desesperadas que já morreram aqui. As mães com bebês, os idosos, os homens jovens e fortes. Os milhares que nunca chegaram à costa, que lutaram por horas em vão até o mar levá-los embora. Fecho bem os olhos e luto contra o pânico crescente. Nadar. Eu sei nadar. Posso salvar o menino.

Vejo minha mãe, meu pai, minha irmázinha. Um desfile de triunfos, derrotas e constrangimentos recordados pela metade. Coisas que prefiro esquecer. Meu pai me joga na água. Um homem pendura uma medalha no meu pescoço. Um tanque prepara sua mira. Estilhaços de vidro no asfalto. Uma bomba atravessa um telhado.

Abro os olhos. Ao meu lado, minha irmã olha para cima, observando a altura da próxima onda furiosa. A corda corta a palma da minha mão. A água e puxa minhas roupas. Minhas pernas doem sob o peso. Preciso apenas me segurar. Sobreviver.

Mais uma onda se ergue e vejo a água emergir atrás do barco. Eu me preparo para subir e descer, boiar e rodar. O mar não é como a piscina. Não há bordas, não há fundo. Esta água é ilimitada, bravia, desconhecida. As ondas seguem seu curso, implacáveis, um exército em marcha.

O sol cai mais rápido, indo ao encontro dos picos da ilha. A costa parece mais distante que nunca. A água brilha em um roxo-escuro e a crista das ondas refletem um amarelo cremoso sob os resquícios de luz. Como chegamos até aqui? Quando nossas vidas se tornaram tão descartáveis? Arriscar tudo, pagar uma fortuna para entrar em um bote superlotado e apostar todas as fichas no mar. Esta é realmente a única saída? A única maneira de escapar das bombas em casa?

As ondas crescem e quebram. Picos agitados de água empurram minha cabeça contra a lateral do barco. A água salgada faz meus olhos arderem, invade minha boca, meu nariz. O vento chicoteia meus cabelos para todos os lados. O frio desce por meu corpo e alcança os pés, as canelas, os músculos das coxas. Sinto o princípio da câimbra nas pernas.

— Yusra! Volte para o barco.

Seguro a corda com mais força. Não vou deixar minha irmã fazer isso sozinha. Ninguém vai morrer sob nossos cuidados. Nós somos Mardini. E nós nadamos.

PARTE UM

A centelha

1

Nado antes de saber andar. Meu pai, Ezzat, técnico de natação, simplesmente me coloca dentro d'água. Sou tão pequena que as boias de braço não cabem, então ele levanta a grelha plástica de transbordamento da piscina e me mergulha na água rasa.

— Olha só, tem que mexer as pernas assim — ensina meu pai.

Ele faz um movimento de remo com as mãos. Eu agito as pernas até entender como chutar. Muitas vezes me canso, e o calor da água me põe para dormir. Papai nunca percebe. Ele está ocupado demais ladrando ordens para minha irmã mais velha, Sara. Nem eu nem ela optamos por nadar. Nem lembramos quando começamos. Nós apenas nadamos, sempre nadamos.

Sou uma criança bonitinha, tenho a pele clara, olhos castanhos e grandes, cabelo escuro comprido e corpo pequeno e magro. Sou terrivelmente tímida e quase nunca falo. Só me sinto feliz quando estou com minha mãe, Mervat. Quando ela vai ao banheiro, a espero do lado de fora. Quando outros adultos tentam falar comigo, eu os olho em silêncio.

Visitamos meus avós na cidade quase todo fim de semana. Minha avó Yusra, de quem herdei o nome, é como uma segunda mãe. Gosto de me esconder atrás das longas dobras de sua *abaya*, uma jaqueta ajustada que vai até o chão, enquanto meu avô, Abu-Bassam, tenta me subornar com doces para me arrancar um sorriso. Nunca caio nas artimanhas dele, então ele brinca e me chama de medrosa.

Sara é três anos mais velha que eu e o completo oposto. Ninguém consegue fazê-la ficar quieta. Ela vive conversando com os adultos, até com desconhecidos nas lojas, balbuciando em um idioma inventado. Sara gosta de interromper a hora do chá, subindo no sofá da vovó e falando bobagens, balançando os braços como se estivesse dando um discurso importante. Quando mamãe pergunta o que ela está dizendo, Sara explica que está falando inglês.

Somos uma família grande. Juntos, mamãe e papai têm onze irmãos. Há sempre primos por perto. Moramos em Set Zaynab, uma cidade ao sul de Damasco, capital da Síria. Ghassan, irmão mais velho de papai, vive no edifício em frente ao nosso. Seus filhos, nossos primos, vêm brincar conosco todos os dias.

Nadar é a paixão da família, e papai espera que seja a nossa também. Todos os irmãos dele treinaram quando eram jovens. Papai nadou pela seleção da Síria quando era adolescente, mas precisou parar na época do serviço militar obrigatório. Quando Sara nasceu, ele voltou à piscina como treinador. Papai sempre acreditou veementemente na própria habilidade. Um dia, antes de eu nascer, ele jogou Sara, ainda bebê, na piscina, para provar que era bom professor. Ele queria mostrar aos outros que podia ensinar até mesmo um bebezinho a nadar. Em silêncio e horrorizada, mamãe ficou esperando ele resgatar Sara.

Quando estou com quatro anos, no inverno, papai arranja um emprego no Complexo Esportivo de Tishreen, em Damasco, sede do Comitê Olímpico Sírio. Ele matricula Sara e eu na natação e providencia um treinador para cuidar de mim enquanto ele se concentra em Sara, na época com sete anos. Treino três vezes por semana na assustadora piscina olímpica. As principais fontes de luz são janelas compridas e baixas que contornam três laterais do edifício. Acima do vidro, persianas metálicas fixas bloqueiam a entrada do sol. Pendurado de uma delas, ao lado do placar, fica um grande retrato do presidente sírio Bashar Al-Assad.

A temperatura da piscina é sempre congelante. Ainda assim, logo descubro que ser minúscula, tímida e fofa tem suas vantagens. Em pouco tempo, meu novo treinador está apaixonado. Eu o tenho na palma da mão.

— Estou com frio — murmuro, fitando-o com meus olhos grandes e inocentes.

— O que foi que disse, meu bem? Está com frio? Por que não pega sua toalha e se senta lá fora no sol por um tempo? O que foi que disse, *habibti*, querida? Também está com fome? Ora, providenciemos um bolo para você, então.

Durante os quatro meses que se seguem, sou mimada, raramente entro na piscina. De meu pai, no entanto, não consigo escapar. Um dia, após o treino, passo por ele. A piscina está vazia e ele está se preparando para a próxima sessão de treinos. Mamãe veio nos buscar como de costume e está esperando em silêncio em uma cadeira à beira da piscina. Papai me vê antes que eu a alcance.

— Yusra — chama ele. — Venha aqui.

Aperto a toalha nos ombros e me apresso até ele. Assim que estou ao seu alcance, ele arranca a toalha, me levanta do chão e me lança na água. Eu luto para chegar à superfície e ofego, em busca de ar. Agito os braços e as pernas em pânico. Quatro meses deitada sob o sol comendo bolo trouxeram suas consequências, e não há como esconder de papai. Eu não sei mais nadar. Os xingamentos dele ecoam pelo salão e agridem meus ouvidos. Alcanço a borda com dificuldade e me seguro à lateral, sem ousar olhar para cima.

— O que você fez? — grita ele. — Que droga você tem feito?

Pego impulso para sair da piscina, fico de pé e me obrigo a olhar para ele. É um erro. Papai está marchando na minha direção, o rosto ardendo de raiva. Ele me alcança em poucos passos. Abaixo o olhar para os azulejos e me preparo para o castigo.

Ele se abaixa para me olhar.

— O que há de errado com você? — grita. — O que ele fez?

Papai me empurra pelos ombros com força e me arremessa na água, onde caio de costas. Minha cabeça irrompe pela superfície, o nariz cheio de cloro, os olhos arregalados de choque. Eu engasgo e me debato como um peixe preso a um anzol. Alcanço novamente a borda, me segurando a ela, o olhar fixo no movimento da água.

— Fora! — exclama ele. — Saia já!

Eu me arrasto para fora da piscina e me afasto um pouco. Observo papai com cautela. Seu olhar é de um homem disposto a passar o dia todo naquilo. Uma terceira vez, uma quarta vez, vinte vezes, até eu conseguir nadar novamente. Quando ele avança de novo, lanço um olhar suplicante para minha mãe. Ela está sentada, imóvel, nos observando da lateral da piscina. É impossível adivinhar o que está pensando. Ela não diz nada. A piscina é o reino dele.

— Ezzat! Você está louco?

Arrisco olhar. Meu tio Hussam, irmão mais novo do meu pai. Meu salvador.

— O que pensa que está fazendo? — grita Hussam, dando a volta na piscina a passos largos na nossa direção.

Olho para meu pai. Seu rosto ainda está vermelho vivo, mas ele parece desorientado, interrompido no meio da explosão. É a minha chance. Disparo até mamãe e mergulho entre as pernas de sua cadeira. Puxo sua saia comprida para baixo, me escondendo. A discussão à beira da piscina soa confortavelmente distante. Mamãe se ajeita um pouco na cadeira. Estarei segura até ele se acalmar.

Depois disso, papai não me perde mais de vista. Ele não arrisca deixar que mais alguém me mime. Sou sua filha e vou nadar, quer eu goste ou não. Ele enfia meus braços em boias infláveis e me coloca dentro da piscina com as crianças da idade de Sara.

Fico boiando em uma das extremidades da piscina enquanto elas treinam. As mais velhas não me mostram nenhuma misericórdia. Elas me empurram e me afundam ao passar. Não demoro muito para aprender a tirá-las do caminho ou mergulhar mais fundo enquanto elas cortam as águas acima de mim. Papai esvazia minhas boias de braço pouco a pouco, até eu conseguir nadar novamente.

Naquele verão, meu tio Ghassan se muda com a família para Daraya, um subúrbio de Damasco, oito quilômetros a sudoeste do centro. Mamãe e papai decidem segui-los. Nós nos mudamos para uma casa grande em uma estrada comprida e reta que marca a fronteira entre Daraya e outro distrito a oeste, Al Moadamyeh.

Sara e eu ficamos com o maior quarto, perto da entrada da casa. O cômodo está sempre inundado de luz; a parede externa é inteiramente de vidro. O quarto de nossos pais é menor, com uma enorme cama branca antiga no meio, um presente de vovó e vovô. Sara e eu a arruinamos, desenhando nela com a maquiagem de mamãe. Outra de nossas brincadeiras preferidas é construir uma pilha enorme no chão com as roupas de mamãe e nos sentarmos em cima, como rainhas em um castelo. Passo um bocado de tempo na varanda observando a rua movimentada abaixo de nós, ou olhando para além dos telhados, admirando os minaretes pontiagudos das muitas mesquitas do distrito.

Nossos pais não são muçulmanos muito rigorosos, mas aprendemos as regras. Eles nos ensinam a segui-las e, mais importante ainda, ensinam que um bom muçulmano demonstra respeito. Respeito aos mais velhos, às mulheres, a pessoas de outras culturas e religiões. À mãe. Ao pai. Especialmente se ele também for seu técnico de natação.

Papai gosta de separar os dois papéis. Na piscina, temos que chamá-lo de técnico. Em casa, podemos chamá-lo de pai, embora, na prática, ele ainda seja o técnico. Os treinos não têm fim. Começo a ter horror das sextas-feiras, o primeiro dia do fim de semana. Toda semana, papai espera até estarmos relaxando no sofá para entrar na sala de estar e bater palmas.

— Vamos lá, meninas! Vão buscar suas faixas elásticas para exercitar os ombros.

E lá vamos nós marchando atrás dos elásticos compridos. Papai amarra as faixas na janela da sala e nos põe para trabalhar. A melhor parte do método dele é quando podemos acompanhar esportes na TV. Assistimos ao Campeonato Mundial de Natação e ao de Atletismo, aos quatro principais campeonatos de tênis e à Liga dos Campeões da UEFA. Não demora muito para que eu me torne uma apaixonada torcedora do Barcelona. Papai não desperdiça um segundo do tempo diante da TV. Ele aponta as menores diferenças nas técnicas dos nadadores. Admira o estilo individual dos jogadores de futebol. Elogia os tenistas quando trituram seus oponentes e desdenha quando desmoronam sob a pressão. Nós ficamos sentadas assistindo e assentindo em silêncio.

Quando tenho seis anos, no verão, assistimos às competições de encerramento dos Jogos Olímpicos de Atenas de 2004. É a final dos 100 metros borboleta masculino.

— Observem a raia quatro — diz papai. — Michael Phelps. O americano.

Um silêncio tenso toma conta da sala de estar. Uma buzina soa. Oito nadadores se lançam como flechas para dentro da piscina. Uma câmera subaquática mostra os quadris de Phelps ondulando, as pernas compridas e os tornozelos ágeis agitando a água em seu rastro. Os nadadores irrompem na superfície em uma explosão de espuma branca. Phelps está quase um metro atrás do rival, Ian Crocker. Parece não haver muita esperança.

Phelps joga os enormes ombros para trás e o peso para baixo. Um borrifo d'água explode quando ele gira como um moinho de vento e dá uma cambalhota. Ele irrompe pela superfície novamente, mas continua para trás. Não vai conseguir. Quarenta metros, trinta metros. Faltando 25 metros, Phelps começa a avançar duas vezes mais rápido. Ele ultrapassa Crocker.

Eu arregalo os olhos. Ele se estica e mergulha, se estica e mergulha. Continua e continua. Eu prendo a respiração. Está tão perto. Três, dois, um. Phelps e Crocker tocam na borda. É Phelps. Ele arrancou o ouro de Crocker. Vitória por quatro centésimos de segundo.

Fico encarando a tela, hipnotizada. Papai, de pé, dá um soco no ar. Ele gira e olha de volta para nós.

— Viram?

Na tela, Phelps arranca os óculos de natação e olha boquiaberto para o placar. Ele levanta os braços em comemoração. Eu franzo o cenho para a tela e analiso seu rosto, me perguntando se aquela sensação faz com que tudo valha a pena. Tanta dor e sacrifício por um instante de glória.

Nunca escolhi ser uma nadadora, mas, daquele momento em diante, fico viciada. Meu estômago arde de desejo. Eu cerro os punhos. Não me importa mais o que é preciso. Seguirei Phelps até o topo. Às Olimpíadas. Ao ouro. Ou morrerei tentando.

2

Papai quer que sejamos as melhores nadadoras. As melhores de todas. Do mundo. De todos os tempos. Ele fará de tudo para nos levar até lá. Suas expectativas são astronômicas e ele espera que as alcancemos. Algumas semanas após a vitória milagrosa de Phelps em Atenas, começo o ensino fundamental. A escola fica em uma praça no distrito de Mazzeh, na zona oeste de Damasco, adjacente à escola de ensino médio. Tudo que preciso fazer é avançar turma por turma, de um prédio ao outro. Do primeiro degrau, parece uma longa escadaria. Uma noite, logo após o início das aulas, papai me senta para conversar.

— Yusra, a partir de amanhã, você será uma nadadora profissional — diz. — A partir de agora, deverá treinar durante duas horas todos os dias. Você vai entrar na liga jovem de Damasco com sua irmã. Entendeu?

Eu confirmo com a cabeça. É um aviso, não um pedido. Sinto um aperto de emoção e pavor no estômago. Vejo os degraus da escada da piscina se alongando diante de mim como os edifícios da escola. Entrei na liga jovem de Damasco. O próximo passo é a equipe nacional da Síria, onde começarei a representar meu país em competições internacionais. A partir dali, as Olimpíadas estarão ao meu alcance.

Logo entro no ritmo da rotina rígida de Sara. Papai nos faz viver como soldados. As aulas na escola começam cedo e vão até a hora do almoço. Entretanto, para nós duas, o trabalho continua. Papai espera todos os dias no portão para nos levar até a piscina. Há dias em que não estou com vontade de nadar, mas ele silencia minhas queixas com um único olhar. No carro, ele proíbe música e só permite falar de natação. Ele discorre sobre técnica e exercícios até termos decorado todos os seus discursos. Todos os dias, mamãe nos encontra na piscina e assiste ao treino da arquibancada.

Um dia, antes do treino, papai e outro treinador estão alongando os ombros de Sara. Ela fica ajoelhada enquanto eles puxam seus cotovelos dobrados para trás da cabeça. Nós duas odiamos esse alongamento, que pode ser bastante doloroso, mas ajuda a dar maleabilidade e agilidade aos ombros. Papai não cansa de nos dizer que precisamos ficar perfeitamente imóveis. No entanto, dessa vez, enquanto ele e o outro treinador puxam os cotovelos de Sara para trás, ela se encolhe, se afasta e grita de dor. Sara está sofrendo tanto que papai e mamãe a levam ao médico. Os médicos tiram um raio-x e descobrem que ela quebrou a clavícula. Sara é afastada dos treinos por diversas semanas, mas papai não se deixa afetar — um pequeno acidente não impedirá suas meninas de nadar. Ela volta para a piscina assim que se recupera, e papai não pega leve. Ele lhe diz para se esforçar mais do que nunca a fim de compensar o tempo perdido.

Naquele verão, participo de meu primeiro intensivo de natação. Sara e eu não precisamos ir muito longe, já que os melhores jovens nadadores da Síria vêm a Damasco nas férias escolares para treinar. Ficamos com os outros atletas no hotel, ao lado da piscina de Tishreen. Com dez anos, Sara já está andando com os adolescentes da equipe nacional síria. Como sou tímida, colo nela. Pouco a pouco, os mais velhos me convencem a sair de minha concha. Um deles, um rapaz chamado Ehab, me provoca e me chama de "ratinha".

É também no intensivo de natação que conheço Rami. Ele é de Aleppo, mas vem treinar em Damasco com frequência. Aos dezesseis, ele é nove anos mais velho que eu, mas nos tornamos amigos para toda a vida. Sou a mais jovem no programa intensivo, e Rami é sempre gentil comigo. Ele é bonito e tem um rosto largo, simétrico, realçado por cabelos e olhos escuros. Todas as meninas têm ciúme da nossa amizade.

Não há muitas nadadoras mais velhas no intensivo. Muitas desistem de nadar com a chegada da puberdade. Algumas param porque não veem um futuro ou uma carreira na natação, outras decidem parar quando entram na faculdade. No entanto, a maioria desiste porque esta é a idade em que as muçulmanas escolhem observar o *hijab*, usar roupas modestas e um véu para cobrir os cabelos. Usamos a palavra *hijab* tanto para o próprio véu quanto para o modesto vestuário islâmico. Ninguém na Síria é obrigado a usar o *hijab*, e muitas muçulmanas optam por não fazê-lo, especialmente nas cidades. Como muçulmana praticante, é completamente aceitável optar por uma coisa ou outra, desde que não use roupas reveladoras demais. É aí que a natação entra em conflito com a tradição. É complicado usar *hijab* quando se precisa treinar com traje de banho. Fica claro que, enquanto nadarmos, não usaremos *hijab*.

Muitas pessoas não entendem por que nadamos. Elas não veem o trabalho duro e a dedicação necessária para nadar, apenas o traje de banho. Alguns vizinhos e pais de outros alunos da escola dizem a mamãe que não aprovam. Outros dizem ser inadequado uma jovem usar traje de banho depois de certa idade. Mamãe os ignora. No verão em que estou com nove anos, mamãe decide aprender a nadar também. Como ela usa *hijab* e cobre os cabelos, não pode treinar em Tishreen, então encontra outra piscina e faz um curso de férias só para mulheres. Papai a encoraja e, com o tempo, passa a treiná-la pessoalmente.

Ele parece alheio a todas às fofocas, e não deixa que nada interfira em nossa trajetória na natação. Seu programa de treinos está dando frutos. Papai quer que provemos nossas habilidades tanto na arrancada quanto em longa distância, e estamos ficando rápidas no nado livre e borboleta. Sara tem músculos impressionantes para uma menina de doze anos. Ela se mostra promissora e é escolhida pelos treinadores da seleção nacional da Síria. Papai fica muito contente, mas a mudança significa que ela não é mais sua nadadora, apenas sua filha. Já eu ainda sou as duas coisas.

Um dia, não muito depois de Sara começar a treinar com a equipe nacional, papai leva meu grupo para visitá-los na academia. Somos jovens demais para fazer musculação, então ele explica os exercícios enquanto assistimos, reunidos em volta de uma série de máquinas. Sem avisar, uma menina do meu grupo de treino segura a barra da máquina mais próxima de mim e a puxa para baixo. É mais pesada do que ela pensava, e ela a solta. A barra recua e me atinge pouco abaixo do olho. Eu grito.

— O que foi agora, Yusra? — pergunta papai.

Uma fina gota de sangue escorre por minha bochecha. Meus olhos se enchem de lágrimas. Papai levanta meu queixo para examinar a lateral do meu rosto.

— Não foi nada. Não exagere.

Papai leva o grupo de volta à piscina para continuar o treino. Estou ao lado do bloco de partida, ainda choramingando por causa do choque. O treino recomeça. Eu não tenho escolha. Entro na piscina. O machucado arde com o cloro. Eu me seguro à borda. Finalmente, sou salva pelo pai de uma das outras crianças do grupo, que manda papai me levar ao médico. Papai faz uma careta, irritado, e acena para mim, que saio da água. Após o treino, ele me leva ao pronto-socorro, onde médicos dão pontos na minha bochecha.

Depois disso, fico com pavor de me machucar. Não por causa da dor, mas porque os treinos não seriam suspensos. Entretanto, não há nada que eu possa fazer para me proteger de certas coisas. Como as otites, por exemplo. A dor é atroz — como se alguém estivesse tentando encher um balão dentro da minha cabeça. Posso faltar à escola, mas não à natação. Papai não confia em médicos, especialmente quando eles me afastam da piscina. Um dia, a dor está mais forte do que em qualquer outra ocasião. Eu uivo de agonia enquanto minha mãe implora para a médica, que balança a cabeça.

— Tímpano perfurado — declara ela. — Ela não tem condições de nadar. Tem que ficar de repouso por, no mínimo, uma semana.

Olho para minha mãe, que levanta as sobrancelhas e suspira.

— Você conta para o papai? — pergunto. — Eu não consigo. Eu não quero.

Vou chorando até a piscina, apavorada com a reação de papai ao saber. Ele já está lá nos esperando.

— Então, qual é o veredicto? — pergunta.

Quando mamãe lhe conta, ele fica furioso.

— Do que ela está falando? Uma semana inteira? Quero uma segunda opinião.

Voltamos para o carro e mamãe me leva a outro médico, que lhe diz não haver nada errado. Nada de tímpano perfurado, nada de pausa na natação. Papai fica feliz. Nado mesmo com dor. Pouco tempo depois, esperando o ônibus escolar de manhã com Sara, de repente desabo no chão. Passo trinta segundos desacordada. Da varanda, papai me vê cair e sai correndo de casa. Ele me leva para o hospital, e os médicos ficam perplexos. Deve ter a ver com meus ouvidos, ou talvez meus olhos. Sou encaminhada para um oftalmologista que declara que sou míope. A partir desse dia, uso óculos ou lentes de contato, mas isso não me poupa dos desmaios intermitentes. Na mesma época, desenvolvo manchas vermelhas que coçam no pescoço. Os médicos dizem ser psoríase. Desde que não afete a natação, papai está satisfeito.

Ele pode não ser mais o treinador de Sara, mas continua de olho nela. Os Jogos Pan-Arábicos estão chegando e papai quer que Sara vá ao Cairo com o resto da equipe síria. Pela primeira vez, a competição incluirá um evento de pentatlo moderno. Papai fica sabendo que a equipe ainda não encontrou uma atleta feminina para o revezamento misto. Os técnicos perguntam a Sara se ela gostaria de concorrer a uma vaga nos eventos de corrida, natação e tiro esportivo.

Sara passa o verão no complexo esportivo de Tishreen, correndo longas distâncias e aprendendo tiro ao alvo com pistola. Uma ou duas vezes, a acompanho para assistir. Um dia ela me deixa experimentar a arma, pesada, fria e difícil de manejar. Não sei bem se gosto. Sara prova sua aptidão aos treinadores e, em novembro, viaja para o Cairo com a seleção nacional. Ela corre rápido, atira em linha reta e atravessa a piscina como um relâmpago. Sara e a equipe de revezamento conquistam uma medalha de prata e ajudam a Síria a ficar em quinto lugar na contagem de medalhas. Quando a equipe retorna, papai está fora de si de tanta emoção.

— Talvez você possa conhecer o presidente! — exclama ele.

Na semana seguinte, os treinadores da equipe convocam uma reunião. Está confirmado: o presidente Bashar Al-Assad gostaria de conhecer todos os medalhistas. Sara é a mais jovem do grupo. Ela obtém autorização para não ir à escola e até falta a uma prova, mas recebe nota máxima assim mesmo. Ela volta do palácio resplandecente.

— Então, como foi? — pergunta mamãe.

— Ficamos esperando em uma fila comprida para cumprimentá-lo — conta Sara, sorrindo. — Eu não conseguia acreditar que era verdade.

— Ele disse alguma coisa a você? — continua mamãe.

— Disse que está orgulhoso de mim porque sou a mais jovem. E disse para continuarmos. Falou que, se eu continuasse vencendo, um dia a gente se encontraria novamente. Ele é um homem simpático e normal.

Mamãe e papai estão radiantes de orgulho. O encontro é uma enorme honra para a família. A escola expõe uma foto de Sara e seu grupo com o presidente. Papai providencia uma cópia ampliada e a emoldura, pendurando-a na parede da sala de estar.

Algumas semanas depois, mamãe chama nós duas para conversar e revela que está grávida. Fico inquieta. Não serei mais a caçula, a menor, a mais bonitinha. Sorrio e não digo nada. Em março, mês em que completo dez anos, mamãe dá à luz uma menina, um anjinho de enormes olhos azul-celeste, que chama de Shahed. Quer dizer "mel". A família toda se derrete. Assim que ela chega, fico em êxtase por ter uma irmãzinha.

Enquanto papai é obcecado por nossos tempos na natação, mamãe se preocupa apenas com nossas notas na escola. Sara e eu somos boas em inglês, então mamãe contrata professores particulares para nos incentivar. Papai nos apresenta à música pop estadunidense, e nos tornamos grandes fãs de Michael Jackson. Estudamos as letras dele como se fossem cair na prova, e vivemos de fones de ouvido, no caminho da escola ou da piscina, na viagem de carro da casa de nossa avó, em Damasco, até Daraya. Às vezes, pergunto a Sara o que uma palavra em inglês significa e como escrevê-la. Sara tem um caderno no qual escreve segredos em inglês para que nossos pais não leiam.

Naquele verão, entre os treinos, Sara e eu nos sentamos com papai para assistir aos Jogos Olímpicos de Pequim de 2008. Mamãe entra e sai com a pequena Shahed no colo. Dessa vez, por causa de Phelps, a natação domina os jogos. Assisto, boquiaberta e maravilhada, ele conquistar ouro atrás de ouro, chegando cada vez mais perto de seu recorde de medalhas. O mundo inteiro fica louco por ele. A imprensa árabe o chama de Nova Lenda Olímpica. O Maior dos Olímpicos.

Estamos todos esperando a final dos 100 metros de borboleta masculino. A tensão aumenta quando o sérvio Milorad Čavić promete impedir que Phelps conquiste seu sétimo ouro. Os nadadores se alinham nos blocos de largada. Crocker também está lá. A câmera percorre a fila. Eu analiso o pescoço, os braços. Uau, Phelps é uma montanha. Em nossa sala de estar, o clima é de tensão. Papai insiste no silêncio absoluto.

Bipe. Eles disparam dentro d'água. À medida que os nadadores emergem, vemos que Čavić e Crocker estão na frente, avançando, dando braçadas, pegando impulso para prosseguir. No final da primeira volta, Phelps está em sétimo lugar. Prendo a respiração, esperando que ele reúna todas as suas forças. Trinta, vinte metros para terminar. Phelps ultrapassa Crocker, mas Čavić ainda está na frente. Um, dois, um, dois. Continua, continua.

Phelps não está demorando muito? Vamos lá! Vire a chave. Arranque. Quinze metros para terminar e Phelps vai com tudo. Ele encurta a distância. Ele está cravado com Čavić. Quando batem na almofada de toque juntos, deixo escapar um gritinho. Ninguém acredita. Ele conseguiu. Ouro. Por um centésimo de segundo. Phelps grita e bate os enormes braços na água.

Papai está de pé.

— Viram só? É isso, meninas. Este é um atleta olímpico.

Sara e eu sorrimos uma para a outra.

— Mas como chegar lá? — pergunto. — Como chegar às Olimpíadas?

— Trabalhando — diz papai, voltando a atenção para a tela. — Se Deus quiser, vocês chegarão lá um dia. Se o seu sonho não é estar nas Olimpíadas, você não é uma atleta de verdade.

Por um tempo, Sara é a jovem estrela da equipe síria, se saindo bem tanto no nado borboleta em piscina curta quanto no nado livre de longa distância. Contudo, no outono, após os Jogos Olímpicos de Pequim, ela passa a oscilar. Seu nível sobe e desce e os treinadores começam a perder o interesse por ela. Parece que toda semana ela muda de treinador.

No grupo de treino de papai, eu e outra menina, Carol, somos as mais rápidas, rumo a nos tornarmos suas estrelas. Todos os nadadores da equipe nacional, incluindo Sara, são seus concorrentes. Papai organiza uma disputa entre Sara e Carol nos 100 metros borboleta.

Ele reúne todo mundo para assistir à corrida: treinadores, nadadores, colegas de equipe de Sara. Na piscina, papai não é papai — ele é o treinador. Quando Sara e Carol sobem nos blocos de partida, Sara não é mais sua filha, e sim a rival da nadadora dele. Fico observando, atordoada. Não faço ideia de para quem devo torcer.

Bipe. Elas mergulham. Carol emerge primeiro. Sara surge logo depois. Na volta de cinquenta metros, Sara está um corpo inteiro para trás. Ela pega velocidade, mas Carol dispara pelos últimos 25 metros e chega confortáveis cinco segundos na frente. Papai dá um soco de vitória no ar e sorri para os treinadores da equipe. Sua estrela ganhou.

Voltamos para casa em um silêncio incômodo. Sara fica olhando pela janela, de fones de ouvido. Assim que entramos em casa, papai é papai novamente. Ele se dirige à Sara.

— O que há de errado com você? Você se descuidou. Perdeu toda a velocidade.

Sara o fita com os olhos ardendo de raiva.

— É isso, já chega — decreta ele. — Chega de ir à casa de seus amigos depois do treino. Chega de jogar basquete. Terei que consertar você. A partir de agora, vou treinar você. Você vai voltar para minha equipe.

Sara se desfaz em lágrimas. Ela recoloca os fones de ouvido, se levanta e sai da sala. Eu bloqueio aquilo tudo. Minha irmã vai se acalmar depois de chorar.

Após aquele dia, Sara se junta a mim e Carol nos treinos com papai. Um dia, alguns meses mais tarde, Sara sai da piscina segurando o ombro direito.

— Eu não consigo continuar — diz ela a papai. — Não consigo mexer o ombro.

Mamãe a leva ao médico. Sara recebe quatro semanas de licença e alguns cremes para os músculos. Papai não fica nada feliz. Um mês depois, Sara volta à piscina, mas o intervalo fez seu nível cair mais uma vez. Ela leva outros dois meses para voltar, com dificuldade, até onde estava.

Então, na primavera, é o outro ombro. Os médicos parecem preocupados e a afastam por mais um mês. Mamãe tenta ajudar. Desde que aprendeu a nadar, ela dá aulas de hidroginástica em um spa de águas termais a uma hora de carro ao sul de Damasco, perto da cidade de Daraa. Ela começou a aprender massagem terapêutica e experimenta suas novas competências nos ombros de Sara.

Em pouco tempo, Sara está de volta aos treinos, lutando como nunca para recuperar a velocidade anterior. Minha irmã não confessa aquilo para mim, mas vejo que não está mais gostando de nadar. Ela está distraída e com frequência desaparece depois do treino. No começo do verão, começa a usar maquiagem. Desconfio que ela esteja se encontrando com garotos. Papai fica furioso, mas Sara não se importa. A vida em casa se deteriora, virando uma série de batalhas e confrontos.

— Veja sua irmã mais nova — grita papai. — Por que não pode ser como ela?

Nunca funciona. Quanto mais ele grita com Sara, mais ela apronta. Ela grita de volta, fala palavrão na frente dele. Em mim, porém, funciona. Ao ver a fúria que Sara provoca, não há como dar um passo em falso. Não dou a papai nenhum motivo para ficar bravo comigo. Mantenho a cabeça baixa, me esforço ao máximo na piscina, luto por aquelas medalhas, estudo para tirar as melhores notas. Sou tão competitiva que, se outra aluna da turma tirar notas mais altas que as minhas, a psoríase faz meu pescoço ficar vermelho e começar a coçar. Sara me bate e me chama de nerd.

Naquele verão, Sara e eu viajamos a Latakia, uma cidade na costa noroeste da Síria, para uma competição. Latakia é o principal destino de férias da Síria. As pessoas a visitam para passear pela extensa orla, frequentar os restaurantes ou andar de montanha-russa no parque de diversões. Sara e eu estamos lá pelo mar. A competição é em águas abertas, um mergulho de cinco quilômetros de uma ilha até a costa.

De pé na praia, vejo o mar calmo e resplandecente sob o sol. Nós disparamos, cinquenta ao mesmo tempo. A competição é feroz, todos lutando para pegar a rota mais direta de volta à costa. Assim que estamos em mar aberto, sinto-me um pouco desconfortável. Nadar no mar não é como nadar em uma piscina. As águas são misteriosas e profundas. Não há laterais, não há como descansar. Fico com medo de me perder e tenho que nadar de cabeça erguida para enxergar as boias e os barcos posicionados para marcar a rota. Fico aliviada quando, mais de uma hora depois, chegamos à costa.

Pouco após a competição no mar, os dois ombros de Sara se lesionam de uma vez. Ela não consegue dar nem uma braçada no nado borboleta.

Os médicos a encaminham a um fisioterapeuta para receber massagens intensivas, e ela para de nadar por mais um mês. No início do ano seguinte, Sara volta a nadar, mas não no mesmo nível de antes. Apesar de compartilharmos o quarto, ela não conversa muito comigo. Eu me preocupo com ela, mas, em casa, entre as batalhas, nós duas nos retraímos para nossos próprios mundinhos. Se somos infelizes, somos infelizes sozinhas. Nossas vidas são totalmente distintas. Nadamos separadamente, estudamos separadamente, nossos amigos são diferentes.

As tentativas de papai de mudar o comportamento de Sara não funcionam. Ela não leva a escola a sério, suas notas caem, os professores a rotulam como encrenqueira. Ela foge e sai após o treino, joga basquete ou fica na casa de amigos. Muitos de seus melhores amigos são meninos. As discussões em casa se agravam. O menor gatilho de papai já basta para que ela perca o controle. Quando nos sentamos para comer, papai faz algum comentário sobre seu ganho de peso. Ou começa a falar de suas notas. Ou que ela nadou mal no treino. Muitas vezes, Sara apenas arrasta a cadeira para trás, se levanta e sai num rompante.

— Ah, então agora também não vai comer? — grita papai atrás dela.

— Não estou a fim de comer — retruca ela, sem olhar para trás.

Eu me encolho quando ela bate a porta do quarto. Abaixo os olhos e arrasto a comida pelo prato. É só obedecer e ficarei bem. Sei que papai ficará feliz se eu for a melhor nadadora. E estou ficando boa. Meu nado borboleta é rápida e forte. No outono, aos doze anos, entro na seleção nacional da Síria. Os treinadores dizem que estou pronta para minhas primeiras competições internacionais, na Jordânia e no Egito. É um grande passo. Agora sou uma nadadora competitiva, nadando pela Síria, subindo mais um degrau na escada do meu sonho olímpico. Enquanto Sara vacila e se rebela, eu sou a nadadora premiada do papai.

PARTE DOIS

A primavera

3

Os homens dão socos no ar e cantam para a câmera. À medida que a fumaça sobe dos edifícios, bandeiras queimam e multidões se dispersam. Estamos em março de 2011. A Líbia está em chamas. Eu olho para Sara, que dá de ombros e muda o canal. Papai entra na sala de estar.

— Mude de canal de volta — ordena ele.

Sara obedece. Papai se senta no sofá. Assistimos em completo silêncio ao desenrolar de cenas dramáticas. Este é o momento do papai. Toda noite, por exatamente duas horas, a TV é dele. Ele assiste ao jornal e depois nos devolve o controle remoto. Nas últimas semanas, vimos revoluções na Tunísia e no Egito. Agora é a Líbia. Não entendo a razão, mas a situação na Líbia parece diferente, mais próxima de casa.

— Eu acho meio legal — diz Sara baixinho. — Assustador. Mas legal.

Papai a olha atravessado.

— Você está louca? Isso nunca vai acontecer aqui, entendeu? É impossível algo assim acontecer na Síria.

A Síria é estável e sensata, ele nos diz. O povo é calmo e tranquilo. Ninguém vai criar problema algum. Todos têm empregos, a vida é boa, estamos trabalhando, felizes, seguindo a vida. Papai gesticula para os manifestantes na tela e continua:

— Diferente dessa gente.

O líder líbio Muammar al-Gaddafi aparece na tela. Ele está usando uma espécie de roupão marrom-claro e um turbante da mesma cor, e faz um discurso na TV estatal líbia, incitando seus apoiadores a derrotar a revolta no país.

— Convoco os milhões de uma ponta do deserto à outra — diz Gaddafi, balançando os braços violentamente. — Marcharemos em nossos milhões e purificaremos a Líbia, polegada por polegada, casa por casa, lar por lar, beco por beco, pessoa por pessoa, até que o país esteja limpo da sujeira e das impurezas.

Quando Sara ri, papai a olha feio de novo.

— O que foi? — pergunta Sara. — Não estou rindo da situação. É só que, bem, ele é engraçado. O dialeto líbio é engraçado.

Papai balança a cabeça e volta a atenção para a tela.

— É hora de ir ao trabalho — diz Gaddafi. — É hora de marchar! É hora de triunfar! Não há mais volta. Avante! Revolução! Revolução!

Gaddafi bate no púlpito, levanta o punho no ar e sai de cena. Papai desliga a TV e deixa a sala sem dizer uma palavra. Alguns dias depois, Sara e eu estamos na frente de casa, esperando o ônibus escolar. Sara me conta que sonhou que Gaddafi era assassinado. Eu respondo que não quero saber. O ônibus encosta e nós entramos. Todos os outros estudantes estão olhando para o celular, rindo.

— O que houve? — pergunta Sara assim que nos sentamos.

Um menino no banco da frente se vira.

— *Zenga, zenga* — diz, sorrindo.

— Hein? — pergunto.

O menino nos passa o celular. Um vídeo do YouTube está sendo reproduzido na tela. Alguém remixou o discurso de Gaddafi na televisão e o transformou em uma música dançante. Há uma jovem seminua rodando no canto inferior. O ditador parece ridículo. O ônibus inteiro ri de novo quando chega o refrão. *Zenga, zenga*, dialeto líbio para *zinqa*, ou beco. Na escola, a música toca em toda parte, mas a piada logo perde a graça. Uma semana depois, o ônibus escolar está soturno. Todos estão sentados em dupla, cochichando. Minha amiga Lyne entra e se senta ao meu lado. Eu sorrio para ela, que arregala os olhos e se inclina para mim.

— Não ouviu falar de Daraa? — sussurra.

— Não.

Sinto uma súbita pontada de ansiedade. Mamãe trabalha a apenas meia hora de carro de Daraa, e a cidade em si não fica longe de nós, a cerca de cem quilômetros de Damasco.

— Uns jovens, uns meninos — continua Lyne. — Eles escreveram uma coisa em um muro e foram presos.

— Como assim? O que eles escreveram?

Ela olha para os lados e fala ao pé do meu ouvido:

— *Ash-shab yurid isqat an-nizam.*

Olho para ela, atônita. *Ash-shab yurid isqat an-nizam.* O povo quer derrubar o regime. Mas papai não disse que uma revolta aqui era impossível? Fico sentada em silêncio, absorvendo as palavras de Lyne, lutando com seu significado. Eu me inclino para sussurrar no ouvido dela.

— Foi o que disseram na Tunísia, não foi? E no Egito?

— E agora na Líbia — diz ela, confirmando com a cabeça.

Observo o trânsito pela janela, as pessoas a caminho do trabalho, as lojas abrindo as portas. Então o povo também quer que as coisas mudem aqui. Tunísia, Egito, Líbia, e agora aqui? Sou tomada por um mau presságio. Não há como sair algo de bom disso. Na escola, os professores não falam de Daraa. Mamãe, papai e os repórteres da TV estatal também não. Obtenho todas as notícias no ônibus escolar. Alguns dias depois, Lyne revela que houve tumulto e violência durante os protestos em Daraa, e que se espalharam pela Síria rumo a outras cidades: Aleppo, Homs e Baniyas.

— Vão se manifestar até aqui, em Damasco — completa Lyne.

Eu arregalo os olhos. Minha casa continua em absoluto silêncio. Papai ainda assiste ao jornal toda noite, e frequentemente muda para os canais estrangeiros em árabe, a Al Jazeera e Al Arabiya. Ele assiste sem comentar. Se fala dos crescentes protestos com alguém, não é conosco. Eu entendo. É para o nosso próprio bem, para nos proteger. Além disso, o que poderia dizer para duas filhas adolescentes? Perguntar se elas estão satisfeitas com a situação? Mamãe é um pouco mais aberta. Seu trabalho nas fontes termais perto de Daraa é mais uma fonte de informação. Um dia, no final de março, ela chega em casa com um ar pálido e abatido. Quando lhe pergunto o que houve, mamãe hesita, não querendo me assustar.

— Hoje, no spa — começa, finalmente. — Ouvi explosões e tiros vindos da cidade. Tentamos abafar fechando as janelas, mas ainda dava para ouvir.

Olho para minhas unhas com um aperto no estômago. Era melhor não ter perguntado.

— No último mês, tivemos menos clientes — continua mamãe. — Ninguém mais quer ir ao spa; está ficando perigoso demais.

Eu desejo que ela pare de falar. Fico aliviada quando papai entra na sala de estar e mamãe para no meio de uma frase. Papai se senta e liga a TV. Shahed entra aos tropeços logo atrás dele e mamãe a pega no colo e a leva para a cozinha. Ficamos sentados em um silêncio sombrio. Os locutores da TV estatal ainda não estão falando de Daraa.

No dia seguinte, Eman, uma colega de classe, revela que sua família vai embora de Damasco. Seus pais são de Daraa e querem voltar para ver o que está acontecendo. Tudo acontece muito rápido. Nós nos despedimos e eles partem na semana seguinte. Nunca mais tenho notícias dela. Até hoje não sei o que aconteceu com ela e a família. É o primeiro de muitos desaparecimentos semelhantes. Um dia, não muito depois da partida de Eman, mamãe chega do spa mais cedo do que de costume. Sara e eu estamos nos preparando para o treino. Mamãe se senta, trêmula.

— O que foi? — pergunta papai.

— O barulho hoje. Atiraram o dia inteiro. Foi a semana toda assim. Explosões enormes, sacudindo as janelas. Então, no meio da tarde, o exército apareceu e nos mandou sair.

Papai levanta as sobrancelhas.

— Então você não volta?

— Não — diz ela. — Eu acho que não. Parece que o spa vai ficar fechado por um tempo.

Mamãe olha para mim e Sara, depois olha furtivamente para papai.

— Sabe, minhas colegas, elas… elas me contam histórias pavorosas.

Sara se levanta do sofá, puxa meu braço e me arrasta para o quarto. Depois que mamãe para de trabalhar perto de Daraa, tenho ainda menos informações. Ela arranja um emprego novo como massagista em um estádio esportivo recém-inaugurado em Kafar Souseh, distrito ao norte de Daraya. Minhas vagas notícias ainda vêm do ônibus escolar. Lyne me diz que Daraa está sitiada. Ela me conta quando os protestos se intensificam em Homs, quando se espalham para o centro de Damasco e Latakia. No final de maio, quando os protestos em Daraya crescem, Lyne me conta que foi por causa de um menino chamado Hamza.

Todos que conheço ficam longe de ambos os lados. Ficamos quietos e esperamos.

Daraya não é mais segura. Toda sexta-feira, após as orações do meio-dia, fiéis saem das mesquitas e vão para as ruas. Às vezes, ouvimos o crepitar de tiros. Paramos de sair para comer nas noites de sexta-feira. Ficamos em casa assistindo à TV estatal. Os repórteres culpam terroristas pela violência. Não há nada a fazer a não ser observar e esperar, rezar para que o conflito pare logo.

Enquanto espero, eu nado. Nadar é a melhor distração. Quando estou na piscina, nada mais parece importar. Estou alcançando meus melhores tempos, batendo recordes e ganhando medalhas para a seleção nacional. Os treinadores dizem que posso viajar para outros países árabes — Jordânia, Egito e Líbano — para representar a Síria em competições internacionais. Em julho, Sara e eu nos levantamos às três da manhã para assistir ao Campeonato Mundial de Esportes Aquáticos em Xangai. Assistimos à nadadora sueca Therese Alshammar levar o ouro nos cinquenta metros livres. Para mim, é como assistir a um time de futebol favorito. Dou gritinhos e danço pela sala. Ela é minha nova heroína.

— Olhe só para ela — diz Sara. — Você poderia ser como ela.

Mamãe entra na sala de estar esfregando os olhos. Ela nos manda falar baixo para não acordar Shahed. Eu aponto para a tela: Alshammar está sorrindo e abraçando os outros nadadores na raia.

— Olha só, mãe! Eu também poderia fazer isso.

Mamãe boceja e sorri.

— Eu sei, *habibti*.

— Mas como chegar ao Campeonato Mundial se estamos na Síria? — indago.

Mamãe suspira.

— Só falem baixo, está bem? — pede ela.

Ver Alshammar me deixa impaciente. Mamãe não entende. Eu preciso nadar, preciso seguir uma carreira. O problema é que, com tudo o que está acontecendo na Síria — a violência, os protestos —, isso parece cada vez menos provável. O futuro é incerto. Minha jornada para as Olimpíadas está ficando nebulosa.

Naquele verão, nadadores de toda a Síria chegam a Damasco, como sempre, para o treinamento intensivo. Eu me instalo com eles no hotel dos atletas perto da piscina de Tishreen. Muitos dos jovens que conheço são de Aleppo, como Rami. Converso com ele sobre o que está acontecendo lá. Rami parece preocupado, embora diga que a situação está como em Damasco. Há alguns protestos, mas não violentos como em Daraa. Alguns dias após chegar em casa do intensivo, deparo-me com meu pai assistindo à Al Jazeera na sala de estar. Ele não desvia os olhos da TV quando entro. Eu me sento ao seu lado para assistir. Na tela, há homens agitando os braços e disparando metralhadoras para cima.

— O que foi agora? — pergunto.

— Trípoli caiu. Derrubaram Gaddafi.

Fico olhando para a tela, e papai assiste em silêncio total.

Não demora muito para os tumultos baterem à nossa porta. Grandes protestos explodem em Al Moadamyeh, o distrito a oeste de nossa casa. A rua que pegamos para ir à escola, à piscina e à casa da vovó, no caminho para a cidade, fica mais tensa. Passamos muito tempo em casa assistindo à TV. Numa manhã de outubro, no ônibus escolar, Lyne nos conta sobre a terrível morte de Gaddafi. Fico olhando pela janela, desejando que tudo pare, retroceda e volte ao normal.

Apesar de tentar ignorar o que está acontecendo e me concentrar na natação, na escola, no cotidiano, a vida normal está começando a se tornar impossível. Em dezembro, quarenta pessoas morrem em atentados suicidas a bomba em Kafar Souseh, distrito onde mamãe trabalha. As vítimas são pessoas comuns que, por acaso, estavam na rua, vivendo suas vidas. É um choque. É a primeira vez que experimentamos uma sensação generalizada de perigo, de que podemos morrer apenas por estar no lugar errado na hora errada. Nossos pais, como muitos outros, nos obrigam a ficar em casa depois das sete da noite. Chegamos em casa, fechamos as persianas e ligamos a TV.

No início do novo ano, acontece outro intensivo de natação, mas menos participantes compareçem. Muitos dos garotos mais velhos sumiram. Eu não consigo encontrar meu amigo Rami, então pergunto por ele. Os demais nadadores me dizem que ele foi para a Turquia, para ficar com o irmão. Eles afirmam que Rami planeja voltar em breve, mas pouco depois vejo no Facebook que ele começou a treinar com o clube de natação Galatasaray, em Istambul. Parece que ele ficará longe por mais tempo do que pensávamos.

Os conflitos se agravam a cada dia. Em janeiro, pilhas de sacos de areia aparecem por toda Damasco. Há soldados armados atrás deles de vigia, parando cada carro que passa. Eles verificam documentos e perguntam às pessoas de onde vêm e aonde vão. Muitas vezes, vasculham carros. Pode demorar até meia hora para passar. Há muitos pontos de controle na estrada principal que liga Daraya a Damasco. Começamos a pegar um caminho mais distante, pelos pomares de oliveiras ao sul e ao oeste, mas não importa o trajeto, com frequência esbarramos com postos de controle espontâneos, improvisados. Uma noite, no início da primavera, mamãe vai nos buscar no treino. Sara e eu nos sentamos no banco de trás do carro, e Shahed, no meio. Mamãe tenta pegar a estrada principal, mas nos deparamos com um rio de carros vindo na direção contrária. Mamãe suspira e observa:

— Fecharam a estrada.

Ela dá meia-volta e pega uma rua lateral que nos levará por outro caminho de volta a Daraya. A rua está estranhamente escura e deserta — todas as lojas fecharam cedo. Não há ninguém, nenhum outro carro à vista. Mamãe avança lentamente. À frente, do lado direito da rua, uma pilha de sacos de areia. Um soldado sai lenta e calmamente de trás do posto de controle. Ele está carregando um fuzil. Mamãe para o carro e abaixa a janela.

— Identidade — ordena o soldado.

Mamãe vasculha a bolsa e tira seu cartão de identificação de plástico branco da carteira. O soldado pega o documento e olha para nós no banco de trás.

— Suas filhas?

Mamãe assente, mantendo os olhos na estrada à frente.

— Para onde estão indo?

— Para casa. Moramos na estrada entre Daraya e Al Moadamyeh.

— E onde vocês estavam?

— Estou voltando do trabalho. Minhas filhas estavam nadando.

O soldado olha novamente para o banco de trás. Ele caminha até a traseira do carro e abre o porta-malas. Depois, abre a porta ao meu lado e aponta uma lanterna para nossos pés, volta para a janela do motorista e manda mamãe sair do carro. Sinto meu estômago embrulhar. Estou aterrorizada. Mamãe sai do carro. Sara e eu esticamos o pescoço pela janela para ver o que está acontecendo. O soldado a revista e nos deixa ir. Mamãe entra de volta no carro, respirando com dificuldade. Seguimos de volta para casa em silêncio.

Na manhã seguinte, no ônibus escolar, passamos por mais uma pilha de sacos de areia na estrada principal para Mazzeh. Os soldados fazem sinal para o motorista, que encosta na lateral da rodovia. Quando quatro soldados entram e aparecem no corredor, as crianças na frente do ônibus se assustam. O primeiro homem está brandindo um fuzil. Eles marcham pelo ônibus, revistando mochilas, o bagageiro, olhando embaixo de cada assento. Quando chegam a mim e a Sara, ficamos olhando fixamente para a frente, tomando cuidado para não travar contato visual. Eles continuam. Escuto uma das meninas mais novas atrás de mim choramingar. Por fim, eles saem do ônibus e o motor arranca novamente.

— O que eles acham que esconderíamos em um ônibus com cinquenta crianças? — murmura Sara depois que nos afastamos.

Depois disso, temendo que algo aconteça e não possamos voltar para casa, mamãe nos faz deixar roupas na casa de nossa avó. Às vezes, na volta do treino, ouvimos tiros vindos de Daraya e retornamos para a cidade. Outras, os próprios soldados nos postos de controle nos mandam dar meia-volta. As sextas-feiras estão piores que nunca. Cada vez que alguém é morto em Daraya, o velório se transforma em uma manifestação ainda maior. Ficamos em casa ou vamos para a casa da vovó no fim de semana. Em algumas noites sou acordada pelo som dos tiros na rua. Com receio de explosões e balas perdidas, papai arrasta um grande armário de madeira até a janela de nosso quarto. No início do verão, Daraya já está ficando vazia. Há cada vez menos pessoas nas ruas e no ônibus escolar. É assustador.

Fico confusa com o que está acontecendo. A TV não nos diz nada. Mamãe e papai obtêm informações através de amigos, parentes e vizinhos, mas não conversam conosco. O Facebook está cheio de piadas, fofocas, mágoas, coisas normais de adolescentes. Num sábado à noite, no final de maio, Sara, Shahed e eu estamos dormindo no quarto.

— *Allahu Akbar* — grita um homem na rua abaixo.

Um estouro de tiros. Perto demais. Eu abro os olhos.

— *Allahu Akbar* — repete um coro inteiro de vozes. — *Allahu Akbar.*

Olho para a cama de Sara. Ela está deitada de frente para a parede, de costas para mim.

— Sara?

Ela não se mexe.

— Fique onde está — diz ela, ainda de frente para a parede.

Segue-se um silêncio lá fora. Eu aguardo, congelada de medo. Ao longe, sons de assobio são seguidos por explosões estrondosas. O quarto é inundado por luz quando, subitamente, papai escancara a porta.

— Vamos — grita ele. — De pé. Fiquem longe da janela.

Levanto o lençol e pulo da cama. Sara faz o mesmo e saímos do quarto correndo.

— Não há vidro no nosso quarto — diz papai. — Vamos para lá.

Sara, papai e eu subimos na cama, com mamãe e Shahed. Cubro a cabeça com o lençol, tentando abafar os ruídos aterrorizantes do lado de fora. Ninguém consegue dormir muito.

No dia seguinte, a vida continua como se nada tivesse acontecido. Como sempre, eu me concentro na natação. Estou me esforçando bastante nos treinos e alcancei o nível necessário para competir internacionalmente. A próxima oportunidade será em julho. Entro na lista juvenil inicial dos Jogos Asiáticos da Juventude em Yakutsk, no leste da Rússia. Fico muito emocionada, e me sinto pronta para enfrentar o mundo. Toda a equipe nacional vai. Sara, ainda com dificuldade por causa da lesão, não entrou na equipe.

Numa sexta-feira no início de julho, dias antes de partir para a Rússia, estamos voltando para casa após visitar vovó na cidade. Papai pega a estrada menor para evitar os postos de controle, mas nos deparamos com soldados até nas estradas rurais.

— Reforçaram a segurança — murmura papai do banco do motorista enquanto esperamos para passar.

36   BORBOLETA

Serpenteamos pelos pomares de oliveiras ao sul. As ruas estão desertas. À medida que nos aproximamos da nossa rua, um homem sai de um edifício, balançando os braços e gritando. Papai o ignora e vira à esquerda na comprida rua reta em que moramos. Do banco do carona, mamãe se sobressalta. Papai para o carro e desliga o motor. Eu estico o pescoço para ver o que foi: três tanques marrons enfileirados na estrada à frente. Papai espera. Não acontece nada por um minuto inteiro. Em seguida, o tanque à esquerda desliza lentamente para uma rua lateral em meio a uma nuvem preta de fumaça do escapamento. O tanque à direita faz o mesmo para o outro lado.

— Eles vão nos deixar passar — observa papai.

Esperamos o tanque do meio se movimentar. Em vez disso, o canhão gira na nossa direção.

— Meu Deus — diz mamãe, agarrando o braço de papai.

No mesmo instante, um soldado sai de uma rua lateral. Ele dispara o fuzil para cima. O som ricocheteia nas fachadas dos edifícios. Ele grita para nós, acenando com o braço livre.

— Voltem, saiam daqui!

Papai hesita. Quando o soldado aponta para o carro, papai dispara de ré. O carro dá uma guinada para trás enquanto as balas pulverizam o asfalto à nossa frente. Mamãe grita. Papai gira o volante para a direita; os pneus cantam e nós derrapamos até virarmos para a direção oposta. Papai gira o volante e engata a marcha. Com um solavanco para a frente, viramos a esquina a toda velocidade e entramos na rua lateral. Papai freia bruscamente e estaciona. Mamãe mal consegue respirar.

— Pai… — começo.

Shahed começa a chorar.

— O que está acontecendo? — pergunta Sara.

Escuto uma batida na janela do carro e dou um gritinho. Um homem está olhando para dentro. Papai desce a janela.

— *Alhamdulillah* — diz o homem. — Estão seguros.

O homem olha para o banco de trás. Nós o olhamos de volta, tremendo.

— *Ya Allah* — diz ele. — E está com sua bela família. Viram os tanques?

— É claro — responde papai. — O que está acontecendo? Precisamos voltar para casa.

Mais tiros ecoam dos quarteirões a algumas ruas de distância.

— Precisam ir para um lugar fechado — diz o homem. — Venham para minha casa.

Papai abre a porta do motorista e se vira para nós.

— Vamos lá — diz ele. — Andem, vamos.

Eu saio do carro, apavorada. O desconhecido pode ser qualquer um. Ao atravessarmos a rua, ouvimos uma explosão. O tanque está atirando na nossa rua. Não temos escolha. Entramos pela porta do homem e subimos até um espaçoso apartamento. O desconhecido gesticula para um grande sofá e pede para nos sentarmos. Shahed sobe no sofá e se senta ao meu lado. Eu a abraço, e ela se aconchega no meu ombro. O homem fica andando de um lado para o outro, evitando as janelas.

— O que estavam fazendo lá fora, na rua?

— Indo para casa — responde papai. — Moramos no final da rua. Estávamos na cidade visitando parentes.

— Deviam ter ficado lá — diz o desconhecido. — Ninguém lhes contou o que estava acontecendo?

— Não. Não sabemos de nada. O que está acontecendo?

— Conflitos. Os rebeldes atacaram um posto de controle em Kafar Souseh, perto do Ministério das Relações Exteriores. O exército reagiu e interrompeu um protesto na mesquita de lá. Agora eles estão nos atacando aqui.

— Como assim? — pergunta papai.

Na rua, o tanque dispara novamente. Sons leves de pancadas ecoam à distância.

— Estão atirando em nós. Nos rebeldes. Da montanha.

Papai o observa com receio.

— Como você sabe tudo isso?

O homem sorri.

— Sou prefeito de Daraya.

Mais tiros crepitam a alguns quarteirões de distância. O prefeito vai até o canto da janela e abre uma fresta da persiana. Ele nos conta que o exército rebelde quer usar Daraya como base e, a partir dela, invadir Damasco. O governo está tentando expulsar todos os homens armados do distrito. O conflito pode durar a noite toda. Ficamos quietos e esperamos. Depois de cerca de uma hora, as ruas ficam mais silenciosas, os tiros mais distantes. Mamãe olha para papai.

— Devíamos ir agora. Voltar para a casa da minha mãe — sugere ela.

Papai franze o cenho. Shahed está dormindo tranquilamente no meu ombro. Fico feliz por ela ser pequena demais para entender o que está acontecendo. Sara, que está olhando fixamente para o chão, levanta o rosto

— Vamos voltar para a casa da vovó — diz ela. — Por favor?

Papai olha para mim e depois para Shahed.

— Não — diz ele. — As coisas já se acalmaram. Aqueles tanques foram embora. Vamos para casa.

O prefeito afasta as persianas novamente. As ruas estão quietas. Mamãe acorda Shahed com cuidado e a pega no colo. A menina joga os braços em volta de seu pescoço e encosta a cabeça em seu ombro. Sara e eu nos levantamos. Papai se volta para o prefeito, põe a mão no peito e lhe agradece.

— *Allah yusallmak* — diz o prefeito. — Que Deus esteja com vocês.

Saímos de fininho e atravessamos de volta para o carro. Não há movimento na rua. As pancadas e os estouros de artilharia estão mais distantes, ao norte, na direção de Kafar Souseh. Entramos no carro e fechamos as portas o mais silenciosamente possível. Papai dá partida e lentamente inicia o caminho de volta para nossa rua. Ele vira à esquerda. Do banco de trás, estico o pescoço para olhar pelo para-brisa. Nenhum tanque, nenhum carro, nenhum soldado, mas o lugar está irreconhecível. A rua tornou-se um emaranhado de cabos retorcidos, postes de madeira quebrados e fragmentos de árvores. As torres de eletricidade estão caídas como galhos espalhados pela estrada, e a fiação, agora inútil, está pendurada e soltando faíscas. Todas as fachadas e janelas das lojas foram quebradas, deixando um tapete de cacos de vidro pela calçada. Papai desvia lentamente entre os escombros até não poder avançar mais e para. Um soldado aparece com o fuzil apontado para cima.

— Você está louco? — grita o soldado, sua voz ecoando pela rua destruída.

Ele corre até o carro. Mamãe se agarra ao braço de papai.

— O que está fazendo aqui? — indaga o soldado, antes de olhar para o banco de trás. — Esta é sua família? Vocês têm que sair daqui!

— Volte! — exclama mamãe. — Eu quero ir para a casa da minha mãe. Agora, Ezzat. Vá!

Papai não se mexe.

— Eu não vou abandonar minha casa — declara ele.

— Então pelo menos nos tire daqui — implora mamãe, sua voz engasgada com as lágrimas de pânico.

Ela grita quando papai engata a ré abruptamente e afunda o pé no acelerador. Ele gira o volante com força e o carro dá meia-volta. Avançamos cantando pneu mais uma vez pela rua lateral, passando pela casa do prefeito e saindo nos pomares. Mamãe está chorando muito. Sara está pálida, segurando-se com força na alça do teto do carro. Entre nós duas, Shahed olha para a frente, muda. Eu a abraço para segurá-la enquanto enveredamos pelas ruas desertas. Papai para o carro em Kafar Souseh. Tudo está calmo. Ao longe, leves roncos sugerem que os conflitos se deslocaram para outro lugar. Papai nos deixa e parte sozinho, a pé, de volta para Daraya.

Com os ombros trêmulos, mamãe ocupa o banco do motorista e se atrapalha com as chaves do carro. Continuamos no banco de trás, assustadas demais para falar. Mamãe dirige lenta e cuidadosamente de volta para a cidade escura, rumo à casa de nossa avó, que nos recebe na porta e nos abraça, uma de cada vez. Deitamos, exaustas, nos sofás da sala de estar. Eu adormeço ao som do choro de minha mãe.

4

Alguns dias depois, quando viajo para os Jogos Asiáticos da Juventude, na Rússia, a violência perto de Daraya continua intensa. Não tenho como passar em casa antes de partir, então levo apenas uma pequena bolsa de roupas. Não fico muito preocupada, certa de que tudo terá voltado ao normal quando eu voltar.

Eu voo para Yakutsk com a equipe nacional da Síria. Estou feliz por ter a distração da piscina e por estar com a equipe, que se tornou uma espécie de segunda família. Afasto as imagens tenebrosas dos três tanques enfileirados na nossa rua e me concentro na tarefa que me aguarda.

Competiremos com jovens atletas da Rússia, da Ásia Central, do Extremo Oriente e de alguns outros países do Oriente Médio. Eu nado bem e ajudo a equipe de revezamento de nossa faixa etária a conquistar duas medalhas de bronze nos revezamentos de 4x100 metros e 4x200 metros em nado livre, vencendo uma equipe cazaque e uma russa. Duas medalhas de bronze. Mal posso esperar para contar a papai. Ele ficará tão satisfeito. Ligo para ele do hotel dos atletas. Como ele não atende, ligo para minha mãe, e lhe conto sobre as medalhas.

— Muito bem, *habibti* — reage ela, com a voz parece vazia e distraída.

— Como estão as coisas aí? — pergunto. — Vocês já voltaram para Daraya?

— Não. Tivemos que mudar os planos.

A casa de nossa avó estava cheia demais, então mamãe perguntou à minha tia se eles poderiam ficar em sua casa vazia. Minha tia mora no Campo de Yarmouk, um distrito de Damasco habitado por gerações de refugiados palestinos desabrigados. Mamãe e papai esperavam que as coisas estivessem mais calmas lá, mas, depois de alguns dias, os protestos explodiram e se tornaram violentos. Uma noite, o conflito foi tão intenso que eles não conseguiram entrar na casa da minha tia, sendo obrigados a voltar para a casa da vovó.

— Como assim? — pergunto quando mamãe termina de explicar.

Estou assustada e perturbada. Aqui estava eu na Rússia, comemorando minhas medalhas, pensando que em casa tudo havia voltado ao normal.

— Por que ninguém me contou?

— Está tudo bem, Yusra, não queríamos preocupar você. Voltaremos para casa quando as coisas se acalmarem.

Quando volto da Rússia, nada se acalmou. Ainda há artilharia pesada e tanques nas ruas de Daraya, e todos os distritos do sul de Damasco estão inacessíveis. Mamãe, Sara, Shahed e eu passamos o resto do mês acampadas na sala de estar da minha avó. É Ramadã, o mês sagrado muçulmano em que jejuamos durante o dia. Papai vai e volta de nossa casa em Daraya para ficar de olho no imóvel e protegê-lo de saqueadores. Na maioria das noites, quando escurece, ele vem para a quebra do jejum conosco. Em seguida, passa pela série de postos de controle para sair da cidade e, quando chega em casa, nos telefona para avisar que está bem.

Papai esconde a foto de Sara com o presidente Assad que tínhamos na parede, com medo de que o exército rebelde a encontre e destrua a casa ou coisa pior. Todas as manhãs, no caminho de volta para Damasco, ele mostra nossas medalhas nos postos de controle, explicando aos soldados que suas filhas nadam pela Síria. Uma noite, no início de agosto, papai não liga para avisar que chegou bem. Ficamos sentadas na sala de estar da vovó, pálidas e preocupadas. Sara liga inúmeras vezes para ele, mas ele não atende. Ela liga para nosso tio Hussam e avisa que papai está desaparecido. Ele concorda em ir até nossa casa ver o que aconteceu. Já é tarde da noite quando Hussam liga de volta para Sara. Quando ela desliga, se vira para nós de olhos arregalados.

— Papai está vivo, mas foi espancado. Hussam o levou para a casa dele. Está perigoso demais perto da nossa casa.

Eu a olho, boquiaberta.

— Então nunca mais voltaremos para lá? — pergunto.

Mamãe e Sara olham fixamente para o chão. É uma pergunta que nenhuma das duas sabe responder.

42   BORBOLETA

No dia seguinte, meu tio nos busca na casa da vovó e nos leva para ver papai. Ele está em mau estado, deitado no sofá, segurando as costas. Não sabe quem o atacou. Um grupo de homens o puxou quando ele estava entrando em casa e o levou para um prédio em algum lugar em Daraya. Eles o penduraram de cabeça para baixo pelos pés e o espancaram. Passaram-se horas até perceberem que estavam com o cara errado e soltarem seus pés. Depois, eles o largaram na rua sozinho, e ele teve que rastejar de volta para casa. Hussam o encontrou caído no chão, bem na entrada. Eu fico horrorizada.

— Precisamos encontrar outro lugar para morar — diz papai, se encolhendo de dor e se ajeitando no sofá — Não podemos ficar em Daraya, não é seguro. Vamos para Damasco.

A sala começa a rodar.

— Mas e todas as nossas coisas? — pergunto.

— Estamos com os documentos mais importantes. Não podemos voltar lá agora.

Eu nunca mais vejo nossa casa. É a última vez que entramos em uma área controlada pela oposição. Mais tarde, ouvimos rumores de que nosso prédio foi completamente destruído nos conflitos, mas nunca sabemos ao certo. Perdemos tudo: todas as nossas fotos e brinquedos de infância, as roupas que mamãe costurou para nós quando éramos pequenas, lembranças e bugigangas de férias em família. Uma vida inteira de lembranças soterradas nos escombros. As únicas coisas que me restam são as roupas que levei para a competição na Rússia.

Nós nos mudamos para Salhiyeh, um distrito perto da cidade velha no centro de Damasco, e nos hospedamos em um hotel de longa temporada, uma tradicional casa damascena dividida em apartamentos. Todas as outras famílias ali fugiram dos conflitos em Daraya ou nos outros subúrbios de Damasco. Temos dois quartos enormes no térreo, com pé-direito alto e portas e janelas antigas. No corredor, uma escada comprida com corrimão de metal leva aos apartamentos do andar de cima. A melhor coisa da casa nova é a localização: estamos no centro da cidade velha e perto da casa de nossa avó. As ruas são confortavelmente tranquilas e normais.

Apesar das circunstâncias, fico feliz por estar em Damasco. Tenho orgulho da minha cidade, uma das capitais mais antigas do mundo. Durante séculos, ela foi conhecida em todo o mundo árabe como um centro de cultura e comércio. A cidade foi a joia de muitos impérios, desde os persas, antigos gregos e romanos, até a dinastia islâmica Omíada, os mongóis, os otomanos e os franceses. No entanto, para mim — como para tantos outros —, Damasco sempre será a cidade do jasmim. As videiras verdes salpicadas de flores brancas em formato de estrela escalam todos os muros da cidade velha. Elas se entrelaçam acima das ruelas estreitas e formam uma copa celestial e perfumada.

Comparada à situação em Daraya, a beleza calma da cidade velha é como um outro mundo. Recebemos a notícia de que os tumultos se tornaram muito mais violentos desde que partimos. Ouvimos dizer que centenas de pessoas foram mortas, incluindo muitos de nossos ex-vizinhos, e simplesmente nunca mais ouvimos falar de diversos outros. Ouvimos histórias terríveis, mas não há algo que possamos fazer. Fico aliviada por termos saído a tempo, pois poderia ter sido conosco. Tudo acontece com tanta rapidez que não há tempo para pensar muito a respeito.

Assim como Daraya, Mazzeh não é mais segura, então também preciso mudar de escola. Em setembro começo a cursar o nono ano na escola Dar Al-Salam, perto de nosso novo apartamento. Lá, ninguém fala da guerra. A única diferença é que as pessoas parecem se importar com a religião que você pratica. Até então, nunca importou que eu fosse sunita, ou que qualquer outro estudante fosse alauita ou cristão. Desde que a violência começou, no entanto, isso parece ser muito importante. Os mais jovens seguem as gerações mais velhas, seus pais e avós. Todos procuram alguém para culpar pelo que está acontecendo.

Um dia, no final de setembro, recebo um telefonema de Mira, uma amiga e nadadora da Jordânia. Ela nada com uma equipe de elite local, o Clube Ortodoxo. Uma vez, o clube visitou Damasco para uma competição amistosa em que Sara e eu vencemos a maior parte das medalhas. Os treinadores ficaram impressionados conosco, as estrelas da natação de papai. Mira revela que o clube está procurando um novo treinador e quer que papai se candidate. Eu dou o recado a ele. Algumas semanas depois, papai me diz que conseguiu o emprego e que vai se mudar para a Jordânia no ano seguinte. Fico feliz por ele. É uma oportunidade incrível.

— Será uma grande experiência — afirma papai. — Além disso, o dinheiro será bem-vindo. Pelo visto, continuaremos alugando moradias em Damasco até que tudo isso termine.

Ninguém fala de irmos com papai para a Jordânia, mas, de qualquer maneira, eu não gostaria de ir. Tenho minha vida e amo minha cidade, meu país. As coisas não parecem tão ruins na Síria. Pelo menos para mim. Pelo menos por enquanto. No entanto, ao digerir as notícias, começo a me sentir inquieta. Estou animada por papai, mas preocupada por ele ir embora. Ele é meu mentor de natação, meu treinador, aquele que sabe o que é melhor para mim.

Uma noite, não muito depois do anúncio de papai, chego atrasada para o treino na piscina. Sara e os outros estão do lado de fora, muitos deles chorando.

— O que foi? — pergunto.

Sara se volta para mim, pálida.

— Ehab. Ele morreu.

— Ehab? Não seja ridícula, ele esteve aqui no verão.

Penso na última vez em que vi Ehab, alguns meses antes. Foi pouco antes de minha ida à Rússia. Ele ainda estava me provocando porque eu era pequena, ainda me chamando de "ratinha". Sara me conta que Mohammad, irmão de Ehab, também foi morto. Há diversos rumores circulando, mas ninguém sabe exatamente o que aconteceu. Eu me afasto do grupo cambaleando, as lágrimas escorrendo pelo rosto. Estou chocada. Eu esperava que a situação se acalmasse, mas meus amigos estão morrendo. Ninguém está a fim de treinar. Alguns dos mais velhos vão embora para comparecer ao funeral dos irmãos. Sara e eu vamos para casa. De volta ao apartamento, não consigo entender por que alguém decidiria lutar. Matar e morrer.

Papai me encontra chorando no sofá.

— Fiquei sabendo de Ehab — começa ele, colocando a mão no meu ombro. — Ele está em um lugar melhor agora.

Olho para cima, meu rosto marcado pelas lágrimas. Preciso pegar fôlego.

— Ele não merecia morrer — digo entre soluços.

— Não merecia, não, mas não se pode controlar tudo o que está acontecendo no mundo. As pessoas vão morrer, e é preciso estar preparado para isso.

Papai tinha razão. As pessoas iam morrer. Muitas pessoas. Todas as noites, no noticiário de TV, uma faixa na parte inferior da tela anuncia o número de mortes diárias no país. Normalmente o número fica em torno de 150, mas em dias ruins pode chegar a mil. Mil vidas exterminadas em um único dia. Durante um tempo, todo mundo só quer falar de política. Vejo famílias se separarem por um irmão ser a favor e outro irmão ser contra o regime. Hordas de jovens desaparecem em um ou outro dos exércitos e nunca mais voltam. Ainda sou nova, mas tenho idade suficiente para perceber que nosso país está mergulhando em um abismo de horror.

Estou dilacerada. Jamais pedi isso, jamais desejei que meu país desmoronasse. Eu faria qualquer coisa para voltar o tempo. Continuo esperando, rezando para que a situação se acalme, mas a matança só piora. Ouvimos histórias de colegas da escola que morrem em ataques aéreos aleatórios. Jovens da minha idade, mortos por estilhaços perdidos em suas camas enquanto dormiam. No início, o medo me devora por dentro, sem saber se serei a próxima. Depois, sem que eu realmente perceba, as mortes se tornam normais.

Após a morte de Ehab, Sara começa a faltar aos treinos. Um dia, em meados do outono, ela para completamente de ir para a piscina. Não há discursos, não há despedidas, ela apenas para. Papai está ocupado se preparando para o emprego na Jordânia e não diz nada.

— Mas por que você não vem? — pergunto uma noite antes do treino. Ela me olha do sofá.

— Eu simplesmente não quero mais.

— Mas como assim? — insisto.

Sara suspira e revira os olhos.

— Olha, são os meus ombros, tá? A lesão me faz nadar mais devagar. Os mais novos estão me alcançando. Acabou para mim.

Olho para ela, espantada, tentando imaginar a vida sem nadar. Haveria tanto tempo. Não apenas dia após dia, mas ano após ano. O resto da vida. Vejo os anos se estendendo sem competições ou períodos de treinamentos intensivos. Em vez disso, casamento, casa, filhos. Eu estremeço. Sara parece ler meus pensamentos.

— Não se preocupe comigo — garante ela, sorrindo. — Não vou ficar entediada.

Sara usa a nova liberdade para explorar a cidade velha. Eu mal a vejo. Ela passa as noites andando por Souq al-Hamidiyah, um antigo mercado coberto por um teto alto e abobadado. O mercado é um paraíso de distrações e está sempre movimentado, com compradores à caça de roupas, joias, antiguidades e bugigangas. Quando não está no Souq, Sara vai a um café perto da minha escola, para conversar, cantar e dançar com os amigos. Seus amigos mais próximos são um grupo de sete homens. Sara usa os cabelos presos em um coque, e seu guarda-roupa consiste apenas de calças jeans largas e suéteres grandes. Às vezes, acho que não dá para identificar que ela é uma menina, sentada ali com tantos amigos homens. Papai não fica nada contente. Sara e eu dividimos o quarto, mas praticamente só isso. Eu nado, ela socializa; fazemos o possível para ignorar a guerra. Quando conversamos, falamos em inglês para mamãe e papai não entenderem.

Uma noite, quando estamos nos preparando para dormir, confesso:

— Sinto certa inveja de você.

— Como assim?

— Você não se importa com o que ninguém pensa. Você é doida, nunca pensa nas consequências. Eu não consigo fazer isso. Estou sempre pensando no que pode acontecer.

— Pois é, você é muito precavida — concorda Sara, batendo na minha perna.

— Talvez você devesse ouvir mais o papai. Assim ele não surtaria tanto.

— Não, é tudo idiota. Dizem que, só por ser uma garota, devo fazer algumas coisas e não outras. Não sabem de nada.

Dou de ombros e me deito na cama.

O contrato de aluguel do apartamento vence no final de novembro. Papai tenta renová-lo, mas o proprietário recusa. Há outros candidatos, dispostos a pagar muito mais que nós. Há muita gente se mudando para Damasco, fugindo dos conflitos nos subúrbios, e a crise habitacional tornou-se lucrativa. Papai volta para os corretores imobiliários. Ele vasculha a cidade atrás de um apartamento acessível em uma área tranquila e segura. As opções são limitadas porque Damasco está cheia. Os corretores são gananciosos e exigem uma comissão ridícula, mas os proprietários são ainda piores. Eles sabem que podem oferecer qualquer espaço em qualquer estado por preços altos, porque as pessoas vão pagar.

Finalmente, papai escolhe um porão vazio e úmido em Baramkeh, um distrito no sul do centro da cidade. Ele assina um contrato de seis meses e se propõe a transformar o depósito negligenciado em apartamento: reforma a estrutura hidráulica e elétrica, pinta as paredes úmidas e enche o lugar de móveis novinhos em folha. Embora ele tenha feito o melhor que pode, sinto uma pontada no coração na primeira vez em que entro no porão. A única luz natural vem das portas que levam a um pátio interno, mas, como estamos no inverno, elas devem ficar hermeticamente fechadas. Encontro Sara no fundo do apartamento, olhando com nojo para um banheiro escuro e assustador, cheio de aranhas. Levanto as sobrancelhas e a sigo pela cozinha até uma pequena alcova munida de duas camas de solteiro: nosso novo quarto. Não há porta separando-o da cozinha, então nossas roupas cheiram constantemente a fritura e comida. Quando chego à piscina no dia seguinte, meu técnico sente o cheiro no ar e pergunta por que estou com cheiro de berinjela frita. Fico vermelha e vou para o vestiário.

Uma noite, alguns dias depois da mudança, ouvimos uma batida apressada na porta. Papai abre e deixa entrar um grupo de guardas uniformizados. Ele manda Sara e eu levarmos Shahed para o quarto, então nós nos levantamos do sofá e vamos para a cozinha. Mamãe chega um pouco mais tarde, com o semblante abalado. Os guardas são do posto de segurança mais próximo, diz. Eles querem ver nossos documentos de identidade, saber quem somos, de onde viemos e o que fazemos. Depois disso, os guardas passam aqui dia sim, dia não, às vezes tarde da noite. Eles ficam horas sentados no outro cômodo, conversando com papai.

A única coisa boa de morar no porão é que posso ir a pé para a piscina. Estou me preparando para a próxima competição internacional, já na lista inicial para o Campeonato Mundial em Piscina Curta, em Istambul. É minha competição mais importante até hoje e estou fora de mim de tanta emoção. Nadar pela Síria no Campeonato Mundial é uma grande honra, o próximo degrau da escada rumo às Olimpíadas. Passo as semanas seguintes treinando muito. Estou concentrada, rápida e me sinto confiante.

No início de dezembro, voo com a equipe nacional para a Turquia. Eu me saio bem em minhas corridas e estabeleço um novo recorde sírio nos quatrocentos metros livres.

Minha vitória esmorece algumas semanas depois, quando papai se muda para a Jordânia. Estou triste quando nos despedimos no aeroporto, mas, ao mesmo tempo, não posso deixar de sentir um pouco de alívio. Ando cansada das constantes discussões e da tensão entre ele e Sara. Eu sei que não gostaria de acompanhá-lo à Jordânia. Além disso, todos nós ainda acreditamos que a qualquer momento a situação vai se acalmar. A violência terá fim e poderemos seguir com nossas vidas, afinal.

Eu vivo para nadar. Dedico todo o meu foco aos Jogos Asiáticos da Juventude na China, no verão. Após o sucesso em Istambul, suponho que também serei escolhida pelos treinadores para disputar pela Síria. Ao longo das semanas seguintes, me sinto mais concentrada do que nunca. Estou me preparando, treinando duro para a competição, convencida de que chegou o meu momento. Um dia, em janeiro, minha colega de equipe Nermeen me aborda após o treino, sorrindo de orelha a orelha.

— Adivinha? Vão me mandar para a China. Para os Jogos Asiáticos.

Eu congelo.

— Como assim? — pergunto.

Olho atravessado para ela, que observa meu rosto.

— Ah, você achou que…?

Eu pego minha bolsa, dou as costas para ela e disparo atrás do treinador.

— O senhor vai mandar a Nermeen para os Jogos Asiáticos? — pergunto, lutando contra o choro.

O treinador franze o cenho.

— Sim. Nermeen é quem vai — responde.

Fico olhando para ele, a raiva se acumulando em minha garganta.

— Mas eu sou melhor que ela — insisto. — Faça um teste. Posso competir com ela agora mesmo.

O técnico balança a cabeça.

— Não é a sua vez, Yusra. Você foi para a Turquia.

— Como assim? — grito. — Desde quando a gente reveza? Quem tem que ir é a melhor nadadora. Faça um teste.

O técnico cruza os braços.

— É ela quem vai — repete ele. — Fim de papo. Você já teve sua chance.

Dou meia-volta e saio, furiosa, da piscina. Dez minutos depois, desço pisando forte até o porão, meu rosto encharcado de lágrimas raivosas. Mamãe pergunta o que aconteceu, mas eu lhe digo para me deixar em paz. Não consigo falar, estou chateada demais. Eu me atiro na cama e choro de soluçar. Nermeen não pode ir à China. Ela não pode. Eu a amo e ela é uma boa nadadora, mas eu sou melhor. Além disso, papai me ensinou que, na natação, é cada um por si. Não é a luta de mais ninguém, só a sua. É duro e eu não quero magoar ninguém, mas no esporte é assim. O importante não é ser bonzinho, e sim vencer. Eu tenho um objetivo e preciso alcançá-lo.

Isso é impossível se ninguém me levar a sério. Para eles, sou apenas uma garotinha. Sem papai, não há ninguém para brigar por mim. Ele teria enfrentado toda a federação de natação para garantir meu direito a um teste, mas, sem ele, não adianta. Eu adormeço exausta e confusa. No dia seguinte, vou para a piscina e treino normalmente, mas parece que algo está faltando. Eu me sinto vazia. Cada crítica do treinador me dá vontade de sair, de desistir ali mesmo, na hora. Apenas faço o que é preciso, nadando como um zumbi.

Uma noite, no final de fevereiro, Sara vai me encontrar na piscina após o treino. Mamãe está vindo nos buscar de carro e nos levar até a casa da vovó. Estamos caminhando juntas pela rua que contorna o estádio quando um assobio rasga o céu. Sara empurra meu ombro e me faz voar até o chão. Eu cubro a cabeça com os braços e, ao ver os restos de um morteiro cair na rua, me preparo. O chão treme e uma torrente de vidro cai no asfalto. Olho para cima, respirando com dificuldade. A explosão destruiu todas as janelas do hotel dos atletas. Sara me puxa pelo braço e consigo me levantar com esforço. Estamos tremendo. Eu mal consigo respirar.

— Olha! — grita Sara, apontando para o final da rua.

À nossa frente, os pneus do carro de mamãe cantam enquanto ela inverte a marcha e dá meia-volta. Ouvimos mais assobios do céu, dessa vez mais fracos.

— Corre! — grita Sara.

50   BORBOLETA

Passamos correndo pelo hotel, esmigalhando os cacos de vidro no chão. Quando chegamos ao carro, abrimos as portas e pulamos para dentro.

— Espera... Mãe — tento dizer, enquanto pego fôlego. — Meus amigos ainda estão na piscina.

— Não posso esperar mais ninguém — diz mamãe.

Ela pisa no acelerador. Mais um guincho atravessa o céu. Quando aceleramos, olho rapidamente para trás e, pelo vidro, vejo um morteiro destruir meu mundo em pedacinhos.

PARTE TRÊS

A bomba

5

— Eu não vou mais nadar — anuncio.

Meu coração bate forte no silêncio da cozinha do porão. Mesmo que eu saia agora, já estarei atrasada para o treino. Pela primeira vez na vida, não me importo. Mamãe olha da frigideira que está mexendo.

— Como é que é? Como pode dizer uma coisa dessas? Como assim você não vai mais nadar?

— Você viu o bombardeio no hotel. Eu poderia ter morrido.

Mamãe se aproxima de mim, a testa enrugada de preocupação. Ela apoia a mão no meu ombro.

— Então vai jogar tudo fora? Depois de todo esse trabalho? Tudo o que você já fez?

Eu balanço a cabeça. Aquelas bombas no hotel chegaram perto demais. A explosão matou um homem dentro do edifício: Youssef Suleiman, de 26 anos, atacante do Al-Wathba, um time de futebol de Homs. Ele estava no quarto no primeiro andar quando os morteiros caíram na rua e as janelas explodiram. Youssef foi atingido no pescoço por um pedaço de vidro e morreu pouco depois no hospital, e deixou uma esposa e um bebê de seis meses. As fotos publicadas na imprensa mostraram a equipe atordoada e arrasada na entrada do hotel. Estive naqueles quartos tantas vezes. Eu poderia ter morrido naquele dia, ou Sara, ou um dos meus colegas da natação.

— Estou falando sério. Eu nunca mais volto àquela piscina.

O semblante de mamãe endurece. Ela olha para a frigideira, já crepitando.

— Primeiro você vai falar com seu pai.

Eu entro na alcova, respiro fundo e ligo para papai. Conto que estou desistindo de nadar, que meu treinador não me deixa competir nos Jogos

54 BORBOLETA

Asiáticos, que ele vai enviar Nermeen em vez de mim. Não é justo. O treinador não se importa com quem nada melhor, ele nem aceitou fazer um teste. De qualquer forma, continuo, não faz sentido nadar. Não há futuro para nadadoras na Síria.

— Vá com calma — diz papai. — Pense bem. Se você parar agora, será muito mais difícil voltar a nadar depois.

Mas eu já decidi; não volto para a piscina de forma alguma. Então experimento outra tática. Conto sobre a bomba no hotel do Tishreen. Poderia ter sido eu no lugar do jogador de futebol. Devo mesmo arriscar minha vida para nadar? Há um silêncio do outro lado da linha.

— Talvez eu traga você aqui para a Jordânia — propõe ele.

— Não. Eu não quero ir embora. Tem a escola, meus amigos. É a minha casa. Eu a amo.

Papai suspira e diz:

— Bem, se é assim que você se sente, não posso forçá-la a nadar. A decisão é sua.

Eu desligo, mergulho na cama, coloco os fones de ouvido e ignoro o mundo durante as duas horas em que deveria estar no treino. Não vou à piscina no dia seguinte, nem no outro depois dele. Não conto aos treinadores que estou desistindo, tampouco aos outros nadadores. Eu simplesmente desapareço, como se não fosse grande coisa. Os dias se arrastam, estranhos e lentos. Fico sentada em casa sem fazer nada depois da escola. Perdida.

Mamãe fica preocupada comigo e tenta me convencer a repensar. Posso ter outro trabalho ligado à natação, ela diz; posso me tornar treinadora. Só que eu não quero isso. Eu quero competir profissionalmente. Quero mirar nas Olimpíadas. Competir pelo ouro. O problema é que sem papai para lutar comigo é impossível. Sara fica do meu lado. Ela entende que, a menos que eu tenha alguém para me incentivar, me restarão apenas anos de trabalho sem resultado.

Por fim, sem o tempo nem a energia necessários, mamãe desiste. Além de cuidar sozinha de três filhas, ela ainda trabalha em tempo integral como massagista e fisioterapeuta no clube de Kafar Souseh. A região é tensa, e com frequência conflitos irrompem nas ruas, mas mamãe não tem escolha:

precisamos do dinheiro. Papai nos envia parte do salário da Jordânia, mas não é suficiente para acompanhar a inflação. A guerra está enfraquecendo a libra síria, encarecendo tudo. A cada semana, o poder de compra do salário de mamãe diminui.

Sara arranja um emprego para ajudar a trazer algum dinheiro extra para casa. Ela volta para a piscina de Tishreen e treina as crianças mais novas. Algumas noites por semana, me arrasto com ela até a piscina para nadar, só por diversão e para manter a forma. Evito encontrar qualquer um dos treinadores. Ainda vejo alguns dos nadadores fora da piscina. Ninguém pergunta sobre minha inexplicável ausência dos treinos. Eles sabem o que aconteceu, e já viram meninas suficientes desaparecerem da piscina sem aviso prévio.

Um dia, no final de março, Sara, Shahed e eu estamos sentadas no porão depois da escola. Sara está quase saindo para trabalhar. Ela olha para mim enquanto arruma a bolsa e pergunta se vou acompanhá-la até a piscina. Antes que eu possa responder, um assobio rasga o céu. Nós nos encolhemos e nos preparamos para o impacto. Um estrondo explode na rua. As paredes tremem. Alguns segundos depois, mais um disparo de morteiro. Olho aterrorizada para Sara, que levanta a mão para esperarmos. Os tiros crepitam ao longe.

— Certo — diz ela. — Vamos esperar.

Shahed se aninha ao meu lado no sofá. Eu a sinto tremer, mais tensa com cada estouro. Com apenas cinco anos de idade, ela já conhece o som de um morteiro, já sabe diferenciá-lo de um ataque aéreo ou de uma batalha entre tanques. Ouvimos as explosões e os impactos. Alguns mais próximos, outros mais distantes. Um novo assobio rasga o céu. Nós nos preparamos. Os detritos caem na rua do lado de casa. As paredes tremem novamente e um pequeno fluxo de gesso desmorona do teto. É tão perto que me pergunto se estão mirando no hospital do outro lado da rua. Mais um impacto. Perto demais. Ele atingiu o prédio vizinho. Os estilhaços de vidro e os pedaços de alvenaria se quebram ao caírem nas portas aparafusadas do porão.

— Já chega — diz Sara. — Vou ligar para a mamãe.

Sara pega o celular.

56 BORBOLETA

— Mãe, você precisa voltar para casa. As paredes estão desmoronando lá fora. As pedras estão batendo na nossa porta. Podemos ser soterradas. Ficaremos presas.

Ela espera mamãe responder e continua:

— Não, não podemos sair. Estão atirando no meio da rua. O que a gente faz?

Shahed começa a choramingar. Eu a abraço.

— Ok, ok — diz Sara ao telefone. — Tome cuidado. A gente logo se vê. Eu também te amo.

Ela desliga e olha para mim.

— Mamãe está vindo.

Permito-me um suspiro de alívio. Mamãe saberá o que fazer. O ataque continua. Esperamos em silêncio, amontoadas no sofá, nos encolhendo a cada explosão. Não temos escolha. Partir parece tão perigoso quanto ficar onde estamos. Imagino nossa mãe atravessando a cidade sob fogo cruzado. E se acontecer alguma coisa com ela no caminho? Afasto a ideia da cabeça e aperto Shahed com força. Olho para Sara, que está encarando o chão com a cabeça apoiada entre as mãos.

Após meia hora, os morteiros param e são substituídos por rajadas de tiros que ecoam por toda parte. O som é muito próximo, logo ali na rua. Finco as unhas na palma das mãos, enrosco os dedos dos pés e rezo silenciosamente para que mamãe esteja bem. *Ya Allah*, deixe-a voltar para nós. Finalmente a porta se abre e mamãe desce ao porão aos tropeços. Shahed pula de onde está, corre até ela e a abraça pela cintura. Mamãe olha de mim para Sara. Seus olhos estão vidrados e distantes. Ela abre a boca, mas não consegue dizer uma palavra, então a fecha novamente.

— Mãe? — pergunto.

Ela se aproxima lenta e cuidadosamente do sofá e se senta. Shahed sobe em seu colo. Ela abre e fecha a boca novamente, se vira para nós com os olhos tristes e arregalados e balança a cabeça. Ela não está ferida, mas não consegue falar. Meu coração dói de preocupação. Ficamos sentadas em silêncio, esperando que ela se recupere, ouvindo os ecos cada vez mais altos dos disparos de morteiros ao longe. Ela leva mais de uma hora para recuperar a voz.

— Tive que correr — finalmente gagueja. — Pela ponte de Baramkeh. Estavam atirando e...

— Onde você deixou o carro? — pergunta Sara.

— Em Kafar Souseh. Na travessia.

Mamãe engole em seco e respira fundo. Os olhos dela se enchem de lágrimas.

— O exército não me deixou avançar mais. Eles disseram que eu não poderia atravessar, mas eu insisti que precisava chegar até minhas filhas, expliquei que elas estavam sozinhas. Os soldados tentaram me deter, então saí do carro e vim a pé. Tive que mostrar meus documentos para provar que morava aqui. A estrada estava vazia. Havia soldados me observando por trás dos sacos de areia. Fiquei com tanto medo.

Mamãe respira fundo mais uma vez. Uma lágrima escorre por seu rosto. Ela engole em seco e esfrega os olhos com o dorso da mão. Segundo ela, não havia como saber quem estava atirando em quem, muito menos de onde. Alguém a mandou parar e perguntou para onde ela estava indo. Tudo o que ela conseguiu fazer foi apontar para a casa.

— Eu estava tão apavorada que não sabia o que dizer — confessa ela, apertando Shahed novamente. — Então um bom homem, um soldado, ordenou que os outros parassem de atirar e me mandou atravessar a ponte correndo. Corri o mais rápido que pude. Eu só queria chegar até vocês. Havia tanta gente do lado de fora. Eu achei... achei que tinha acontecido alguma coisa com vocês.

Enquanto mamãe se acalma, eu a olho fixamente. Aos poucos, me dou conta: ela poderia facilmente ter sido morta ou ferida no caminho até aqui. Agradeço a Deus por ela estar bem. Por todas nós estarmos. A rua agora está quieta. De vez em quando, ainda ouvimos disparos distantes. Exaustas, tentamos comer um pouco e nos deitamos. Fecho os olhos e compreendo que não demorará para termos que nos mudar novamente. Em alguns aspectos, é um alívio. Nossos dias naquele subsolo miserável devem estar contados.

O telejornal da manhã seguinte culpa os terroristas pelo ataque. Diversos alvos próximos foram atingidos: a Universidade de Damasco, uma escola e os escritórios da agência de notícias estatal. Três civis morreram, incluindo uma estudante. Embora saibamos que será inevitável nos mudarmos novamente, não será fácil encontrar um lugar para morar. Mamãe avisa que vai perguntar por aí e ver se seus amigos conhecem algum apartamento vago. Após o ataque, a segurança ao redor do nosso apartamento aperta. Os guardas estatais reaparecem naquela noite. E na seguinte, e na outra. Eles querem saber se estamos dentro ou fora de casa a todo momento. Mais postos de controle surgem nas ruas. Na quinta-feira, um novo ataque com morteiros à universidade mata quinze estudantes. A tensão é tamanha que mamãe nos leva para passar o fim de semana na casa da nossa avó.

Uma amiga de mamãe recomenda um apartamento em Muhajireen, a uma curta distância da casa de vovó. Eu sorrio quando mamãe nos conta. Muhajireen é uma das minhas partes favoritas de Damasco. O nome significa migrantes, escolhido devido aos muçulmanos gregos que se mudaram para a região há duzentos anos. O distrito se estende por uma colina do monte Qasioun, a montanha que se ergue ao longo da cidade a oeste do palácio presidencial. A área é rica, bonita e, acima de tudo, tranquila. As casas sobem a colina em uma espécie de grade numerada. No topo fica a quinta avenida, localização do nosso novo apartamento. Os quartos são bonitos e espaçosos, com pé-direito alto, e há uma grande varanda com vista para toda a cidade.

Nossas vidas são imediatamente transformadas quando nos mudamos. O perigo e a pressão evaporam. É como se alguém tivesse aberto uma janela. Após quatro meses em um porão sem luz natural, Deus nos agraciou com uma varanda. Passo a primeira noite nela, fascinada, vendo as primeiras estrelas cintilarem por trás de um pôr do sol colorido. O chamado à oração ecoa pelas ruas antigas. Eu suspiro, sentindo-me no paraíso.

O apartamento não é barato e o dinheiro está mais apertado do que nunca. Mamãe e Sara trabalham e papai envia mais ajuda da Jordânia, mas nossas libras sírias não valem o que costumavam valer. Estamos seguras, mas não sabemos por quanto tempo. Ninguém sabe o que vai acontecer, então mamãe guarda dinheiro para emergências. Com a escassez de lugares para morar, os aluguéis estão subindo rapidamente. Talvez no próximo ano não tenhamos condições de ficar no apartamento, ou de nos mudarmos novamente, tampouco de comprar alimentos. Precisamos tomar cuidado. Não fazemos mais nenhuma compra desnecessária.

Passo quase todas as noites na varanda escrevendo em meu caderno, observando as estrelas atravessarem o céu da cidade. Nas noites de quinta-feira, o começo do fim de semana, há sempre muita coisa acontecendo na rua. Sara e eu ficamos acordadas até tarde espiando. Toda semana, por volta da meia-noite, vemos uma bela moça entrar no apartamento do outro lado da rua. Ela parece ter a idade de Sara, com enormes olhos escuros, cabelo comprido e preto, e pele escura. Está sempre de salto alto, vestido e maquiagem extravagante. Nós a olhamos, boquiabertas, ardendo de inveja.

— Meu Deus — sussurra Sara. — Os pais dela devem ficar horrorizados. Será que deixam ela sair assim?

A menina encaixa a chave na fechadura da porta.

— Devem deixar — sussurro de volta. — Ela não está se escondendo.

A moça nos ouve e olha para a varanda. Ela franze o cenho, se vira de volta para a porta e entra.

— Eu a conheço — sussurra Sara. — Já a vi por aí.

Tarde da noite na quinta-feira seguinte, sou acordada por risadas. Eu me levanto. Mais uma gargalhada, vinda da varanda. Quando abro a porta, vejo Sara e a menina do apartamento oposto sentadas à mesa, pintando as unhas em um tom forte de rosa. A garota levanta o rosto e sorri para mim. Eu franzo a testa, cheia de sono, e olho para Sara.

— O que vocês estão fazendo? — pergunto.

— Pintando as unhas — responde Sara, com uma risadinha, e aponta para a garota. — Esta é a Leen.

Eu as observo em silêncio por um instante, depois dou de ombros e volto para a cama. A partir desse dia, Leen e Sara são inseparáveis. Na noite da quinta-feira seguinte, Sara anuncia que vai sair com Leen, nossa vizinha. Eu espero uma discussão, mas mamãe diz apenas que ela deve estar de volta à meia-noite. Fico surpresa, porque papai nunca teria permitido. Mais tarde, quando Sara volta, está completamente transformada. O visual de sempre — coque, calça jeans larga e moletom — desapareceu. Em vez disso, está usando um vestido emprestado e sandálias de tiras finas.

As unhas estão pintadas no mesmo vermelho intenso do batom e os olhos estão delineados com lápis preto em traços grossos. Ela também alisou seu cabelo escuro e comprido.

— Uau — digo. — Você está...

— Você devia sair com a gente na semana que vem — diz Sara, sorrindo. — Leen pode te ensinar muita coisa.

Na quinta-feira seguinte, Sara e eu vamos cedo para a casa de Leen, que tem praticamente um depósito inteiro de cosméticos no quarto e fica louca para nos mostrar como usar tudo aquilo. Passamos horas ouvindo música e aperfeiçoando nossos trajes e nossa maquiagem. Por volta das oito horas, uma amiga de Leen vem nos buscar de carro. Nós quatro passeamos pela cidade a noite toda, vestidas impecavelmente, com as janelas abertas e a música explodindo dos alto-falantes. Nunca me diverti tanto.

Aquelas noites de quinta-feira se tornam um ritual. Para poupar mamãe de um ataque cardíaco, sempre nos arrumamos na casa de Leen. Jamais repetimos a mesma roupa. Passeamos de carro ou paramos nos cafés de um bairro elegante chamado Malki, onde tomamos café ou desfilamos para cima e para baixo. Toda semana, as ruas do lugar transbordam de jovens fofocando e flertando, imersos em paixões platônicas e dramas adolescentes. Meus primos vão para lá, meus amigos da escola também, e até alguns dos nadadores da piscina. De vez em quando, quando alguém faz aniversário, reservamos um restaurante inteiro e dançamos a noite toda. Sara e eu nunca fomos tão felizes. Os jovens dali não estavam em Daraya. Eles nem desciam a rua até Baramkeh. O mundo deles nunca foi partido ao meio por morteiros ou tanques. Nós duas fingimos que nada daquilo aconteceu. Ninguém pergunta sobre nossa história ou se perdemos nossa casa. O importante é apenas para onde iremos naquela noite.

Além da nossa bolha, a guerra continua. Um domingo, no início de maio, vou dormir na casa da minha avó. É tarde e estou sentada na cama, ouvindo o habitual som grave dos estrondos ao longe. Sem aviso prévio, sou derrubada de lado por uma força invisível. A casa inteira estremece. Alguns segundos depois, uma rachadura ecoa, seguida da explosão mais forte que já ouvi.

— Minha nossa, o que foi isso? — pergunto.

Eu me agarro ao lençol e receio que esteja prestes a vomitar ou desmaiar. A porta se abre e mamãe entra no quarto.

— Também sentiu isso? — pergunta ela.

— Claro. Achei que fosse só eu.

— Não. Olhe para o céu.

Eu me levanto e vou até a janela. Subo as persianas e olho para o céu escuro. Acima do monte Qasioun, o horizonte virou uma mancha de luz carmesim, brilhante como o pôr do sol. Nuvens de poeira vermelha e faíscas voam de encontro às estrelas. É como se a montanha estivesse pegando fogo.

Mamãe e eu corremos para a sala de estar. Vovó e meu tio Adnan já estão reunidos diante da TV. A agência de notícias estatal está dizendo que a explosão foi um ataque aéreo estrangeiro a um armazém de armas em Jamraya, do outro lado da montanha. Olho para a filmagem amadora da explosão na tela. As chamas em laranja oscilam em uma colina escura. Em seguida, uma colossal bola de fogo em forma de cogumelo irrompe no meio da escuridão. O brilho finalmente diminui, deixando uma chuva de faíscas e cinzas em seu rastro. É a maior explosão que já vi. Maior que as dos filmes estadunidenses.

Vovó se sobressalta e diz:

— Que Deus nos proteja.

O ataque à fábrica de armas é tão grande, e a destruição, tão assustadora, que coloca todo o resto em perspectiva. Até os destroços de morteiros parecem um problema menor.

Um dia, estou descendo a colina para Malki quando escuto um morteiro cair na rua atrás de mim. O chão treme e eu me escondo na entrada de uma farmácia próxima. Espio pela rua conforme janelas se estilhaçam e cacos de vidro caem como chuva nas calçadas. Se fosse dois minutos antes, eu teria sido atingida e morta, mas mal registro o perigo. Espero cinco minutos e continuo a caminhada, encontrando meus amigos como se nada tivesse acontecido. Quando volto para casa, conto a mamãe sobre o morteiro. Ela surta.

— Como assim? Você está louca? E não voltou para casa?

Eu dou de ombros.

— Não aconteceu nada, mãe. Eu só queria ver meus amigos.

Ela suspira. Não há muito que possa fazer para nos proteger desse tipo de ataque aleatório. Ela está ocupada demais trabalhando, cozinhando, cuidando da casa e de Shahed. Às vezes ela nos proíbe de sair, mas, sem papai, é uma guerra para nos manter sob controle. Mamãe faz o melhor que pode, sempre querendo saber onde estamos e com quem, mas as coisas estão desmoronando de tal forma em toda parte que não é fácil manter alguma ordem em nossas vidas. Enquanto isso, Sara e eu nunca estivemos tão próximas. Somos mais felizes sem conversar sobre o futuro, sem pensar no que vai acontecer se perdermos o apartamento. Quando fico com medo, lido com as coisas do meu jeito. Prefiro me retrair, fugir, esquecer. Sara e eu temos provas importantes no verão: ela concluirá o ensino médio e eu tenho as provas finais do nono ano. Estamos com dificuldade de levar os estudos a sério. Alguns dias, nem nos damos ao trabalho de ir à escola. Mamãe tenta nos fazer estudar, mas é complicado manter o foco no futuro com tudo que está acontecendo.

— Você não devia estar estudando? — questiona mamãe quando me dirijo à porta.

— Eu estou estudando — respondo, sorrindo e calçando os sapatos.

— Bem, pelo menos leve sua irmã com você.

Shahed olha para cima cheia de expectativa.

— Certo, vamos lá, então — concedo.

Levo Shahed à cidade para lhe dar um sorvete. Um de nossos lugares preferidos é Bakdash, na cidade velha. A loja tem mais de cem anos e é famosa em todo o mundo árabe por seus sorvetes *booza*. Diferente de um sorvete qualquer, ele é à base de mástique, uma resina que o torna um pouco elástico e mais mastigável. O sorvete derrete devagar e fica grudento, que nem mussarela derretida. Parte da diversão é assistir à fabricação do sorvete. Enfeitiçada, Shahed admira os chefs despejarem o leite e a pasta de mástique em congeladores profundos e abertos. Eles misturam a massa e a espalham no metal frio, depois batem nela com longos martelos de madeira até que tudo se junte e se torne uma massa congelada. O *booza* é servido em tigelinhas de metal, polvilhado de pistache picado. Shahed sorri de orelha a orelha entre as colheradas. Todo mundo a enche de mimos. Nós temos pena dela, crescendo em meio a uma guerra, sem o pai, pulando de casa em casa.

Nosso foco é sobreviver; não há espaço para muito mais. Naquele verão, não me saio bem como deveria nas provas, mas nada disso parece importar. Estamos refugiadas em nossa bolha. No outono, começo a estudar em uma escola de administração. Faltam três anos para minha formatura no ensino médio. Penso vagamente em fazer faculdade, mas ainda parece distante. Qualquer coisa pode acontecer. Sara se forma na escola e se matricula na Universidade de Damasco para estudar Direito, mas não vai às aulas. Ela sente que não é o momento de estudar, então trabalha em tempo integral como treinadora e salva-vidas para sustentar a família. A vida é dura, por isso nos divertimos sempre que podemos. No inverno, estamos tão acostumadas a nos arrumar e sair que baixamos a guarda com mamãe. Às vezes Leen vem se arrumar na nossa casa, em vez de irmos à dela. Uma quinta-feira, mamãe chega mais cedo em casa e flagra nós três saindo para uma grande festa de aniversário. Estou usando saltos muito altos. Mamãe arregala os olhos.

— Aonde você vai com isso? — pergunta. — Como vai descer a colina?

— Mãe, está tudo bem — respondo, cambaleando em direção à porta.

— E o que você fez no rosto? E se alguém te ver assim? O que vão pensar de nós?

Eu faço charme.

— Relaxa — digo. — Não estou de shortinho, nem minissaia.

— Acho bom, mesmo. Você não é boba de fazer isso. Seu corpo é tudo o que você tem.

— Não se preocupe, Mervat — intervém Leen, cuidadosamente. — Nós vamos cuidar dela.

Mamãe sorri para Leen.

— Eu sei, *habibti*, eu sei.

Seu semblante endurece quando ela se dirige a mim.

— Bem, você que sabe, é claro. É você quem tem que entrar no paraíso, não eu.

Eu reviro os olhos e nós três cambaleamos porta afora. Mesmo assim, Sara e eu tomamos cuidado para não exagerar. Não queremos que mamãe tenha problemas com suas amigas por causa do que vestimos. Nem todo mundo é flexível como ela. Agora que não estou mais nadando e estou com quase dezesseis anos, mamãe ocasionalmente toca no assunto do *hijab*. Ela pergunta com cuidado se já pensei em usar o véu. Eu dou de ombros. Sara não cobre os cabelos, nem usa *hijab*, e não sinto nenhuma pressão para fazê-lo. Para nós, não é um requisito para ser uma boa muçulmana. Penso vagamente que um dia, quando me casar, talvez eu use o véu. Mamãe deixa claro que nunca nos obrigará a fazer nada. A escolha é inteiramente nossa.

Uma noite, na primavera, Sara e eu estamos sentadas na varanda vendo o céu ficar escuro. Lá embaixo, as luzes da cidade brilham sedutoramente. Com um suspiro, penso em todas as pessoas na cidade. Trabalhando, vivendo, amando, tentando encontrar alguma normalidade em um lugar onde bombas caem do céu. Mamãe vem se juntar a nós. Seu rosto está cansado e pálido.

— Tenho algumas novidades — começa ela.

Sara e eu endireitamos as costas.

— O que foi? — pergunta Sara. — Não diga que é o apartamento?

Mamãe põe uma das mãos no braço de Sara.

— Receio que sim. A proprietária quer entregá-lo à família da irmã.

É como um soco no estômago. O apartamento é nossa bolha, nossa segurança, nossa fuga da morte e da destruição. Minha mente dispara. Se não pudermos ficar aqui, para onde vamos?

— Não — insisto. — Tem que haver algo que possamos fazer. Não podemos oferecer mais dinheiro a ela?

Mamãe balança a cabeça tristemente.

— Eu já tentei de tudo. Não adianta. A proprietária nos quer fora daqui até abril. Teremos que encontrar outro lugar. Lamento muito.

Sinto meu peito ser tomado de pânico e meu mundo desmoronar pela quarta vez em três anos. O cerco está cada vez mais apertado.

6

Sara e eu observamos a chuva de primavera pela janela. Nosso novo apartamento fica a apenas vinte minutos a pé do anterior, mas a mudança tirou toda a diversão da vida. Estamos mais longe de nossos amigos e mais perto dos conflitos. De repente, sentimos o frio. Sara suspira e diz — pela terceira vez naquele dia — que quer deixar a Síria. Todos os seus amigos estão indo para o Líbano, para a Turquia, ou mesmo para a Europa. Fico ansiosa sempre que Sara fala assim. Parece uma derrota admitir que os conflitos não vão acabar tão cedo, que um futuro sem guerra só é possível se partirmos. Mamãe entra na sala. Shahed está agarrada à sua saia, como eu fazia quando pequena.

— Não gosto deste apartamento — digo. — Sinto saudade da nossa varanda.

— Eu sei, *habibti* — diz mamãe. — Eu também gostava da outra casa, mas não podemos fazer nada.

Mamãe afasta Shahed cuidadosamente. A menina se volta para nós com seus olhos grandes e azuis.

— Levem sua irmã com vocês quando saírem.

Sara e eu vagamos pela chuva, Shahed trotando ao nosso lado. Em Malki, encontramos alguns velhos amigos da natação. Eles nos contam sobre mais um nadador morto em um ataque a bomba em algum lugar no norte da cidade. Ficamos o tempo todo à toa, apáticas. A guerra, as mortes, os morteiros — tudo se tornou tão normal. Penso mais uma vez no choque de deixar Daraya. Parece que aconteceu a uma garota diferente, outra Yusra. Agora, quando escuto bombardeios, prendo a respiração por cinco segundos e continuo o que estava fazendo. Só reparo nisso quando as armas param de disparar, quando os jatos param de sobrevoar.

No verão, o assunto nos cafés de Malki são os últimos desaparecidos entre nossos amigos. Eu e minhas amigas da escola, Hadeel e Alaa, listamos as pessoas que foram embora. Nunca mais voltamos a ver alguns deles. Outros aparecem algumas semanas depois na Alemanha, Bélgica, Suécia e França. Os detalhes são sempre vagos. Nunca fica muito claro como eles chegaram lá.

No início do outono, Hala, uma das melhores amigas de Sara, consegue entrar na Alemanha com um visto de estudante. Ela escreve para Sara contando que está em Hanôver, e que a Alemanha é um bom lugar para estudar. Sara fica encantada com a ideia. Hanôver. Alemanha. Um bom lugar para estudar. Um bom lugar para o futuro.

— Eu vou embora — declara Sara uma noite durante o jantar.

Minha reação é revirar os olhos. Ela só fala disso há meses. Sara me olha atravessado.

— O que foi? É verdade. Eu vou para a Alemanha.

— E o que seu pai acha disso? — pergunta mamãe.

— Todos os meus amigos estão indo embora, mãe. Eu tenho que ir.

Olho para meu prato e me pergunto o que aconteceria se Sara realmente fosse embora para a Europa. Eu iria com ela? Eu gostaria de ir? Não tenho muita certeza. Deixar a Síria parece ser um passo grande demais.

— Quem pode se dar ao luxo de enviar você é seu pai — diz mamãe a Sara. — Você sabe que é ele quem decide.

Sara suspira. Ela já falou com papai de ir embora, mas ele a mandou esperar e ver o que acontece. Ela não pode ir sem a aprovação dele, que vai pagar a viagem. A ideia é colocada em modo de espera. Sara volta a sonhar com Hanôver e a planejar sua fuga.

Numa quinta-feira à noite, no início de outubro, encontro colegas da seleção nacional em Malki. Eles estão entusiasmados, recém-chegados da Copa do Mundo de Natação em Dubai, onde ganharam uma medalha de bronze no revezamento de duzentos metros livres. Enquanto conversamos, um dos meus antigos companheiros de equipe me mostra uma foto da cerimônia da medalha. Eu contemplo os rostos sorridentes e orgulhosos, as medalhas lustrosas no pescoço de cada um. Meus olhos se enchem de lágrimas. Pela primeira vez, constato o que joguei fora. O luto me acerta como um soco no estômago. Toda a paixão, toda a determinação, toda a ambição voltam de uma só vez. Eu me levanto. Não tenho tempo a perder: preciso voltar para a piscina. Um arrepio de emoção dispara pela minha coluna. Vou correndo para casa, disposta a compartilhar minha decisão com mamãe e Sara. Quero voltar a treinar.

— Mas é perigoso na piscina — argumenta minha mãe, com um suspiro.

— Não tão ruim quanto antes. Estou disposta a arriscar. Não posso ficar aqui a vida toda. Quero fazer alguma coisa.

— Mas que sentido faz? — questiona Sara. — Você já ficou velha demais. Não vale a pena. Não há futuro nisso.

Olho feio para minha irmã e lanço a minha mãe um olhar suplicante. Ela dá de ombros e diz que eu deveria falar com papai. Ligo para ele no dia seguinte e aviso que quero voltar para os treinos. Espero que ele, de todas as pessoas, apoie minha decisão, mas ele é menos solidário do que eu esperava.

— Se quiser nadar, eu entendo, mas não espere nenhuma ajuda minha. Você saiu por sua conta, pode voltar por sua conta.

Eu desligo, não decepcionada, e sim mais determinada do que nunca. Vou voltar, nadar, melhorar e chegar ao topo, com ou sem o apoio da minha família. Desta vez, ninguém estará me forçando. A escolha será toda minha. E eu escolho nadar.

Na semana seguinte, quando apareço no treino, alguns treinadores erguem as sobrancelhas, mas ninguém diz nada. Eu simplesmente volto. A pausa de quase um ano prejudicou minha velocidade enormemente. Todas as jovens do grupo são mais rápidas que eu, mas aceito o fato como um desafio. Paro de sair com amigos. Todas as noites, depois da escola, treino durante duas horas. Depois, vou para a academia por mais uma hora. Na volta de cada treino, eu me lembro do que significa nadar. Posso sacrificar toda a diversão adolescente. Haverá tempo de sobra para isso aos trinta anos, quando tiver encerrado minha carreira na natação. Algumas noites, chego em casa exausta, janto e vou direto dormir. Mamãe parece preocupada e pede para que eu não exagere, mas não posso desistir. Preciso voltar ao nível em que estava antes de parar. Sara também não ajuda.

Em março, completo dezessete anos. Sara reserva um restaurante inteiro para o meu aniversário. Talvez ela esteja tentando me convencer a parar de nadar e aproveitar a vida novamente, ou talvez apenas se sinta mal por não me apoiar. De qualquer forma, nos divertimos como nunca. Leen vem à nossa casa com seu baú de tesouros e nos vestimos como estrelas de cinema para a ocasião, exatamente como nos velhos tempos. Mamãe franze o cenho ao me ver cambaleando pela rua com os saltos mais altos que já usei. Aceno alegremente para ela e desço a colina. Homens olham para nós por todo o caminho até o restaurante. Um deles quase tropeça quando passamos. Nós rimos, dançamos e comemoramos. A guerra nunca pareceu tão distante. Na hora eu não sabia, mas aquela seria uma de nossas últimas noitadas em Damasco.

A vida continua. Treino, escola, treino. Tento manter o foco, completar os dois últimos anos na escola, mas a guerra está sempre rondando para perturbar e distrair. Algumas noites, os apagões mergulham zonas inteiras da cidade em longas horas de escuridão. Em certos lugares, a energia é racionada para apenas quatro a seis horas por dia. Alguns moradores contornam a situação com bateria de carro, ou, se tiverem condições de operá-lo, um gerador a diesel. Nós nos ajustamos até os blecautes também se tornarem parte do cotidiano.

A morte é aleatória e está sempre presente. Cai do céu no meio da rua, no trânsito do meio-dia, sem aviso prévio. Nós sacudimos a poeira e continuamos. Na primavera, os ataques em Baramkeh ao redor do estádio Tishreen recomeçam. A área está repleta de alvos. A universidade, a agência de notícias estatal, os hospitais, as escolas, o próprio estádio. Mamãe está fora de si de tanta preocupação. Algumas noites, quando estou a caminho da piscina, ela me liga. A conversa é sempre a mesma.

— Volte para casa.

— Por quê? Estou indo nadar.

— Cale a boca e volte — decreta ela. — Imediatamente.

Eu me apresso para casa e encontro mamãe, que me espera com notícias de mais ataques de morteiros ou mísseis. Sei que ela quer me proteger, mas, no fundo, ambas sabemos que nenhum lugar da cidade é seguro. Eu poderia morrer tão facilmente na piscina quanto na rua ou em casa, na cama. Conhecemos muitas pessoas que morreram em casa. Bastou um incêndio, uma bomba ou apenas estilhaços perdidos.

É comum ouvir os morteiros caindo em volta de Tishreen durante o treino. Uma noite, estou na piscina, me esforçando o máximo possível. Meu rosto arde na água fria, mas luto contra o impulso de parar e descansar. Mais uma volta, mais um giro e mergulho, só mais alguns metros. Eu alcanço a extremidade da piscina e me seguro ali, descansando por alguns segundos. Quando escuto um estouro trovejar ao redor da piscina, encolho os ombros até a orelha de tanto susto. Há um momento de silêncio. Então os nadadores entram em ação, gritando e berrando, atirando água para todos os lados.

— Fora! Todos para fora! — grita o treinador, balançando os braços com urgência para a saída.

Não tenho tempo para registrar o que está acontecendo. Não consigo pensar em nada enquanto pego impulso para sair da água. Hordas de nadadores passam por mim, tremendo de choque e pânico rumo às portas. Quando chego à saída, me viro para trás. Olho para o teto e lá está: um buraco no telhado, exibindo um pequeno pedaço do céu. Desço os olhos para a água. Ali, cintilando no fundo da piscina, há um objeto verde com um metro de comprimento, estreito, com um bulbo cônico que se afina e fica pontudo em uma extremidade. Uma RPG, granada lançada por foguete, que não explodiu. Encaro a bomba, incapaz de desviar os olhos. De alguma forma, ele atravessou o telhado e caiu na água sem explodir. Mais alguns metros em qualquer direção e teria atingido as telhas, matando todos em um raio de dez metros. Preciso de alguns segundos para me dar conta de que tenho sorte de estar viva. De novo.

Dou meia-volta e disparo pelo corredor para alcançar os outros nadadores. Descemos em fila para o ginásio subterrâneo enquanto mais explosões retumbam nas ruas lá fora. Nós esperamos. O treinador anda de um lado para o outro, preocupado. O ataque soa abafado daqui. Repito para mim mesma que estamos seguros. Com as mãos trêmulas, envio uma mensagem para mamãe e conto o que aconteceu. Ela fica angustiada e espera o ataque cessar para me buscar no estádio.

70   BORBOLETA

— Por favor, Yusra, é perigoso demais — insiste mamãe no caminho de volta pelas ruas, agora tranquilas. — Pare com essa história de nadar. Você estará muito mais segura longe da piscina.

Eu balanço a cabeça em recusa. Não vou desistir de nadar de jeito nenhum, mas só há uma forma de continuar treinando: terei que ir a algum lugar onde bombas não caem na piscina.

— Eu não vou parar. Nadar é minha vida. Terei que ir para a Europa.

Mamãe suspira e fica encarando a janela por alguns minutos. Então ela segura o volante com mais força e endireita as costas, como se tivesse decidido.

— Vou conversar com seu pai novamente.

Um a um, amigos e vizinhos vão embora. Irmãos, grupos inteiros de amigos, famílias desaparecem. A maioria parte para o Líbano ou para a Turquia e ultrapassa o prazo dos vistos de turismo. Alguns acabam na Europa. A maioria dos meninos da minha idade está planejando partir ou já partiu. Assim que um homem completa dezoito anos, é convocado para o serviço militar obrigatório. Somente estudantes e homens sem nenhum irmão estão isentos. Em tempos normais, é apenas um fato da vida síria, mas agora não há dúvida: entrar para o exército é matar ou morrer.

Sara está com um plano fixo na cabeça. Ela sonha em encontrar a amiga Hala em Hanôver para estudar, começar uma vida nova, trabalhar por um novo futuro. Papai ainda está hesitante. Às vezes, ele diz que a viagem não é segura. Outras, diz que tomará as providências para o encontrarmos na Jordânia. De vez em quando, diz que podemos ir para a Europa, mas o dinheiro não se materializa. O plano fica interrompido.

Uma noite, no início do verão, Sara e eu estamos indo à casa de Leen. Ela me diz que outro grupo de amigos seus está partindo na semana seguinte. Cada vez que um grupo vai embora, a chamam para ir junto, dizem que cuidarão dela no caminho. Sara fica tentada, mas é claro que, sem o apoio de papai, não vai a lugar algum.

— Meus amigos ficam perturbando minha cabeça, insistindo para eu ir com eles. Isto é… Bem, você não quer ir de qualquer maneira, então…

Eu olho para ela, atordoada.

— Como assim? É claro que eu quero ir. Se formos para a Europa, posso continuar nadando. Todos os nadadores estão indo embora. Para a Suécia, Rússia, Alemanha.

Sara franze a testa.

— Você também iria?

Eu mesma fico surpresa com minha resposta. Eu iria, sim. Para fugir da morte que cai do céu. Para ter um futuro novamente. Para um lugar onde eu possa nadar em paz, ou simplesmente um lugar onde alguém como eu possa continuar nadando. Não vejo sentido em ficar sentada pelos cantos, limpando, cozinhando, cuidando dos filhos. Sou uma nadadora. Vou mostrar isso a todos. E só posso fazer isso se eu deixar a Síria.

— Certo — diz Sara. — Então você pode me ajudar a convencer papai. Ele ficará mais feliz se formos juntas.

Minha mente está a mil. Convencer papai é a parte mais difícil. Como ele não está aqui em Damasco, também não tem noção de quantos jovens têm ido embora. Precisamos fazê-lo entender como as coisas pioraram, e a melhor alternativa é encontrar alguém em quem ele confie para persuadi-lo a nos deixar ir junto. Fico chocada com minha determinação repentina. Em deixar Damasco, deixar a Síria, deixar minha casa. Como foi que cheguei até aqui? Os quatro anos da guerra se repetem diante dos meus olhos. Os tanques, as bombas, os morteiros, os tiroteios. Eu ficaria se isso tudo parasse amanhã. Se ao menos tudo parasse.

Uma coisa eu sei: se for mesmo embora, preciso provar quem sou na natação primeiro, e mostrar que não é uma perda de tempo. À medida que mais nadadores vão embora, minha equipe de treino fica cada vez menor. É raro nos despedirmos. Eu simplesmente fico sabendo pelo Facebook que alguém está na Turquia, na França, na Alemanha. Um dia, em meados de junho, pouco antes do início do Ramadã, recebo uma mensagem de uma amiga da natação, Rose, contando que está na Turquia. Ela foi com o primo, e deixou a mãe em Damasco. Fico perplexa. Rose é muito mimada pela mãe, porque é filha única, tudo o que ela tem. Rose tem apenas quinze anos. Sua mãe não teria mandado a filha para a Turquia a menos que sentisse que a situação era realmente desesperadora. Talvez contar a papai sobre Rose o ajude a entender o que está acontecendo aqui. Telefono para ele e conto que a mãe de Rose a mandou para a Turquia. Há um silêncio do outro lado da linha.

— Rose? — pergunta ele, finalmente. — Sério? A mãe a deixou ir sozinha?

— Deixou, com o primo.

— Por que ela não nos contou? Você poderia ter ido com ela.

— Como assim? Você teria me deixado ir com a Rose?

— Teria. Avise-me se souber de mais alguém que esteja indo. Alguém que eu conheça e em quem confie. Enviarei você junto.

Meu coração bate forte.

— A Sara também? — pergunto, lutando para esconder a emoção descontrolada do tom de voz.

— Se ela quiser, sim.

Desligo o telefone e respiro fundo. Meu peito se enche de infinitas possibilidades e aventuras. Não tenho a menor ideia do que a viagem implica. Tudo o que ouvi foram relatos vagos sobre barcos e fronteiras. Eu não penso nisso, só me vejo nadando na Alemanha. Sem bombardeios. Com um futuro.

Papai começa a pesquisar nossas opções. Ele liga para a mãe de Rose para saber mais da viagem e conversa com mamãe sobre o assunto. Há uma mudança, e ambos decidem que partir será melhor para nós duas. Eles nos falam da questão legal na Europa. Ainda tenho menos de dezoito anos, portanto, se eu for sozinha, posso pedir às autoridades para que mamãe e Shahed se juntem a mim. Legalmente, em segurança, de avião. Nossos pais concordam que Sara e eu devemos ir juntas, e que precisa ser em breve. Se quisermos solicitar a reunião da família, preciso chegar à Alemanha antes de completar dezoito anos em março. Tudo a fazer agora é encontrar alguém em quem papai confie.

É Ramadã, o mês sagrado muçulmano. Sara está trabalhando muito, economizando para o Eid al-Fitr, festival de três dias que marca o fim do jejum do Ramadã. A tradição pede que os filhos mais velhos deem dinheiro de presente para os irmãos mais novos. Os dias de Sara são cheios, trabalhando em dois empregos como treinadora e fazendo um turno como salva-vidas. Nas noites do Ramadã, ela trabalha em uma loja de roupas.

Quando anoitece, as ruas ficam sempre agitadas, repletas de gente se reunindo para o desjejum. Uma noite em meados de julho, pouco antes do Eid, Sara chega do trabalho mais tarde do que de costume. Ela corre para o nosso quarto e faz uma dancinha.

— Eu consegui!

— Conseguiu o quê? — pergunto.

— Encontrar nossa saída. Nabih.

Nabih é nosso primo de segundo grau, filho de um primo do nosso pai, e tem mais ou menos a minha idade. Quando éramos crianças, às vezes o encontrávamos em reuniões da família em Damasco. Sua escola não fica muito longe, e não é incomum nos esbarrarmos em Malki. Ele tem olhos escuros e usa barba curta e topete com gel. É um típico garoto adolescente meio insensato.

— Nabih? — repito. — Nosso primo Nabih?

— Isso. Topei com ele na rua hoje. Ele disse que está indo para a Alemanha, acho que com um dos tios. Ele precisa ir logo, porque está prestes a completar dezoito anos e não quer lutar. Somos parentes, poderíamos ir todos juntos. Já escrevi para o papai contando.

Uma descarga elétrica de entusiasmo me atinge. Eu me levanto e abraço Sara. Pronto. Ela conseguiu. Ir com alguém da família é perfeito. Papai não tem como recusar. Após alguns dias de discussões e conversas entre papai e o pai de Nabih, ele me liga para confirmar que nos deixará ir. Nem parece verdade. Mamãe nos chama para conversar na mesma noite. Ela está triste e pensativa.

— Seu pai me perguntou se eu gostaria de ir com vocês para a Europa.

— De jeito nenhum — diz Sara, balançando a cabeça. — E Shahed? Ela só tem sete anos. E o mar?

— Não gosto da ideia de estar longe de vocês. E Shahed vai sentir muita saudade de vocês duas. Eu também, é claro.

Estou dividida. Eu também não quero me separar da minha mãe, mas odeio imaginar Shahed em um barco tão frágil. É perigoso demais. Ela não sabe nadar.

— Está tudo bem — digo. — Assim que chegarmos à Alemanha, pediremos para vocês se juntarem a nós.

Mamãe fica em silêncio por um minuto, lutando para conter as lágrimas.

— Não chore — peço. — Não vai demorar muito. Em breve estaremos juntas novamente.

Mamãe respira fundo e segura minha mão por cima da mesa.

— Certo. O principal é tirar vocês daqui. Shahed e eu esperaremos para ir depois.

As coisas avançam rapidamente. Papai liga para Majed, tio de Nabih, que também irá conosco. Alguém precisa tirar Nabih da Síria, e Majed é suficientemente jovem e disposto. Já o encontrei uma ou duas vezes em reuniões familiares. Ele é um cara sério e um pouco agitado, de vinte e poucos anos, com cabelo curto e escuro e traços delicados.

Majed bola o plano. Ele encontrou um site cheio de conselhos para a viagem, feito por outros já no caminho. Não é barato, mas a maneira mais segura e confiável de sair da Síria atualmente é de avião. No momento, cidadãos sírios não precisam de visto para a Turquia. Com dinheiro suficiente, podemos simplesmente reservar voos para Istambul. Não há nenhuma lei contra embarcar em um voo só de ida. Também não estaremos fazendo nada de ilegal ao sair da Síria. A parte perigosa da viagem começará na Turquia, quando entrarmos em contato com contrabandistas para pegar um barco até uma das ilhas gregas. Quando chegarmos à Grécia, estaremos na Europa. Depois percorreremos os 2.500 quilômetros até a Alemanha de ônibus, carro ou trem. Estou disposta a caminhar até lá, se for necessário.

Acompanho Majed e Nabih à agência de viagem. Papai envia o dinheiro e nós reservamos voos para Istambul via Beirute para a quarta-feira seguinte, 12 de agosto. É verdade. Está acontecendo. Papai liga para conversarmos sobre o plano e avisa que vai transferir dinheiro pela Western Union para sacarmos em etapas, ao longo do caminho.

— Quando pegarem o dinheiro, o escondam bem — orienta ao telefone. — Vocês precisarão tomar muito cuidado. Não deixem ninguém saber sobre o dinheiro, não o mostrem a ninguém.

Não há tempo para pensar muito no que está acontecendo. Passamos todas as noites da última semana saindo com amigos, dando adeus. As despedidas são definitivas, visto que presumimos que nunca mais nos veremos, ou pelo menos não nos veremos por muitos anos. O fim da guerra parece impensável. Qualquer coisa pode acontecer comigo no caminho, ou com eles, ficando em Damasco. Nós nos reunimos e tentamos não chorar, mas as lágrimas nunca demoram muito a vir. Eu sempre me levanto e vou embora abruptamente. O pior adeus é de meus amigos mais íntimos, Hadeel, Alaa e os outros. Eles me dão uma foto emoldurada do nosso grupo de amigos. Nela, escrevem lembranças de nossos melhores momentos juntos. Deixo a foto em casa. Talvez um dia eu possa voltar e buscá-la. Vovó vem ao apartamento para se despedir, assim como primos, tias e tios, em um vaivém constante.

Mamãe providencia roupas quentes, bolsas e botas para a viagem. Também compramos uma mochila grande para cada e uma bolsa menor para objetos de valor. Baixamos um aplicativo de rastreamento para nossos celulares que envia uma localização por GPS, mesmo quando o aparelho está desligado. Dessa forma, mamãe e papai podem ver onde estamos o tempo todo. Criamos um grupo no WhatsApp para nossos parentes mais próximos, de modo que eles possam manter contato facilmente. Sara e eu reviramos o apartamento para escolher o que levar. Temos pouco espaço. Sara guarda todas as antiguidades e joias em uma grande caixa e a deixa aos cuidados de uma amiga. Levamos apenas algumas roupas, celular e passaporte.

Na manhã do embarque, mamãe recebe um telefonema da Majed dizendo que o voo foi atrasado em três horas. Meu coração aperta. Estou com horror de ter que dar adeus, e o atraso só adiará a despedida ainda mais. Estou impaciente para ir logo. Todos estão nervosos. Ninguém quer arriscar perder o avião. Majed e Nabih vão para o aeroporto mais cedo apenas para verificar. Eu digo a mamãe que quero ir com eles e que ela pode levar Sara mais tarde.

Majed e Nabih chegam de táxi para me buscar. O táxi é maior do que eu esperava: uma minivan, já cheia de gente. No banco de trás, ao lado de Majed e Nabih, está um homem que nunca vi, e há um outro desconhecido no banco do carona. Guardo a mochila no porta-malas e entro na van. O homem no fundo deve ter quarenta e poucos anos e tem um semblante brincalhão que me lembra papai.

— Muhannad — apresenta-se. — Sou um velho amigo de seu pai, crescemos no mesmo bairro. Vou com vocês à Turquia.

Eu sorrio. Ele até fala um pouco como o papai. Ninguém conversa enquanto o táxi serpenteia pela cidade velha. Observo pelo vidro as ruas quentes de Damasco. As antigas mesquitas, as lojas, os cafés, as buzinas no trânsito. Absorvo ao máximo coisas que já vi um milhão de vezes, tentando capturá-las e guardá-las. Passamos por lugares que conheço. Lugares em que trabalhei, lugares em que ri, lugares em que ganhei e perdi. Passamos pela piscina. Todas aquelas horas de suor, humilhação, triunfo. As casas vão ficando cada vez menos numerosas e por fim entramos na estrada para o aeroporto. Eu olho para trás. O monte Qasioun paira alto, erguido sobre os quarteirões da cidade. Quando chegamos ao aeroporto, sou a primeira a sair do táxi. Vejo os outros secarem as lágrimas do rosto ao saírem atrás de mim. É um choque. Eu nunca vi homens adultos chorando.

No terminal, pergunto a Nabih sobre o segundo estranho do grupo. Nabih me diz ser o marido de sua tia, Ahmad. Ele também quer ir embora.

— Eu não sabia que vinha tanta gente conosco — confesso.

Nabih dá de ombros.

— Todo mundo está indo embora.

Faltam mais três horas para os outros chegarem. Sinto-me entediada, como se estivesse em um limbo, mas feliz por não estar mais em casa pensando na despedida. Nada disso parece verdade. Finalmente, Sara, mamãe e Shahed entram no terminal. Mamãe caminha até mim, os braços estendidos, piscando para conter as lágrimas.

— Adeus, *habibti* — diz, me abraçando por um minuto inteiro.

Eu me viro para Shahed, que está de olhos arregalados, cheia de curiosidade.

— Quando vocês voltam?

Eu a puxo para um abraço e beijo o topo de sua cabeça.

— Não, *habibti* — respondo com doçura. — Desta vez, não vamos voltar.

Eu a solto. Finalmente Shahed entende o que está acontecendo. Não é como quando partíamos para as competições de natação. É diferente. Ela desmorona.

— Não — diz minha irmãzinha, se agarrando à cintura de Sara, e lágrimas escorrem pelo seu rosto. — Por favor, não vá. Não vá.

Seu pequeno corpo treme com seus soluços.

— Não... vá — gagueja.

Meu coração dói por ela. Sara afasta Shahed delicadamente, se abaixa e a segura pelos ombros.

— Preste atenção — começa Sara.

Shahed enxuga as lágrimas do rosto e olha para Sara.

— Muito em breve, estaremos juntas novamente — continua Sara. — Vamos mandar buscar vocês para que se juntem a nós. Você, eu, mamãe e Yusra. Em outro país. Basta esperar alguns dias, talvez algumas semanas.

Sara abraça a menininha. Então, sem mais uma palavra, ela se dirige para a fila de segurança. Mamãe se vira para mim com o rosto pálido, os olhos arregalados cheios de lágrimas. Eu dou outro abraço apertado nela e também me afasto. A promessa de Sara para Shahed fica ecoando em meus ouvidos. Não sei quando conseguiremos revê-la, mas rezo para que minha irmãzinha não se lembre que começamos nossa jornada com uma mentira.

PARTE QUATRO

O mar

7

A humilhação começa assim que deixamos o espaço aéreo sírio. Enquanto esperamos em Beirute pela conexão para Istambul, não há lugar para comer ou se sentar. Nós nos sentamos no chão enquanto os libaneses nos olham feio. Eles nos encaram como se não tivéssemos dinheiro, roupas ou casa, fazem a gente se sentir a escória do mundo árabe. A ofensa sobe de tom no voo de duas horas de Beirute a Istambul. Ao iniciarmos a aterrissagem, uma comissária de bordo libanesa começa a falar no interfone:

— Por favor, observem que qualquer passageiro que tente levar coletes salva-vidas do avião será parado e indiciado. A equipe de segurança verificará seus pertences à medida que deixarem a aeronave.

Demoro um instante para entender o significado daquelas palavras. Eu me viro para Sara, cujos olhos estão arregalados de choque. Estamos atônitas demais para falar. Humilhadas demais para ficar com raiva.

Pelo menos em Istambul temos amigos. Entro em contato com meu colega de natação, Rami, que mora na cidade com o irmão desde o início do conflito na Síria. Rami concorda em me encontrar enquanto eu estiver na cidade, mas diz que não pode nos ajudar na parte seguinte da jornada. Para isso, Ahmad, que trabalha de guia turístico, conhece um cara, um sírio que mora na cidade. Ahmad avisa ao amigo que estamos chegando e eles arranjam um lugar para ficarmos enquanto organizamos a próxima etapa. O homem nos encontra no aeroporto e nos leva para o apartamento de carro. Depois, ele sai para podermos dormir. Na manhã seguinte, o amigo retorna e nós nos reunimos no apartamento para conversar.

O amigo explica que temos duas opções: atravessar para a Europa pelo mar ou a pé. A segunda opção é a mais barata. Pagaríamos para um contrabandista nos levar para o norte, rumo à fronteira da Turquia com a Bulgária. A partir de lá, continuaríamos a pé, caminhando por cerca de dois dias até chegarmos à Bulgária. O problema é que a fronteira não é segura. Os búlgaros estão construindo uma cerca gigantesca, semelhante à barreira na fronteira grega, mais ao sul. Teríamos que contorná-la pelas montanhas. A polícia búlgara também patrulha os acessos dia e noite. Dizem que os policiais batem em quem capturam: mulheres, crianças, pessoas com deficiência. Circulam rumores de que eles quebram braços, até mesmo pernas, e depois deixam as pessoas na floresta, tendo que rastejar sozinhas de volta à civilização. Se você tiver sorte, dizem as histórias, eles podem apenas roubar seu celular, dinheiro ou passaporte. Eu o escuto, horrorizada. Essa opção não parece nada boa.

O outro caminho é ir pelo mar em um barco clandestino que nos levará da costa turca para uma das ilhas gregas. Primeiro, entraríamos em contato com um contrabandista aqui em Istambul para nos levar até a Grécia. Ele nos colocaria em um ônibus partindo de Istambul com destino ao litoral, em algum ponto perto de Izmir. Lá, esperaríamos nossa vez de pegar o barco. Ir pelo mar é mais caro: quinhentos dólares cada um.

Nosso grupo está dividido. Ahmad não quer gastar tanto dinheiro para atravessar pelo mar. Além disso, como muitos sírios, ele tem medo de se afogar. Majed, Nabih e Muhannad também não parecem muito empolgados com a ideia. Sara e eu somos as únicas que sabem nadar de verdade. Os outros talvez consigam nadar por alguns minutos, mas não teriam nenhuma chance sem coletes salva-vidas. Além disso, já ouvimos histórias de coletes falsos, recheados com material que puxa as pessoas para baixo quando se molham. Já ouvimos todas as histórias. Todo mundo está apavorado com a ideia de ir pelo mar.

— Vocês não vão se afogar conosco lá — diz Sara.

Olho atravessado para ela.

— Estou falando sério — insiste. — Nós somos nadadoras, eu sou salva-vidas. Não deixaremos ninguém morrer.

Nabih está sentado no canto, olhando fixamente para o celular. Ele levanta o rosto e olha para Majed.

— Nós somos meninas — continua Sara. — Não podemos andar às escondidas pelas montanhas, perseguidas pela polícia, esperando alguém quebrar nossas pernas. Nós sabemos nadar, nós vamos pelo mar.

Ela olha para mim. Eu imagino as piores hipóteses. O mar não é uma piscina. Até nadadores morrem nele. E se alguém se machucar ou ficar inconsciente de alguma forma? Uma briga, um ataque, um acidente, tudo é possível. No entanto, não parece haver muita escolha. Caminhar soa péssimo, e nós sabemos nadar. Decido depositar minha confiança em Deus. E em Sara.

Nabih e Majed assentem para Sara. Muhannad dá de ombros. Finalmente, Ahmad suspira e cede.

— Muito bem — diz Ahmad, embora não pareça nada convencido. — Pegaremos o barco. As nadadoras nos salvarão, é claro.

O amigo se levanta do sofá e anuncia que entrará em contato com os contrabandistas em nosso nome e pedirá que liguem para nós a fim de organizar a próxima etapa da viagem. Devemos entregar o dinheiro a um intermediário em um escritório em Istambul. Quando chegarmos à Grécia, o intermediário ligará para nós e verificará se estamos bem. Se chegarmos à Europa em segurança, ele liberará o dinheiro para os contrabandistas.

Majed se encarrega do dinheiro. Ele descreve nosso plano para papai, pede pela transferência da nossa parte e vai a uma filial da Western Union para sacá-la. Ao voltar ao apartamento, ele tira da doleira um maço de dólares americanos, os espalha sobre a mesa e começa a separá-los em pilhas. Eu arregalo os olhos, nunca tendo visto tanto dinheiro na vida. Majed enrola as notas novamente na doleira e diz que cuidará do dinheiro para nós até a hora de pagar o intermediário. Em seguida, entrega a cada uma de nós uma nota de quinhentos euros e mais duzentas liras turcas.

— Para as despesas — diz Majed, seu semblante muito sério. — Cuidem muito bem desse dinheiro.

Fico olhando para as notas, o maior montante que já tive nas mãos. Sara solta uma gargalhada e abana a nota de euro cor-de-rosa diante do rosto de Majed.

— Espera aí — diz Sara. — Então não significa que é hora de se divertir?

Nabih e eu rimos. Majed franze o cenho, mas não diz nada.

Sara e eu passamos o dia seguinte explorando a parte antiga de Istambul. Gosto da cidade, dos mercados repletos de antiguidades, das multidões, da linha do horizonte cravejada de cúpulas e minaretes. Lembra nossa casa. Perambulamos por Aksaray, um bairro apelidado de "Pequena Síria" devido à quantidade de sírios que se instalaram lá desde o início da guerra.

Nas ruas, ouvimos pessoas falando árabe com sotaque sírio. Nas fachadas das lojas, o alfabeto que reconhecemos anuncia restaurantes sírios e casas de kebab de Damasco, Aleppo e Homs. Passamos por padarias oferecendo doces melados salpicados com pistache verde-menta, e mercearias abastecidas com montanhas de tempero zaatar, jarros de chá mate e café com cardamomo. As paredes e os postes de luz são cobertos de cartazes em árabe anunciando apartamentos para alugar.

É fácil entender por que tantos sírios foram parar na Turquia. Em primeiro lugar, é a rota de fuga mais fácil. Por enquanto, a extensa fronteira terrestre entre a Turquia e a Síria ainda está aberta e os sírios não precisam de visto para atravessá-la. Quando nós a atravessamos, dois milhões de sírios já estavam vivendo no país. Alguns ficaram em acampamentos temporários ao longo da fronteira, mas a maioria construiu uma vida nova nas cidades. Eles podem estar a salvo da violência de casa, mas a vida ainda é dura. A Turquia concede apenas proteção temporária aos sírios, que não têm autorização para trabalhar. Os que trabalham ilegalmente podem, muitas vezes, ser explorados e mal pagos.

Muitos sírios na Turquia fugiram no início do conflito, pensando que ficariam apenas por algumas semanas. Quatro anos depois, um grande número pensa seriamente no futuro. Alguns estão ficando sem dinheiro, todas as economias já esgotadas. Ninguém quer depender de caridade para sempre, especialmente os sírios mais jovens, que sonham em estudar, ganhar dinheiro, constituir família. Eles veem um futuro mais brilhante na Europa. Quando podem pagar, arriscam a travessia por mar.

À noite, Sara e eu nos encontramos com Rami em um café de *shisha*, onde os clientes fumam tabaco aromatizado por um narguilé. Já se passaram quatro anos desde a última vez em que o vi. Rami parece muito mais velho e um pouco fora de forma. Ele se senta do meu lado, a brasa do narguilé brilhando em vermelho e preto no papel alumínio entre nós.

— E aí, você está nadando? — pergunto.

— Estou treinando com o Galatasaray — diz ele, soprando o carvão e mandando uma chuva de faíscas vermelhas pelo ar. — Mas não me deixam nadar em competições. São as regras aqui. Você tem que ser turco.

Rami pega o tubo do narguilé, desenrola uma nova ponta de plástico e a encaixa na extremidade. Ele dá vários tragos profundos e borbulhantes e exala uma fina nuvem de fumaça branca.

— Então o que está fazendo aqui, Rami? Isto é, quanto tempo vai viver aqui desse jeito?

Ele franze o cenho e observa meu rosto.

— Estou falando sério — continuo. — Não há futuro para você aqui. Venha para a Europa conosco.

— Não.

Rami dá mais um trago, a água borbulhando mais profundamente desta vez, e exala a fumaça em uma nuvem maior e mais densa.

— Está tudo bem aqui — insiste. — Aprendi a falar turco, tenho amigos, meu irmão está me sustentando. Eu posso nadar.

Eu franzo a testa.

— Tem lugar para treinar, claro — digo. — Mas e o seu sonho? Por quanto tempo vai treinar sem competir? Para onde isso o levará?

Ele olha para o tampo da mesa, ouvindo com atenção.

— De qualquer forma, você é muito bom para isso — continuo. — Pode chegar longe se o deixarem. E vão deixar você entrar na Europa.

Rami se ajeita no banco e me passa o tubo. Eu aspiro, o carvão se reacende, a água borbulha. Sopro a fumaça no rosto de Sara. Ela desvia os olhos das fotos que estava vendo no celular e levanta a cabeça.

— Venha para a Europa conosco — repito. — Faremos isso juntos. Podemos nadar, podemos treinar muito, ficar muito bons novamente. Podemos ir até o fim.

— Vou pensar no assunto — promete Rami, bebendo de um gole o resto do suco. — Você vai antes. Pode me contar como é quando chegar lá. Talvez eu mude de ideia.

Naquela tarde, Majed ligara para o contrabandista. Um ônibus partirá de Istambul para a costa dentro de dois dias. Temos 24 horas para decidir se vamos tomá-lo. Enquanto conversamos sobre o assunto, Ahmad anuncia abruptamente que está de partida para a fronteira com a Bulgária. Ele está com medo de ir pelo mar em um bote de borracha e diz que prefere tentar a sorte nas montanhas. Na manhã seguinte, quando acordamos, ele já foi. Nunca mais o vemos. Muito tempo depois, quando chegamos à Alemanha, descobrimos que Ahmad foi recusado na fronteira búlgara e acabou voltando para a Síria.

Já tendo tomado nossa decisão, não conversamos sobre sua ida. Majed liga para o contrabandista e avisa que cinco de nós precisam de vagas no ônibus para Izmir e em um barco para a Grécia. O homem nos orienta a encontrá-lo na noite seguinte em uma praça no centro da cidade. Ele avisa que precisamos levar nossos próprios coletes salva-vidas. É uma regra. Sem colete salva-vidas, nada de ônibus, nada de barco e nada de Europa.

No dia seguinte, levantamos cedo. Segundo Majed há um lugar que vende coletes salva-vidas no mercado Malta, em Aksaray. Sara e eu esperamos na rua de paralelepípedos enquanto os homens entram e os compram. Nabih sai primeiro, sorrindo e sacudindo uma gigantesca sacola plástica. Ele a abre para me mostrar. O interior contém dois objetos volumosos em verde-escuro. Fico surpresa por não serem da cor laranja, como nas fotos.

— Eles são feitos para soldados — explica Nabih.

— Então é menos provável que sejam falsos? — questiono.

Nabih dá de ombros. Muhannad sai da loja em seguida. Seu rosto se ilumina ao avistar alguém atrás de nós, e ele levanta o braço. Quando olho para trás, vejo um homem de cabelos loiros escuros e óculos de armação fina. O homem abraça Muhannad calorosamente e eles se afastam de nós, imersos em sua conversa.

— Quem é aquele? — pergunto a Majed.

— Um amigo do Muhannad, de Damasco — responde Majed, se atrapalhando com mais duas enormes sacolas plásticas. — Acho que ele está aqui em Istambul há algum tempo, mas agora quer ir embora. Ele vai conosco para a Grécia.

Dou de ombros e não pergunto mais nada. Nunca descobrimos muito sobre o homem, nem mesmo seu nome verdadeiro. Apenas rimos e o chamamos de Loirinho pelas costas. Nós quatro perambulamos pela multidão, debatendo o que mais poderíamos precisar para a travessia. Muhannad e Loirinho nos seguem a uma curta distância.

— E aquilo ali para os telefones? — sugere Nabih, apontando para um pacote de sacos impermeáveis expostos entre uma variedade de artigos domésticos. — Para evitar que se molhem?

Majed pega os sacos e lê a embalagem. Os sacos parecem grandes e resistentes. Poderemos guardar mais que apenas os celulares ali dentro, talvez até passaportes e dinheiro. Ele compra um para cada um de nós. Sara me puxa pelo braço para uma lojinha que vende telefone e acessórios. Ela quer comprar chips locais para enviarmos fotos e mensagens para mamãe. Enquanto Sara avalia as ofertas e pechincha com a vendedora, eu me pergunto o que mamãe está fazendo e se está pensando em nós também. Prometo a mim mesma escrever para ela assim que voltarmos ao apartamento.

No quarto, Sara e eu arrumamos nossas coisas. Majed entrega um dos sacos impermeáveis para cada uma e nos diz para guardar os objetos de valor ali. Ele ressalta que devemos mantê-los seguros o tempo todo, caso nos separemos. Sara fecha a porta do quarto e os guardamos no lugar mais seguro em que podemos pensar: dentro do sutiã.

Quando chegamos à praça naquele início de noite, o sol está batendo no topo dos edifícios. Pela quantidade de gente, é evidente que estamos no lugar certo. As pessoas estão de pé ou sentadas em grupos na calçada, conversando. A maioria fala árabe, muitas delas com sotaque sírio. Chegamos na hora, mas não está acontecendo nada, então nos sentamos na calçada com o resto para esperar. Todo mundo parece relaxado. Fico surpresa por não haver nenhum policial.

A multidão cresce à medida que o sol se põe e as nuvens cintilantes ao alto brilham primeiro em laranja, depois em vermelho. Conforme anoitece, mais famílias de pais, filhos e avós se apinham no asfalto. Rapazes perambulam em grupos de dois e três, fumando como chaminés. Eu verifico o celular. Já passa das nove. Duas horas de atraso e nem sinal dos contrabandistas. Olho pela multidão de novo. A luz está desvanecendo rapidamente. Minha atenção recai sobre um grupo de três mulheres. Seus cabelos estão cobertos por *hijabs* e elas usam *abayas*, o vestidão comprido até o chão. Uma delas está segurando um bebê minúsculo enrolado em um xale. As três estão sentadas na calçada a poucos metros de distância, cochichando e olhando para nós.

Eu dou uma leve cotovelada em Sara.

— É, eu notei — responde ela, sorrindo. — Pobres senhoras. Elas estão pensando: vocês vêm *conosco*?

Nesse exato momento, um homem de ombros largos abre caminho entre a multidão. Ele tem uma barba farta e preta como nanquim, usa calça jeans e camiseta também preta, e óculos de sol de grife apoiados na cabeça. O sujeito para na nossa frente com os pés bem afastados e junta as mãos.

— Ok, *yalla* — começa ele. — Vamos lá.

A tagarelice ao redor se apazigua até se tornar um murmúrio.

— *Yalla* — repete o homem.

Todos se calam e se voltam para ele.

— Seus ônibus estarão aqui em um minuto — explica. — Primeiro, quero ver os coletes salva-vidas de todos.

Por mais que esteja falando em árabe, seu sotaque é esquisito. Curdo, talvez, provavelmente do norte do Iraque. Sara sorri para mim e aponta o polegar para o chefão assim que nos levantamos.

— Que homem grande e forte, né? — sussurra. — Olha só aqueles músculos. Grandalhão.

Deixo escapar uma risadinha, mas o sorriso no rosto de Sara congela. Quando levanto o rosto, vejo Grandalhão me observando. Eu baixo os olhos e encaro o chão fixamente.

— Qual é a graça? — pergunta ele.

— Nada — diz Sara. — Rir é contra as regras, por acaso?

Grandalhão olha de mim para Sara, avaliando seu coque bagunçado, seu casaco e calça de moletom, e seus tênis. Dois homens mais jovens saem do meio da multidão. Um deles é alto, com cabelo preto comprido, preso em um rabo de cavalo. O outro é mais baixo, de cabelo ondulado castanho até o ombro. Ele tem a pele mais clara do que os outros dois e é muito magro. Nenhum deles parece ter dormido em uma cama ou feito uma refeição adequada nos últimos dias.

— Chegaram — diz o mais baixo.

Ele aponta com o polegar para trás. Atrás dele, uma frota de seis ônibus velhos passa pela praça. Os veículos estacionam um a um ao lado da multidão.

— E o baixinho parece Mogli, o menino lobo — murmura Sara no meu ouvido.

Eu bufo, tentando conter outra risada.

— Ah, oi — diz Mogli, olhando para nós pela primeira vez.

Ele tem o mesmo sotaque do Grandalhão.

— Ah, oi — imita Sara.

— Shh — sussurro. — Para com isso.

— O que fooooi? — responde ela em voz alta.

— Shh! — repito. — Para de agir como se você não se importasse. Veja todos os outros; estão com medo deles.

— Eu não estou com medo — afirma Sara, sem o mínimo esforço para manter a voz baixa.

Os contrabandistas estão ocupados demais para se preocuparem conosco. O homem de rabo de cavalo vai até a porta de um ônibus. A multidão está cada vez mais inquieta. Algumas pessoas já estão se empurrando para a frente, prontas para garantir os melhores lugares. Grandalhão e Rabo de Cavalo nos conduzem para o veículo. O interior é escuro, quente e mofado, com cheiro de tapete velho. As janelas estão todas fechadas, as cortinas firmemente esticadas para cobri-las. Entulhamos as malas nos bagageiros acima dos assentos. O motor é ligado e todos se apressam para sentar. Grandalhão aparece na ponta do corredor.

— Ok, pessoal, desliguem os celulares — comanda ele, levantando a voz para ser ouvido mesmo com o ruído do motor. — De agora em diante, nada de ligações, mensagens, internet ou GPS. Vou verificar se todos estão desligados. E mantenham as cortinas fechadas.

Sara e eu desligamos o celular. Penso no aplicativo de rastreamento do meu, que envia um sinal mesmo quando o aparelho está desligado. É reconfortante saber que nossos pais poderão conferir onde estamos. Eles podem até ver nossa movimentação no mapa. Assim que o ônibus parte em meio à escuridão, o silêncio toma conta novamente. Nossos primos

Majed e Nabih estão sentados na nossa frente. Os outros integrantes do grupo, Muhannad e Loirinho, estão do outro lado do corredor. A maioria dos passageiros adormece rapidamente. Fico sentada, quieta, me perguntando o que eles viveram, que horrores os forçaram a tomar esta rota desesperada pelo mar.

Em pouco tempo, uma jovem atrás de nós começa a conversar em um sussurro alto com a passageira ao lado. Eu a ouço contar que é sírio-libanesa, e que morava em Beirute antes de partir para a Europa. Sua vizinha, uma mulher mais velha de *hijab*, diz que é do Iraque e está viajando com os dois filhos ao encontro do marido na Alemanha.

Estico o pescoço para o outro lado do corredor, na fileira de trás. Um menino pequeno e uma menina mais velha estão dormindo. A mulher mais jovem, de cabelo curto e roupas de estilo ocidental, me vê olhando para os dois. Ela sorri e se apresenta como Coco. Eu adoraria não ser tão tímida. Tento pensar no que dizer.

— Acha que vamos parar em algum lugar no caminho? — pergunto finalmente.

— Não — sussurra Coco pelo espaço entre os assentos. — Ouvi outra pessoa perguntar isso a um dos contrabandistas. Eles disseram não haver paradas, nem mesmo para usar o banheiro, beber água, comer, o que quer que seja. Nós vamos direto.

— Ah, certo — respondo. — Muito obrigada.

A conversa parece ter acabado, então volto a olhar para a frente e escorrego pelo assento, cobrindo o rosto com o capuz do moletom. Durmo por várias horas até o ônibus parar repentinamente e o motor ser desligado. A mudança no ritmo me desperta. Os outros passageiros se mexem, se alongam e murmuram uns para os outros. Um bebê choraminga de algum lugar perto da frente.

Com a cabeça apoiada no meu ombro, Sara dorme profundamente. Nabih está acordado no banco da frente. Ele abre uma fresta da cortina e olha lá fora. Eu faço o mesmo. Talvez tenhamos chegado. Não há como saber. Pela primeira vez, percebo como temos pouco controle sobre o que está acontecendo. Luzes alaranjadas piscam do lado de fora da janela. Ouvimos um bipe quando um caminhão gigante carregado com um contêiner de navio recua lentamente e passa ao lado do ônibus. Quando o caminho é liberado, o motorista do ônibus dá partida no motor, avança e se aproxima de outro caminhão idêntico na frente. Em seguida, ele dá ré e volta para o espaço deixado pelo primeiro caminhão. Eu olho para a esquerda. Do outro lado do corredor, Muhannad também abriu a cortina. Observo o caminhão original parar do lado esquerdo do ônibus. Estamos cercados. Escondidos.

— Opa, opa, ei! Fechem as cortinas — grita Grandalhão do final do corredor.

Fecho minha cortina e me recosto novamente no banco, tentando entender o que acabei de ver. Escuto uma série de batidas graves e metálicas. Depois, o som de mais veículos dando ré e estacionando ao redor do ônibus. Uma vibração estremece por baixo de nós, seguida pelo ruído baixo de um motor muito maior. Um pouco mais tarde, sinto uma leve sensação de ondulação.

Será que estamos em uma balsa? Ninguém falou nada sobre subir em uma embarcação. Olho para Sara, que ainda está dormindo profundamente. Estico o braço para o banco da frente e cutuco Nabih no ombro. Seu rosto aparece acima do encosto.

— O que está acontecendo? — pergunto.

Nabih dá de ombros. No fundo do corredor, Grandalhão se levanta, olhando diretamente para nós. Nabih se senta de volta. Vinte minutos depois, o motor da balsa abranda e se transforma em um ronco baixo. Depois, mais ruídos de apito e de ré. O motorista novamente dá partida no motor e sai devagar do barco. Estou ligada demais para dormir. Cerca de uma hora depois, o ônibus para mais uma vez. Dou uma espiada do lado de fora. Pinheiros. Deve ser aqui.

Grandalhão reaparece no começo do corredor e avisa que, a partir daquele ponto, seguiremos a pé. Devemos recolher nossos próprios botes do bagageiro embaixo do ônibus e seguir os contrabandistas.

— Nada de falar, nada de fumar, nada de luzes nem barulho — adverte ele. — Fiquem próximos uns dos outros e não se separem do grupo.

Sara esfrega os olhos, se espreguiça e se levanta. Ela me passa minha bolsa do bagageiro.

— Ele disse que vamos direto para o barco? — pergunta Sara. — Então é melhor trocar de sapato e calçar os chinelos de dedo. Não queremos usar essas botas pesadas em um barco, né?

Trocamos nossas botas de caminhada por chinelos de dedo e descemos do ônibus com os outros. Quando saio, estamos em uma estrada montanhosa cheia de curvas. Há mais gente descendo dos outros ônibus estacionados na frente e atrás de nós. Pelo visto estamos todos indo para o mesmo lugar. Majed me pede para esperar enquanto ele e os outros se juntam à multidão diante do bagageiro. Eu olho para cima. O céu está claro, com centenas de estrelas, muito mais do que já vi em Damasco. Uma ladeira íngreme sobe pela estrada à minha esquerda. Do outro lado, o solo desce bruscamente para uma floresta cheia. Entre os pinheiros, no horizonte, uma mancha tênue em laranja. Falta pouco para amanhecer.

A mulher com o bebezinho que vi na praça fica perto de nós. Ela observa as pessoas passando em grupos de dois e três. Cada grupo carrega uma caixa de papelão grande e retangular. A expressão da mulher relaxa quando um homem com um rosto em formato de coração sai do meio da multidão. Ele coloca a caixa no chão e tira cuidadosamente o bebê dos braços da mulher. O bebê parece ainda menor de perto, não devendo ter mais que alguns meses de idade. A criança se mexe e balança os bracinhos, o rosto pálido e redondo ainda amassado de sono. Então ela abre os olhos. Eles são enormes e azul-claros e brilham como luas gêmeas. Olho para cima e vejo Grandalhão, que também os está observando.

— Tomem cuidado na descida — diz ele calmamente para o homem com o bebê.

O homem olha para ele com surpresa. Grandalhão pigarreia, joga os largos ombros para trás e se afasta para onde Mogli está guiando um fluxo constante de pessoas rumo à floresta.

8

— Nós conseguiríamos ir nadando — diz Sara.

— Não seja idiota — devolvo.

Estamos em um afloramento rochoso sob o sol escaldante do meio-dia. Lá embaixo, ao longe, o mar Egeu cintila ameaçadoramente. O sol lança uma faixa ofuscante de ouro líquido sobre a água. Além dela, as silhuetas nebulosas de colinas verdes e marrons se erguem do oceano. A ilha. Grécia. Europa. Sedutoramente próxima.

— Bom, eu conseguiria ir nadando — insiste Sara. — Quer dizer, se tivesse pés de pato.

— O que você disse? — pergunta Mogli, o menor contrabandista, que tinha se afastado para urinar na floresta. — Você consegue nadar até a ilha?

Sinto um aperto de medo no peito.

— Não — respondo rapidamente. — Ela está brincando.

Sara se vira para ele.

— E se conseguíssemos? — desafia Sara. — Haveria menos gente no barco. Você nos deixaria ir de graça?

— Você está louca — diz Mogli.

Ele se afasta rumo à sombra dos pinheiros.

O calor é insuportável. Nós o seguimos entre as árvores pela encosta íngreme e sinuosa que leva ao acampamento. No alto dos pinheiros, as cigarras cantam alto como motosserras. Caminhamos em fila única entre as rochas e os arbustos ásperos. Escolho com cuidado onde pisar, olhando para os arranhões nos meus pés descalços. Faz apenas uma semana que dei um beijo de despedida na minha mãe, em Damasco. O que ela diria se soubesse que vamos dormir ao relento na floresta, sem comida, à mercê de bandidos?

Entramos na clareira, onde nos deparamos com centenas de pessoas sentadas, também esperando por seus barcos. Ficaremos ali o dia todo até que os contrabandistas nos digam que é hora de partir. Mogli nos leva aos outros dois contrabandistas, Grandalhão e Rabo de Cavalo, que estão espreguiçados sob a sombra de um pinheiro. Eles estão acompanhados por três homens e um menino de cerca de seis anos. A criança está brincando com as pinhas, empilhando-as umas sobre as outras e deixando-as cair sobre suas pernas esticadas.

— Essas duas acham que podem ir nadando — diz Mogli. — Elas dizem que são nadadoras.

Grandalhão olha para cima e levanta as sobrancelhas. Ele parece cético. Não me surpreende: são dez quilômetros de distância daqui até a Grécia. Duvido que ele se preocupe com nossa segurança; é mais uma questão de orgulho. Ele não gosta da ideia de alguém conseguir atravessar daqui para a Europa sem sua ajuda. Eu também tenho minhas dúvidas.

— Dez quilômetros é um longo percurso para fazer a nado — diz o mais velho dos três, colocando uma das mãos de modo protetor na cabeça do menino.

Seu rosto é marcado por rugas profundas de preocupação. Ele olha para Grandalhão, que se volta para nós duas e ri.

— Certo, então o negócio é o seguinte — diz Grandalhão. — Que tal eu mandar um barco, e vocês podem nadar ao lado dele? Se realmente conseguirem nadar o caminho todo, não precisarão pagar.

Todos os olhares estão voltados para Sara.

— Muito bem — diz ela. — Mas, se conseguirmos, nosso grupo intei-ro vai de graça. No barco, quero dizer. Temos mais quatro conosco.

O sorriso no rosto de Grandalhão congela. Ele olha para Sara, ponde-rando se ela está falando sério, e dá de ombros.

— Pode ser — concede, finalmente.

Meu estômago dá um nó. Eu seguro o braço de Sara. Nós realmente vamos nadando? Sem roupa de mergulho? Com nossas roupas normais? Dez quilômetros é um longo percurso para se fazer sem pés de pato. Sara deve estar louca. Ela lê meus pensamentos.

— Você precisa providenciar o equipamento de natação — diz ela.

Grandalhão ri e dispensa o comentário com a mão. Eu suspiro de alívio. O assunto está encerrado por enquanto.

Os dois homens mais jovens sentados no chão continuam nos encarando. Eles têm os mesmos olhos. O mais velho tem um rosto redondo e simpático, barba espessa e bigode. O mais novo é bonito, com sobrancelhas grossas. Ele sorri para mim, mostrando dentes perfeitamente alinhados e brancos.

— Ayham — apresenta-se ele, levando a mão direita até o peito — E este é meu irmão Bassem.

— Yusra — respondo. — E minha irmã, Sara.

— Eu podia jurar que conheço vocês — diz Ayham. — Não são de Damasco?

— Bem, eu não conheço você — respondo, espantada.

Estamos bem longe dos cafés em Malki. Apoio a mão no braço de Sara.

— Vamos procurar os outros — digo.

Nós abrimos caminho pelas pessoas sentadas em pequenos grupos na clareira. Esta parte da floresta pertence a Grandalhão, mas ele é líder apenas de uma das centenas de quadrilhas de contrabandistas em atividade neste trecho da costa turca com o mar Egeu. Os contrabandistas se dão bem. Todos os dias, enviam milhares de pessoas para a Grécia em pequenos botes de borracha. É do interesse de todos manter a paz entre as quadrilhas. A algumas centenas de metros da costa em que estamos há outro acampamento comandado por contrabandistas afegãos. Eles coordenam as partidas com Grandalhão e se revezam para enviar os barcos, esperando que o mar fique calmo e a guarda costeira turca esteja longe. Os contrabandistas não precisam se preocupar muito com a polícia. Às vezes, as autoridades efetuam prisões, mas há esconderijos de sobra ao longo da costa para que as autoridades inibam os contrabandistas por muito tempo.

Chegamos ao outro lado do acampamento e encontramos Nabih e Majed deitados à beira de um grande abrigo armado com cobertores entre as árvores. É alto o suficiente para que eu fique de pé debaixo dele. Eu me sento ao lado de Nabih, morta de fome. Só comi duas barrinhas de chocolate Snickers desde que saímos de Istambul. Pergunto a Majed se temos mais alguma coisa para comer, mas ele franze o cenho e balança a cabeça. Os dois jovens, Ayham e Bassem, nos seguem. Eles se sentam sob a cobertura improvisada e conversam com um homem de vinte e poucos anos, barba escura e sobrancelhas grossas. Há duas mulheres de *hijab* com ele.

O homem de sobrancelhas grossas diz que seu nome é Ahmad e que ele é sírio, de Latakia. Abro um sorriso ao visualizar as palmeiras e os hotéis arranha-céus na orla da cidade. Ahmad aponta para o resto do grupo e explica que está viajando com as duas irmãs e alguns amigos. As mulheres sorriem timidamente e baixam os olhos. Ahmad aponta para um menino da minha idade e o apresenta como seu amigo Bashar.

Ficamos ali conversando com os rapazes para passar o tempo. Os contrabandistas afirmam que devemos partir a qualquer momento, mas as horas se arrastam e nenhum barco sai. Tento ignorar o ronco do meu estômago. Mesmo que ainda houvesse mais chocolate, não sei se encararia mais uma barra de Snickers derretida. O chocolate foi uma solução a curto prazo. A ideia era fazer a gente se sentir cheio sem precisar ir ao banheiro, pois realmente não haveria lugar para fazer necessidades. Preocupada, olho para a garrafa pela metade aos meus pés. Estamos quase esgotando nosso estoque de água.

Nabih parece ler meus pensamentos e se levanta.

— Não há uma loja ou algo assim por aqui? — pergunta ele. — Poderíamos carregar o celular também. Vou perguntar para aquele grandão.

Ele se afasta para perguntar aos contrabandistas, e volta pouco depois. Grandalhão disse haver uma vendinha no alto da colina, junto à estrada. Nabih pega o telefone de Majed e avisa que voltará logo. Por um instante, me pergunto se devemos ir com ele. Eu olho para Sara, que está limpando as unhas com o canivete de Majed.

— Eca, Sara. Sabe o que você está parecendo? — pergunto.

— O quê?

— A esposa de um contrabandista.

— Cala a boca! — diz ela, me batendo no braço.

Quando levanto a cabeça, Nabih já desapareceu pela floresta.

As árvores estão lançando suas compridas sombras noturnas sobre o solo quando ele volta de rosto vermelho, suado, carregando três sacolas plásticas cheias. Ele se senta ao nosso lado debaixo do abrigo. Eu avanço em uma das sacolas e tiro seis sanduíches com cara de velhos, embrulhados em plástico, além de vários pacotes de palitinhos de gergelim. As outras sacolas estão cheias de garrafas d'água.

Nabih parece exausto. Ele caminhou mais de uma hora até a loja e, quando chegou lá, descobriu que era um simples posto de gasolina. A boa notícia é que conseguiu carregar o celular de Majed. Nabih o tira do bolso e o devolve para Majed.

— Não o mostre por aí assim — diz Majed, apontando para Grandalhão e Mogli, que estão sentados à beira do abrigo conversando com os irmãos, Ayham e Bassem. — Eles podem ver.

Majed esconde o celular embaixo do braço. Ele escreve para mamãe e papai avisando que estamos bem e que ainda não saímos da Turquia. Desembrulho meu sanduíche e aproximo o nariz para cheirá-lo antes de morder. Entre as fatias de pão ensopado há um pedaço de queijo branco e algumas rodelas esmagadas de tomate. Não é nenhuma iguaria, mas eu aceito qualquer coisa no lugar de mais uma barra de chocolate derretida.

Estou mastigando a primeira mordida quando olho para cima e vejo a menina iraquiana do ônibus. Ela está a menos de meio metro, seus grandes olhos castanhos fixos no sanduíche em minha mão. A menina tem cerca de nove anos, o rosto bonito e largo e a pele escura, e veste uma *abaya* azul-clara e um *hijab* da mesma cor. Ela inclina a cabeça de lado e torce timidamente os dedos em frente à barriga.

Eu sorrio e ofereço o sanduíche a ela, que dá meia-volta e galopa os poucos passos de volta para a mãe, sentada no fundo do abrigo com a cabeça de um menino pequeno apoiada no colo. A mulher olha para mim e sorri, enquanto a menina continua olhando fixamente para meu sanduíche. Eu sorrio e lhe entrego um dos pacotes de palitos de gergelim. Ela o aceita e abre com um sorriso nervoso.

— Espero que ela não esteja incomodando você — diz a mulher.

— Não, está tudo bem. Eu me chamo Yusra.

— Umm Muqtada — apresenta-se a mulher, e aponta para a menina e o menino deitado a seus pés. — Minha filha e meu filho.

Umm Muqtada ajeita os cabelos pretos e grossos do menino. O olhar dele está vidrado e distante, e ele parece estar se sentindo mal. Aponto para ele e pergunto:

98 BORBOLETA

— Ele está bem?

— Ele está doente — responde Umm Muqtada. — Precisa consultar um médico especial, e poderá receber tratamento melhor na Europa. O pai dele, meu marido, está com meu filho mais novo na Alemanha.

Umm Muqtada gesticula para Coco, a sírio-libanesa do ônibus, e para um grupo de homens sentados nas proximidades. Ela revela que o grupo está viajando junto para Budapeste a fim de encontrar o irmão de seu marido, Ali, um contrabandista que os guiará pelo resto do trajeto até a Alemanha.

Todo mundo diz que, depois da travessia marítima, a Hungria será a pior parte da viagem. Suas fronteiras são fortemente patrulhadas e talvez precisemos pagar a um contrabandista para nos ajudar a atravessar. Além disso, muitos húngaros temem muçulmanos. É preciso tomar cuidado.

Escuto um gorgolejar vindo do meio do abrigo. Olho para o lado e vejo o bebê. O homem com o rosto em formato de coração está sentado com a jovem esposa, que não parece muito mais velha do que eu. Entre os dois há um berço improvisado feito com um anel de borracha inflável coberto por um xale. Só dá para ver as duas pernas gordinhas e pálidas e os pequenos pés balançando pela borda. A jovem mãe está debruçada sobre a criança, murmurando baixinho. Ponho o resto do sanduíche na boca e me levanto, ainda mastigando, para dar uma olhada mais de perto.

— Quantos anos ela tem? — pergunto, de pé perto do anel de borracha.

— Quatro meses e meio — diz o homem.

Ele me observa cuidadosamente. Ao lado dele e da esposa estão as duas mulheres que estavam nos encarando na praça em Istambul. Uma é mais velha, aparentando ter cerca de sessenta anos, e a outra tem a mesma idade que a mãe do bebê, por volta de dezoito. Com eles há outro homem que reconheço vagamente do ônibus. Percebo pela primeira vez que todos ali são parte de uma grande família.

— Ela é uma graça — digo, voltando-me para o bebê.

Todas as mulheres estão olhando para mim agora, fazendo meu rosto começar a arder. O silêncio é constrangedor. Preciso dizer mais alguma coisa, então me apresento. O homem com o rosto em formato de coração apoia a mão no peito e diz se chamar Zaher. Em seguida, ele aponta para cada um de seus companheiros e os apresenta: esposa, irmã, mãe e irmão.

— E a pequena? — pergunto.

— O nome dela é Kamar — diz Zaher.

Kamar: lua. Olho para a criança novamente. Ela ainda balança as pernas e os pés e me encara com aqueles olhos grandes e claros. Kamar. Combina com ela. Em volta de seu pescoço há um pequeno cordão vermelho com uma carteira plástica pendurada.

— O que é isso? — pergunto, apontando.

— Apenas informações sobre quem ela é — responde Zaher. — Além de nomes e telefones de pessoas para quem ligar se a encontrarem.

Ele faz uma pausa.

— Caso aconteça alguma coisa — explica.

Preciso lutar contra a ideia repentina daquele bebê se tornar mais uma estatística, mais um corpo não identificado, levado pelas ondas até uma costa estrangeira.

— Se estivermos em seu barco, não acontecerá nada — solto antes de me dar conta do que estou dizendo. — Minha irmã e eu somos nadadoras.

As mulheres se entreolham e depois olham para Sara, sentada aos risos com Bashar. Ela está desenhando círculos na terra com um galho comprido. Desisto da minha tentativa de aproximação e volto para os outros.

Os irmãos, Ayham e Bassem, vêm se sentar conosco enquanto o sol mergulha rapidamente por trás das árvores que contornam a clareira. Eles estão com um homem que tem uma tatuagem de diamante no pulso e diz se chamar Abdullah.

— Então vocês são as famosas nadadoras — comenta Abdullah.

Quando meus olhos encontram os dele, fico corada.

— Nós mesmas — diz Sara. — Poderíamos vencer qualquer um de vocês em uma corrida.

Abdullah ri.

— Não em terra — diz ele.

— Experimente só — diz Sara.

Eu coro novamente e olho para o lado. Há um casal sentado sob uma árvore, não muito longe. Fico olhando para eles enquanto o sol se põe.

Eles estão de mãos dadas, se beijando na boca. Fico chocada. Bashar segue a direção do meu olhar.

— Meu irmão — diz ele e, o notar minha expressão, acrescenta: — E a esposa dele.

— Desculpe, é que...

— Eu sei — concede Bashar, rindo. — Eles são sempre assim. Estão casados há poucas semanas.

— Romeu e Julieta — observa Sara, rindo. — Uma lua de mel e tanto.

Mogli e Rabo de Cavalo pegam o final da conversa assim que saem como sombras da penumbra e se juntam ao nosso grupo.

— Você é casada? — pergunta Rabo de Cavalo, sentando-se ao meu lado.

— Não — respondo resolutamente, meu rosto enrubescendo de novo. — Eu sou nadadora profissional.

O grupo começa a se preparar para dormir. Fico aliviada quando a mãe de Zaher assume o comando e convida Sara e eu para nos juntarmos às outras mulheres no meio do abrigo.

— Sim, Mamãe — aceita Sara, rindo.

Eu não rio. Quando a última fonte de luz no céu desaparece, fico feliz por aquela mãe estar lá. Ela pode não nos aprovar, mas tem bom senso. Eu me levanto e espreito do lado de fora do abrigo para admirar a noite nebulosa. Somando com o acampamento afegão, deve haver pelo menos mil desconhecidos aqui neste trecho da costa. Junto-me então à mãe e às outras mulheres deitadas no chão. No meio, Kamar continua em seu anel de borracha ao lado da mãe. Umm Muqtada está deitada perto dali com os dois filhos. Os homens formam um círculo ao nosso redor.

A mãe oferece um saco de dormir. Coco, a libanesa, pega a outra ponta ao mesmo tempo que eu, então concordamos em compartilhá-lo. Antes de eu entrar, Sara, Majed e os outros me entregam suas bolsas impermeáveis com itens de valor. Eu as enfio no fundo do tecido, ao lado de meus pés. Sara fica acordada com Bashar e alguns dos outros à beira do abrigo, com as mãos em forma de concha sobre as pontas dos cigarros para esconder a brasa. Escuto-a rir enquanto me contorço e tento me acomodar naquele solo duro.

Não durmo bem; o chão é áspero e desigual, cheio de pedras e galhos. Estamos deitados em um emaranhado de pernas e braços. O acampamento foi montado em um ligeiro declive, de modo que começo a escorregar toda vez que pego no sono. A primeira luz da manhã está iluminando o céu a oeste quando os helicópteros chegam. Acordo com o barulho do que parece ser o zumbido de um inseto gigante sobre minha cabeça. Meu coração bate forte, mas, de alguma forma, depois do bombardeio aleatório que vi na Síria, o perigo parece atenuado e distante. Estou mais curiosa do que qualquer outra coisa.

Eu saio do saco de dormir tentando não acordar Coco. Ao sair do abrigo, vejo um feixe de luz branca varrer as árvores. A cobertura do abrigo está batendo com o vento. O helicóptero está diretamente acima de nós. Uma mensagem em turco sai distorcida de um alto-falante. Sara aparece ao meu lado, esfregando o rosto e protegendo os olhos da luz ofuscante. O vento achata nossos cabelos e tudo que conseguimos fazer é continuar na entrada do abrigo, congeladas, impotentes, olhando para o alto. O alto-falante emite um novo aviso, desta vez em árabe:

— Saiam. Nós sabemos que estão aí.

Olho para Sara e me pergunto se seria melhor fugirmos. Ela fica olhando para o alto, enfeitiçada, os olhos fixos no holofote varrendo o dossel formado pela floresta. Grandalhão vem correndo até nós. Ele parece calmo, mas tem uma pequena pistola na mão.

— O que está acontecendo? — pergunta Sara.

— Nada, nada. Apenas os ignorem. Nós mandamos aqui. Sentem-se e esperem. Eles já vão embora.

Grandalhão tem razão. Trinta segundos depois, o vento começa a diminuir, e o helicóptero sobe e se afasta para o interior. O zumbido vai ficando mais baixo. Sara e eu esperamos em silêncio até ele desaparecer por completo. Eu me estico, bocejo e volto para minha cama improvisada, o saco de dormir. Coco se mexe, vira de lado e retoma a respiração profunda e regular. Fico olhando fixamente para o teto do abrigo, totalmente desperta, minha mente a mil por hora, até a luz do dia se infiltrar pelo acampamento.

Zaher, a mãe e o resto da família se levantam calmamente assim que amanhece e saem do abrigo para rezar. Eu também me levanto, mas não há muito o que fazer. Fico sentada pelos cantos a maior parte da manhã, tentando não sonhar acordada com um lanche do Burger King. Converso com os rapazes para me distrair do buraco no estômago. Quando o sol está diretamente acima de nós e a família de Zaher está orando pela segunda vez, Rabo de Cavalo se abaixa e entra no abrigo para dizer que os contrabandistas estão com um barco pronto. Precisamos decidir entre nós quem vai primeiro. Zaher se levanta de sua oração e se oferece. Olho para a mãe e para Kamar. Eles não podem ficar aqui sem comida ou casa para sempre. Faz sentido que Zaher e sua família sejam os primeiros a ir.

Umm Muqtada, a iraquiana com as duas crianças pequenas, é a próxima a levantar a mão. Olho para seu filhinho de rosto pálido e sério, que parece precisar de ajuda com urgência. Eu adoraria poder estalar os dedos e levá-lo diretamente aos médicos na Alemanha. Rabo de Cavalo assente para as duas famílias e vai procurar mais voluntários para o primeiro barco. Eu procuro pela clareira, mas não há sinal do resto do nosso grupo: nem de nossos primos Nabih e Majed, nem dos outros homens, Muhannad e Loirinho. Os irmãos Bassem e Ayham parecem aflitos e estão olhando fixamente para mim e para Sara. Minha reação é dar de ombros. Não podemos ir sem os outros.

Coco fica de pé para se oferecer. Abdullah, o cara tatuado, faz o mesmo, seguido por Bashar e outros três homens. Agora são quinze. Rabo de Cavalo sai do abrigo, gesticulando para que os voluntários o sigam. Após poucos minutos de caos, enquanto o grupo recolhe pertences e decide o que abandonar na floresta, cada um deixa uma pilha de roupas sob as árvores e leva apenas uma pequena sacola plástica com objetos de valor. Observo a esposa de Zaher embrulhar a pequena Kamar em um xale e apertá-la contra o peito. A família vai embora antes que possamos dizer adeus. Murmuro uma oração silenciosa pelo bebê.

Sara se levanta de um salto.

— Vamos lá — sugere ela. — Vamos vê-los partir.

O canto das cigarras é ensurdecedor, acompanhando Sara e eu na subida pela floresta íngreme até o afloramento rochoso, onde é possível ter vista desobstruída para o mar. Cobertas de suor, chegamos bem a tempo de ver um bote cinzento ocupado por silhuetas minúsculas aparecer por baixo das árvores enfileiradas lá embaixo. Uma pequena mancha de fumaça branca sobe de trás conforme o engasgo do motor ganha vida. A água está imóvel como um espelho. Observamos em silêncio o barco deslizar para o mar aberto sob o sol imperdoável do meio-dia. Aperto os olhos contra a luz branca e enxugo o suor da testa.

Sara interrompe o silêncio.

— Se algo acontecer quando chegarmos lá, você sabe o que fazer, não sabe?

Eu não respondo.

— Yusra? Você sabe o que fazer, certo?

Vejo o bote abrir o rastro na água vítrea, se arrastando em direção à Europa. Penso nos olhos grandes como a lua de Kamar e na etiqueta de identificação ao redor de seu pescoço.

— Como assim? — pergunto.

Sara se vira e me segura pelos ombros até eu estar de frente para ela.

— Se o barco afundar quando estivermos lá, trate de nadar. Ouviu? Esqueça todos os outros e apenas nade. Você e eu, nós vamos nadar, ok? Nós ficaremos bem.

Preciso apertar os olhos contra a luz ofuscante para analisar seu rosto. Ela está falando sério.

— Yusra, você está me ouvindo?

Eu concordo com a cabeça e me afasto, mergulhando na sombra das árvores.

9

— Más notícias — diz Mogli, agachado sob o abrigo diante do que resta do nosso grupo. — O barco de vocês está quebrado.

Meu coração aperta. Então não faremos a travessia hoje à noite. Ou seja, mais uma noite ao relento nesta floresta. Teremos que esperar até os contrabandistas encontrarem um barco substituto, e ninguém sabe quanto tempo vai levar. Talvez amanhã, talvez no dia seguinte. Meu estômago ronca em protesto. Já estamos aqui há dois dias.

— Mas estamos morrendo de fome — diz Muhannad. — Vocês não podem nos manter aqui para sempre. Há mulheres e crianças aqui. Ou vocês nos levam amanhã, ou voltamos para Istambul. Não vão receber um centavo nosso.

Os retardatários sob o abrigo murmuram, concordando. Uma iraquiana que não vi antes se junta ao grupo enquanto conversamos. Ela traz um bebê nos braços e dois filhos pequenos, uma menina e um menino, que se aproximam atrás dela. O grupo para de murmurar quando Grandalhão se agacha para passar por baixo do cobertor.

— Vocês partem amanhã — assegura ele. — Arranjaremos um barco e todos vão amanhã.

Eu olho em volta. Considerando que diversos outros barcos partiram naquela tarde, o acampamento esvaziou, mas ainda somos mais de vinte. Ele não pode estar dizendo que vamos todos no mesmo barco, pode? Grandalhão dá um aceno rápido e se afasta. Mogli olha brevemente para mim e Sara, dá meia-volta e desaparece na floresta de pinheiros. Ele volta meia hora depois com uma bolsa de lona comprida.

— Um palácio para as princesas — diz Mogli, sorrindo e deixando a barraca no chão diante de meus pés. — Para você, *habibti*.

O menino e o homem mais velho que vi com Grandalhão no primeiro dia se aproximam para olhar a tenda. O pai do menino, que diz se chamar

Idris, nos ajuda a armá-la perto do abrigo. Seu filho, Mustafa, nos observa com os olhos grandes e sérios. Naquela noite, deitada ao lado de Sara na tenda e olhando para o teto de lona, minha mente viaja de volta para Damasco, para a agitação da cidade velha. Imagino mamãe e Shahed fazendo as compras de mercado e adormeço desejando estar com elas.

Acordo com os primeiros raios de sol na manhã seguinte e perambulo pelo acampamento, meu estômago roncando alto. Subo sozinha até o afloramento rochoso para ver o mar. A neblina matinal se eleva e revela as colinas em verde e marrom da ilha. Parece mais perto do que nunca. É como se eu pudesse esticar o braço e tocá-la.

Volto para o acampamento bem a tempo de ver Grandalhão cambaleando enquanto segura o próprio braço. Ele está sangrando. Ayham lhe entrega uma camiseta para usar como atadura. Grandalhão diz que teve uma briga com os contrabandistas afegãos na costa. Provavelmente foram eles que furaram nosso barco. A outra quadrilha está com raiva, dizendo que a quadrilha de Grandalhão quebrou as regras ao enviar barcos demais de uma só vez.

Mogli entra correndo no acampamento e acena com urgência para seu chefe. Grandalhão devolve a camisa manchada de sangue para Ayham e segue Mogli em direção à costa. Ao meio-dia, os três contrabandistas — Grandalhão, Mogli e Rabo de Cavalo — retornam com o rosto vermelho e suados do calor impiedoso.

— *Yalla* — começa Grandalhão, com as pernas bem afastadas e batendo as mãos como fizera na praça de Istambul. — Hora de ir. Venham todos comigo, agora mesmo. Ponham seus coletes salva-vidas. E andem logo. Não temos muito tempo.

O medo e a emoção disparam de meu estômago vazio como um raio. É agora. Eu me levanto atrapalhada e corro de volta para a tenda para recolher nossas coisas. Sara já está saindo com as bagagens. Ela entra de volta e atira para fora o saco com os coletes salva-vidas.

— Deixe tudo para trás — grita Mogli para mim. — Não há espaço para bolsas.

Sara dá de ombros, deixa as bagagens onde estão e se vira para seguir Mogli. Dobramos à esquerda do acampamento por um caminho íngreme

106 BORBOLETA

e pedregoso em direção à costa. Tenho apenas o que estou vestindo e o saco impermeável com os objetos de valor. Visto o colete salva-vidas cáqui e olho para as botas. Não dá tempo de trocá-las por chinelos de dedo. Derrapo atrás de Sara e Mogli até um pequeno trecho de praia pedregosa escondido por altos rochedos de ambos os lados.

Um a um, o grupo sai da trilha e chega à praia. Idris aparece com seu filho Mustafa nos ombros. Em seguida vem a iraquiana com seu bebê, e a menina e o menino de mãos dadas seguindo-a de perto. Depois, uma somali que eu ainda não vira. Finalmente os irmãos, Bassem e Ayham, seguidos por dois afegãos, dois iraquianos e cinco sudaneses que também não conheço. O resto de nosso grupo, Muhannad, Nabih, Loirinho e Majed, forma a retaguarda. Conforme eles aparecem, contabilizo quantos são. Vinte e quatro, incluindo eu e Sara.

Grandalhão não está por perto, mas Rabo de Cavalo está nos esperando, as barras da calça enroladas, mergulhado até os joelhos na água verde e rasa. Ele se abaixa e puxa um bote inflável cinzento boiando atrás dele na água. De perto, a embarcação é absurdamente pequena, aparentando ter cerca de quatro metros de comprimento. Parece um brinquedo para turistas. As laterais são feitas de um tubo inflável grosso que se une em um ponto na proa. Uma corda fina percorre a parte superior. Não há assentos no meio, apenas uma seção plana. Uma barreira plástica na altura do joelho compõe a parte de trás do barco. Encaixado nela fica um pequeno motor externo, branco, de corda. Não há tempo para se perguntar como caberemos todos ali.

— Vamos lá, vamos lá — apressa Rabo de Cavalo, agitando o braço livre. — Entrem.

Mogli empurra Ayham pelas costas e o faz tropeçar em direção ao bote. O movimento dá início a um tumulto, com todos tentando entrar ao mesmo tempo. Mogli manda nós duas, as outras mulheres e as crianças para a frente do barco, tirando um dos sudaneses do caminho. Ao ver a mãe iraquiana se atrapalhando com seu bebê, Sara pega a menina no colo.

O bote se inclina violentamente, e Rabo de Cavalo tenta estabilizá-lo. Eu me empoleiro na proa, bem no ponto onde as laterais do tubo inflado se encontram, e tento ocupar o menor espaço possível. O bote está impossivelmente cheio, tão arriado que a água quase transborda para dentro. Se eu forçasse o tubo inflado para baixo, a água invadiria e inundaria tudo.

— Fiquem o mais imóveis possível — orienta Muhannad, sentando-se curvado na parte de trás.

Rabo de Cavalo e Mogli vão empurrando o barco até o nível de água alcançar seus ombros. Mogli pega impulso e sobe, forçando uma das laterais para baixo. A água do mar se derrama para o chão do bote.

— Cuidado — diz Muhannad em meio ao balanço.

A proa pontiaguda afunda atrás de mim, deixando entrar mais água e molhando minha calça jeans.

Eu olho para as crianças. Tem alguma coisa errada. Este bote não pode levar todos nós. Mogli planta os pés nos minúsculos espaços entre o emaranhado de pernas e braços na parte de trás do bote e puxa a corda para dar partida no motor. Nada acontece. Na terceira vez, o motor gagueja e arranca, soltando uma pequena nuvem de fumaça branca. Partimos lentamente da costa. Segundos depois, o zumbido de um motor muito maior irrompe atrás de nós. Ao olhar para trás, vejo uma lancha branca se aproximar.

— Opa! — grita Mogli, desligando o motor. — Ok, todos vocês, para fora, agora!

A lancha diminui de velocidade e dá uma volta até ficar de frente para nós. Há uma listra vermelha na proa e algo escrito em preto de um lado. É a guarda costeira turca, esperando, bloqueando o caminho, impedindo-nos de partir. Rabo de Cavalo grita da margem e vem na nossa direção. Eu desço da proa e ajudo os outros a arrastar o barco. A maioria dos passageiros ainda está a bordo. Mais atrás, um alto-falante soa da lancha.

— Meus filhos não sabem nadar — grita a iraquiana, ainda no bote.

Sara entra, levanta a menina e a deixa em terra firme. O menino choraminga alto quando Sara volta para buscá-lo.

Quando dou mais um passo, sinto a perna direita ser puxada para trás. Eu a puxo de volta, mas ela não se mexe: minha bota ficou presa entre duas grandes rochas no fundo do mar. Os homens estão saindo do bote, passando por mim, me empurrando com força de ambos os lados na pressa de chegar à costa.

108 BORBOLETA

— Ei, cuidado! — grito. — Eu estou presa. Socorro!

Em meio ao pânico, ninguém me ouve. Meu pé não cede. Alguém empurra meus ombros por trás e eu tombo para a frente. Estico os braços e bato com as mãos nas pedras, arranhando as palmas na superfície afiada. O sal entra pelo meu nariz quando afundo a cabeça e os ombros dentro d'água. Sinto uma pontada de dor no pé, torcido na armadilha. Endireito as costas de volta, ofegando para tomar ar.

Mogli e Rabo de Cavalo estão tirando o bote da água. Atrás deles, os outros já estão desaparecendo no meio da floresta. Olho para cima e vejo Sara levando a menina nas costas e arrastando o menino chorão pela mão. Ela se abaixa em meio aos pinheiros.

— Ei, espera! — grito, sem fôlego.

Minha respiração sai entrecortada. Puxo meu pé com as duas mãos. Ele continua preso. Sara não olha para trás.

— Sara! Espere por mim.

Os contrabandistas são os últimos a subir a encosta pedregosa, levando o bote juntos. Em segundos, não há mais ninguém na pequena enseada. Estou sozinha. Atrás de mim, em águas abertas, o barco da guarda costeira acelera o motor. Soluçando de pânico, mergulho dentro d'água e mexo nos cadarços da bota direita. Solto o nó e seguro o sapato entre as mãos, sacudindo o pé para cima com força. Quase não surte efeito.

— Anda, anda, por favor — gemo, agarrando a parte de trás do calcanhar da bota e puxando meu pé.

Ele se solta e desliza para fora. Estou livre. Arfando e soluçando, abandono o par direito da bota e chego em terra, mancando de volta pelos cascalhos afiados com minha meia encharcada. Entro na floresta e vou saltando pelo resto do caminho até o acampamento. Sara está me esperando na beirada da clareira. Chego ao acampamento aos tropeços, respirando com dificuldade e chorando. Desmorono no chão, abraço os joelhos contra o peito e descanso a testa sobre os antebraços. Estou hiperventilando.

— Yusra? — Sara se ajoelha na minha frente — O que está acontecendo? O que foi?

Estou em pânico demais para responder. Não muito longe, ouço a iraquiana gritando para os outros:

— Vocês iam deixar meus filhos se afogarem. Nós não vamos voltar para aquele bote. Vocês são todos assassinos. Não me toque.

Bloqueio sua voz e me concentro em respirar. Quando consigo voltar a falar, a mulher e seus filhos já se foram. Eu não a culpo. A tensão é grande. Todo mundo ali está no limite, já perdendo a paciência. Todos querem ir embora do acampamento, mas agora nós vimos o barco, ouvimos o motor falhar, sentimos ele afundar dentro d'água.

O ar da tarde é denso e sombrio. Majed anda de um lado para o outro sem parar, impaciente para partir. Ou entramos no bote ou voltamos para Istambul. É evidente que não podemos ficar aqui mais uma noite. Grandalhão está de volta, andando pela clareira, inquieto. Ele afirma que poderemos ir assim que a guarda costeira tiver ido embora.

Tiro a bota inútil que me restou e a arremesso para os arbustos. Minhas roupas secam rapidamente no calor da tarde. Sara estende algumas de nossas roupas no chão e eu me deito em cima delas. O vento ganha força e agita tranquilamente os pinheiros, acalmando meu estômago revirado até eu adormecer.

— Ok, vamos lá! Vamos lá! — grita Grandalhão.

Abro os olhos e me sento de imediato. Grandalhão está correndo de volta para a clareira, gritando para vestirmos os coletes salva-vidas. Em pé, perto de mim, Majed está pálido. Ele se mexe lenta e deliberadamente enquanto tira o celular do saco impermeável, digita algo nele, o desliga e o guarda. Depois, passa um braço pelo colete salva-vidas e me olha de cima. Olho para os lados, atordoada.

— Que horas são? — pergunto.

— Quase seis. Vamos, Yusra, levante-se — diz ele, prendendo as tiras ao redor da cintura. — Acabei de dizer aos seus pais que estamos a caminho.

Calço os chinelos e visto o colete salva-vidas. Dessa vez, os contrabandistas não conseguem nos apressar. Descemos de volta para a costa em silêncio. O vento está soprando forte, soltando fios de cabelo do meu coque e agitando-os ao redor de meu rosto. Penso em mamãe, papai e Shahed. Pergunto-me onde eles estão, com quem estão e o que estão fazendo. Será que um dia os verei novamente?

110 BORBOLETA

Alcançamos o final das árvores, onde fica a trilha que desce até a praia. Ao me deparar com o oceano, paro de andar na hora. Na enseada, a água verde está extremamente agitada, se chocando contra as pedras. Observo o mar aberto ao longe, mais escuro, salpicado de fileiras brancas de dentes violentos.

Rabo de Cavalo está de pé como antes, com a água na cintura. Agora, porém, a cada poucos segundos, ele se prepara para uma nova onda, o movimento castigando o pequeno bote atrás dele. O vento sopra meus cabelos para trás com força e gruda minha calça jeans nas pernas. À medida que subimos a bordo e o bote se inclina precariamente, escuto ruídos.

Rabo de Cavalo e Mogli empurram o bote para mais longe até um ponto afastado da zona de rebentação. Sem o peso da mulher e de seus filhos, o bote fica mais elevado. Mogli pega impulso e sobe. Ele puxa a corda quatro ou cinco vezes até o motor estremecer e pegar. A proa se levanta e nos afastamos aos trancos e barrancos da enseada.

Mogli chama um dos afegãos sentado perto dele, na parte de trás. Eles se reúnem sobre o motor por cerca de um minuto. Então, sem dizer uma palavra, Mogli passa as pernas pela lateral do bote e se lança na água. Ele atravessa as ondas em um nado crawl desajeitado rumo à costa. Eu o observo, boquiaberta. Ninguém disse nada sobre um de nós ter que conduzir o barco. Dou um tapinha no ombro de Sara, que olha para mim, e aponto para onde Mogli estava alguns segundos antes.

— Ele não vem conosco? — grito, tentando superar o rugido do motor.

Sara dá de ombros e balança a cabeça.

Longe do abrigo da enseada, as ondas são maiores e mais escuras. Elas marcham na nossa direção, adquirindo um brilho metálico sob o sol. O bote vai de encontro à primeira onda de frente, sobe em sua crista e despenca na depressão. Minhas costas são encharcadas por um paredão de água fria e salgada, que me atravessa até cair no chão do bote e se derrama enquanto subimos novamente, agora em uma nova crista. Mergulhamos mais uma vez e mais água se derrama na proa, atingindo minhas costas.

Afasto os cabelos da testa e tiro os óculos para evitar que sejam lançados longe. Consigo enxergar sem eles, embora os detalhes fiquem um pouco embaçados. Eu não contara com isso. Estamos no bote e já estou encharcada. O afegão avalia mal a próxima onda, que bate na lateral da embarcação, lançando-nos em uma guinada para a direita enquanto a crista nos varre por baixo. É aí que começam as primeiras orações.

— *Ya Allah!* — exclama Idris. — Não há Deus além de Alá.

Repito a oração, sussurrando as palavras enquanto despencamos em outra onda. A água branca sobe e bate nas minhas costas e no meu braço. O vento vem rasgando, me fazendo estremecer de frio.

— Glória a Alá, o mais digno de louvor — diz Muhannad.

Os outros se juntam à oração, repetindo-a incontáveis vezes enquanto subimos em outra crista. Os passageiros entoam as palavras em uníssono, mais alto que o barulho do motor, repetindo as conhecidas frases enquanto o afegão enfrenta uma onda de cada vez. Mustafa olha ao redor, ainda sorrindo alegremente enquanto os adultos rezam por suas vidas.

— *Astagh-Ferulah* — digo, olhando para ele. — Alá me perdoe. Deus, por favor, nos ajude.

Após quinze minutos em mar aberto, o motor engasga e desiste. Diminuímos de velocidade e a proa do bote desce. As orações param e ninguém fala mais nada. Todos os olhares estão voltados para o afegão, que continua puxando a corda. Nós nos esforçamos para ouvir algum som. O barco gira, sobe e desce, mas o motor continua quieto.

Uma grande onda se eleva por trás, levantando o bote e fazendo-o deslizar para trás. Nabih segura a corda que percorre a lateral do barco. Eu faço o mesmo. Surfamos a crista e despencamos em seguida, girando, enquanto um jato de água branca inunda as costas do afegão. Uma piscina profunda se agita pelos meus tornozelos no fundo do bote. O pânico cresce e as orações recomeçam, mais alto do que antes.

— Joguem tudo que puderem fora — diz Muhannad, se levantando e se equilibrando na lateral.

Jogamos bolsas e sapatos no mar. Recolhemos a água com as mãos em concha e a derramamos para fora. Não adianta. Cada vez que mergulhamos em uma depressão, entra mais água. Giramos e batemos de lado nas ondas, que ameaçam nos fazer capotar. Sem o motor, parecemos fadados a naufragar. Olho horrorizada para a espuma branca e efervescente logo abaixo. Se o bote nos derramar em meio a estas ondas, os outros não sobreviverão.

— Precisamos fazer alguma coisa — diz Muhannad, mais alto que as orações.

Muhannad olha pelo barco freneticamente e de repente parece determinado. Ele tomou uma decisão.

— Não há força nem poder, exceto em Alá — diz.

Muhannad se abaixa para segurar a corda que contorna o barco, passa uma das pernas sobre o tubo e monta nele. Em seguida, ele se inclina e levanta a outra perna, deslizando dentro d'água. Ainda agarrado à corda, ele mergulha até o peito em meio às ondas agitadas. Seus olhos estão arregalados, seu rosto pálido. Observo tudo com admiração. Este homem não sabe nadar. Eu olho para a água atrás de mim. Sem o peso dele, o bote se elevou ligeiramente.

Sara se levanta com dificuldade, entrega sua bolsa impermeável com os objetos de valor à somali, e se vira para fora do bote.

— Nós pertencemos a Alá e a Ele retornaremos — diz Sara.

Ela segura a corda do lado oposto em que Muhannad mergulhou, passa as pernas por cima do tubo e desaparece dentro d'água. Eu a observo de queixo caído.

O bote parece ainda mais elevado agora que Sara desceu. A ideia de Muhannad está funcionando, mas o barco ainda precisa subir mais. Vejo o afegão puxar o cabo do motor e escuto as orações desesperadas.

Meu coração está batendo forte. Sou uma nadadora profissional. Não vou ficar sentada chorando que nem um bebê. Preciso ajudar. Eu jamais me perdoaria se algo acontecesse a essas pessoas. Olho para o rosto de todas elas. Mustafa ainda está sorrindo para mim como se tudo fosse uma incrível brincadeira. Nabih está pálido e trêmulo. Majed parece prestes a vomitar. A somali está me observando atentamente.

Eu me levanto e deixo os óculos no colo de Majed. Depois, seguro a corda e olho para as cristas. Por um segundo, permito que o medo tome conta e hesito. Nunca estive em águas como estas antes. Eu me inclino sobre a lateral e olho para baixo, na direção de Sara. Ela está batendo as pernas, olhando para a onda cada vez mais alta, até que se vira para mim.

— Não se atreva, Yusra! Fique no bote.

Eu franzo a testa e balanço a cabeça.

— Está me ouvindo? — grita ela. — Estou falando sério! Senta esse traseiro de volta no bote.

Eu agarro a corda, passo as pernas sobre o tubo e escorrego entre as ondas.

10

Os gritos de Sara se sobrepõem às orações desesperadas.

— Yusra! Que droga você está fazendo?

Eu a ignoro. As ondas sobem e descem. Os ombros de meu colete sal-va-vidas ficam estranhamente erguidos na altura de minhas orelhas. Agora que estou dentro d'água, percebo que é mais quente do que eu imaginava. Pelo menos perto da superfície. Enrolo a corda apertado em volta de um dos pulsos e a seguro entre os dedos.

— Yusra! Volte para o barco.

— Não! — grito. — Eu também sei nadar. Por que eu não estaria na água?

— Mas sem seus óculos? Você pode ficar tonta e desmaiar. Você sabe que não consegue controlar isso. E depois? Você soltaria a corda e...

— Se é tão perigoso, por que você está na água? — interrompo. — Para de surtar. Sou uma nadadora profissional, eu consigo fazer isso.

Encaro Sara de volta em desafio. Eu não vou a lugar algum. O afegão continua puxando a corda do motor. Cada pequeno puxão resulta em uma espécie de cuspida, mas o motor não pega. Isto é um pesadelo. É só um pesadelo. E pesadelos precisam acabar. Seguro a corda com mais força.

Entre as ondas, vislumbro a ilha: as colinas verdes embaçadas, pontilhadas de manchas de rocha cinza. Tão perto, e ainda assim poderíamos facilmente morrer diante daquela imagem. Meia hora de distância, talvez. É só aguentar por mais meia hora. Continue viva. Não perca a coragem. Sara está com você. Os outros não sabem nadar. Nós podemos salvá-los.

O precário bote sobe e desce, desvia e gira. O afegão puxa a corda. O motor nem gagueja mais. Um dos passageiros sudaneses junta-se a

Muhannad dentro d'água. Está funcionando. Sem nós, a embarcação fica mais elevada. No entanto, sem o motor, não é páreo para o redemoinho das ondas. Cada uma delas gira o bote como se fosse um brinquedinho de banheira.

Uma nova onda cresce, a água escura pairando sobre ela. Nós damos um círculo completo, virando de volta para a direção de que viemos. Se a próxima onda bater no ângulo errado, pode facilmente virar o bote de cabeça para baixo.

— Virem-no de volta — grita Muhannad.

Paramos de bater as pernas e começamos a dar pontapés, empurrando a proa para a esquerda, na direção da ilha. O barco bate de frente na onda, sobe e depois despenca por ela, chocando-se na descida.

A piscina não é o mar. Na piscina, a água é limitada, mansa e reconhecível. Há bordas, há um fundo. Nadar nestas condições é como não ter memória muscular, como nunca ter nadado na vida.

Em meio às pernadas, empurramos e puxamos o bote, mas não adianta. Por mais que saibamos nadar, em ondas assim, é simplesmente impossível mover o bote no braço. Sem o motor, não conseguimos fazer avanço algum.

Eu me concentro no que podemos fazer. Podemos continuar na água, tornar o bote mais leve, elevá-lo acima das ondas. Podemos apoiá-lo por fora, girá-lo de modo a enfrentar as cristas de frente, evitando que ele capote. E podemos garantir que ele continue de frente para a ilha, no caminho certo. Podemos surfar as ondas, garantir que elas nos levem na direção certa. Sara e eu chutamos mais, puxamos, arrastamos, mas não adianta. Por mais que tentemos, não conseguimos tirar o bote do lugar. Se nossos esforços em nos aproximar da ilha adiantam em alguma coisa, é uma questão de poucos metros.

Ayham e Bassem estão sentados no tubo diretamente acima de nós. Eles olham para baixo, nos observando com admiração.

— Ei, Ayham — chama Sara depois de cerca de vinte minutos. — Consegue me ajudar com a minha calça de moletom? Elas ficam caindo.

— Eu tenho uma faca — responde Ayham. — Vamos cortar a barra. Passe-me sua perna.

Sara gira de frente para o mar aberto e levanta a perna direita da água, na direção dele. Sua calça está arriada até as coxas, expondo suas roupas íntimas. Apesar das circunstâncias, Bassem e eu não conseguimos prender o riso. Sara também está rindo. Eu estendo a mão que está livre e levanto a cintura da calça para poupar-lhe mais vergonha.

Ayham passa a perna de Sara sobre o joelho e a levanta até a panturrilha estar na coxa dele. No barco, os outros esticam o pescoço para ver. Atrás de Ayham, os dois iraquianos e um dos sudaneses estão de pé, as facas para fora, prontos para ajudar.

— Ei — diz Ayham. — Cuidado. Cuidado com o bote. E não esqueçam que há uma perna aí dentro.

Ele manda os três se afastarem e começa a rasgar o material ensopado, cortando-o em um círculo mal feito logo acima do joelho. Sara troca de pernas e Ayham faz o mesmo na outra. As duas pernas da calça estão diferentes e tortas, mas a roupa está mais leve agora e o elástico permanece preso à cintura de Sara.

— Melhor? — pergunta ele.

— Melhor — diz Sara, retomando a posição anterior.

Ayham pega o celular. Está com sinal. Bassem enfia a mão no bolso e lhe entrega um pedaço de papel. Ayham digita o número da guarda costeira grega e pressiona o aparelho contra o ouvido. Ele espera. As orações no barco pararam. Todos querem escutar.

— Estamos nos afogando — grita ele em inglês. — Vinte pessoas. Mulheres e crianças também. Uma criança bem pequena. O motor está quebrado. O bote está afundando.

Há uma pausa enquanto Ayham ouve a resposta.

— Não, você não entende. Não podemos voltar, o motor está quebrado. Estamos morrendo. Por favor, vocês precisam nos salvar.

Ele afasta o telefone do ouvido e olha incrédulo para a tela. Ayham digita mais números freneticamente, mas não consegue falar com mais ninguém.

— Os gregos acabaram de dizer para dar meia-volta. Não consigo falar com a guarda costeira turca.

Ninguém ali tem o número de Grandalhão, Mogli ou Rabo de Cavalo, então Ayham liga para o contato do intermediário em Istambul. O homem diz que não pode fazer nada. Finalmente, Ayham tenta seus pais.

— Pai? Não entra em pânico, mas preciso da sua ajuda. Estamos no meio do mar e nosso barco está quebrado. Você pode postar naquele grupo do Facebook para embarcações em perigo? Já envio a nossa localização.

Penso em mamãe e luto para não chorar. O que ela vai fazer se ler o post no Facebook? Será que vai supor que morremos? Ou vai esperar que nademos, que salvemos os outros?

— Nós também te amamos — diz Ayham, ainda ao telefone. — Preciso desligar para economizar bateria.

Ayham desliga e guarda o celular. Ninguém diz mais nada. As ondas continuam a castigar o barco. O afegão puxa a corda, mas o motor continua morto. Os passageiros estão fracos, com fome e com medo. Eles começam a rezar novamente, entoando em uma só voz.

Eu luto contra as ondas. A cada crista, o mar agitado bate minha cabeça contra o barco. A água salgada invade meus olhos, meu nariz e minha boca. No ponto mais baixo de cada depressão, minha calça jeans suga mais água e me puxa para baixo, o colete salva-vidas sobe até a altura de minhas orelhas e o material áspero me arranha dolorosamente o pescoço.

Do outro lado do barco, Muhannad declara que já aguentou o suficiente. É a vez de outra pessoa entrar no mar. Idris se debruça a lateral e ajuda Muhannad e o sudanês a saírem da água. O bote oscila perigosamente quando eles desabam no chão. Muhannad se levanta e olha em volta. Ele aponta para Nabih e Majed.

— Sua vez de descer — diz ele.

Majed se levanta e olha por cima da lateral, enjoado.

— Mas eu não sei nadar.

— Não temos tempo para discutir — continua Muhannad. — Eu também não sei nadar. É só segurar a corda.

— Não consigo ver nada sem óculos — alega Majed. — Eu vou morrer.

— Suponho que seja esta a situação, sim — insiste Muhannad. — Provavelmente é o pior que poderia acontecer, mesmo. Mas aí tudo estaria acabado, não? Não haveria mais nada com que se preocupar.

Majed cruza os braços e balança a cabeça. O bote arria com o peso adicional. Cada onda o faz girar em torno de noventa graus. A proa atinge de frente a próxima grande onda e passa por cima da crista. Ao despencar, um monte de água agitada se esparrama pelo chão. Em pânico, os passageiros tentam esvaziar o bote com as próprias mãos.

— Estamos voltados para a direção errada — grita Sara.

Nós esperneamos e viramos a proa, apontando o barco novamente para a ilha.

Nabih se levanta, olha pela lateral e respira fundo. Ele monta no tubo e desaparece dentro d'água. Majed também se levanta, embora pareça prestes a vomitar. Ele faz um biquinho e desce para ficar ao lado de Nabih. Após dez minutos, no entanto, eles já querem sair, e Loirinho os puxa para cima. Procurando outro voluntário, Muhannad olha para os passageiros desesperados. Ayham e Bassem se olham. Bassem se levanta.

— Eu vou — diz ele. — Eu sou mais pesado.

Bassem ocupa o espaço entre Sara e eu. Ele segura a corda com força, seu rosto pálido e os olhos arregalados.

— Segure firme — diz Sara. — Você vai ficar bem.

Ele força uma gargalhada.

— Se você consegue, eu consigo — diz ele, soprando-lhe um beijo.

Segurando a corda, eu nado até o outro lado para equilibrar o barco. Idris escorrega para as ondas e fica ao meu lado. O rosto de Mustafa aparece acima de nós no espaço em que seu pai estava sentado. Com os olhos grandes e sérios, ele aponta para mim, depois para o pai, depois para a fila de adultos rezando no barco. Eles o ignoram.

Mustafa olha de novo para nós e bate palmas, dando um gritinho e um sorriso. Mostro a língua para ele e, ao engolir mais uma poça de água salgada, torço o nariz de nojo. Mustafa bate palmas novamente, dessa vez dando uma risadinha. Faço uma careta vesga e inflo as bochechas. Ele aponta novamente para mim e grita de alegria.

O afegão continua puxando a corda. Olho novamente para a ilha e tento ignorar uma sensação crescente de desespero. Parece mais longe do que nunca. O motor pifou. Estamos à deriva. Não há muito mais a fazer a não ser aguentar e esperar. Quando as ondas nos fazem rodar, nós quatro giramos o bote de volta para a direção da ilha.

As orações ficam mais altas. O bote desce outra onda gigantesca e gira noventa graus para a direita. Um jato de água espirra para cima e o invade. Nós damos pontapés e o guiamos, até confrontar a onda seguinte. A fricção da corda está queimando e abrindo rasgos em minhas mãos. Envolvo a corda em diagonal nos pulsos. Olho para a ponta de meus dedos enrugados e pálidos.

O sol está mais baixo, afundando em direção à ilha. Os raios estão batendo diretamente em meus olhos, ofuscando minha visão. Imagino que já estejamos na água há cerca de uma hora e meia. Uma hora e meia para atravessar dez quilômetros de água. Se o motor não tivesse pifado, poderíamos estar chegando agora. Escuto uma explosão alta e estridente do bote. Mustafa encontrou o apito de emergência e está soprando nele com força. Ao meu lado dentro d'água, Idris o chama.

— Pare com isso, Mustafa — diz ele, sua voz fraca e exausta.

Muhannad dobra o tronco de lado para o menino, com a mão estendida.

— Entregue-me isso — diz ele.

— Não — recusa Mustafa.

O menino grita e gargalha e aperta o apito entre as mãos, protegendo-o junto da barriga. Muhannad se levanta e segura Mustafa pelos ombros, mas o menino se contorce e se solta. O homem mais velho dá de ombros e se senta de volta. Mustafa sorri e sopra novamente, triunfante. Todos se encolhem com o som agudo, mas ninguém tem forças para acabar com sua diversão. Ele não tem noção do perigo; é melhor deixá-lo brincar.

Então escuto um grito coletivo vindo do barco. O afegão está agitado, gritando em persa e apontando para alguma coisa atrás de mim. Ao virar a cabeça vejo outro bote, deslizando pelas ondas, a cerca de trinta metros de distância.

— Socorro! Parem! Aqui! — grito, me juntando aos outros e soltando um dos pulsos da corda. Eu levanto o braço em meio a uma onda grande e arqueada.

O bote é cinza-escuro como o nosso, mas muito mais comprido. Há cerca de quarenta silhuetas de coletes salva-vidas em um tom berrante de laranja amontoadas no tubo inflável, olhando para dentro. Apesar do peso, o barco está elevado, mergulhando e subindo sobre as ondas, enfrentando com confiança as investidas. Uma orgulhosa e espumosa onda branca se abre com força da proa.

Nós gritamos mais alto. Mustafa ri e sopra o apito. As duas pessoas mais próximas de nós viram a cabeça e apontam para nosso barco, gritando algo para o condutor. Eles não mudam de rumo. O barco continua avançando pelas ondas. Após alguns minutos agonizantes, a embarcação desaparece por completo. Estamos por conta própria novamente. Só nós, o sol poente e, entre as ondas, a vista enlouquecedora da ilha.

Eu enrolo a corda mais forte nos pulsos, estupefata. Eles tinham espaço para nós. Como poderiam nos deixar correr o risco de afogamento? O choque se intensifica e se transforma em raiva, uma fúria quente que parece queimar meu fígado. O sol está baixando mais rápido, encontrando os picos da ilha, que parece mais distante e mais próxima do que nunca.

Aperto os olhos com força. Nós somos nadadoras, nós vamos salvá-los. Podemos manter o barco no rumo certo, evitar que ele vire ou afunde. O vento sopra e o frio se instala novamente, subindo por meus pés, minhas panturrilhas e os músculos de minhas coxas. Sinto um começo de câimbra nos músculos das pernas. Se ao menos as ondas parassem por um minuto.

Minha mente dispara. Talvez a corrente nos leve. Talvez as ondas nos levem até terra firme. Talvez o motor volte a funcionar. Talvez possamos ir nadando, afinal de contas. O que foi mesmo que Sara disse antes? Esqueça todos os outros, simplesmente nade. Poderia ser uma saída. Poderíamos nadar. É como se fosse nossa arma secreta. Eu poderia dar uma volta no barco e chamar Sara. Poderíamos partir juntas pelas ondas. Deixar os outros à própria sorte. Não tenho culpa por eles não saberem nadar. Mas como viver depois disso?

Mustafa está olhando novamente do barco. Sugo as bochechas para fazer uma careta de peixe e fico vesga. Ele ri. Um dos sudaneses se vira onde está sentado e sorri para mim.

— Você é tão corajosa — diz ele.

Eu forço um sorriso e respondo:

— Vamos apenas chegar lá.

Desvio o olhar de volta para a água. As incessantes ondas brilham em um roxo-escuro, as cristas brancas tornando-se amarelo-creme sob os últimos raios do sol. Eu luto contra aquilo tudo. *Só me deixe em paz*, penso. Não é hora de conversar. A voz do homem ecoa em minha cabeça. *Tão corajosa.*

Escuto as risadas de Bassem e Sara do outro lado do barco. Ela não vai a lugar algum. Ao meu lado, Idris continua agarrado à corda em um silêncio sombrio. Eu gostaria de ter Bassem para me distrair. Uma nova e enorme onda emerge com toda a força à nossa frente. Provavelmente estamos mais seguros nos segurando aqui, repito silenciosamente enquanto giramos o barco de volta para a direção da ilha. Aposto que nem os melhores nadadores conseguiriam sobreviver sozinhos lá fora. Além disso, nós somos nadadoras. Nós dissemos que os salvaríamos.

O último raio de sol avermelhado se esconde por trás da ilha. As encostas mais altas das colinas refletem um tom de cor-de-rosa profundo. Acima delas, o céu adquiriu um tom amarelo-acastanhado e se desvanece gradualmente para o azul-pastel. Uma tênue lua em semicírculo aparece no céu.

Meus olhos estão ardendo, inchados de tanto sal. Eu os aperto e me concentro. As cenas se desenrolam contra o vermelho de minhas pálpebras fechadas. Meu pai me joga na água. O tanque mira na nossa rua, em Daraya. A bomba rasga o telhado e cai na piscina. Nós nos amontoamos no porão, ouvindo a alvenaria ruir do lado de fora.

Se eu me afogar agora, tudo isso terá sido em vão. Sem nunca ter tido tempo para viver, tempo para vencer. Estou na cama em Damasco. Eu formo as palavras na cabeça. Eu não estou aqui. Isto não está acontecendo. Quando somos levantadas por mais uma grande onda, reabro os olhos. Lá em cima, as estrelas mais brilhantes piscam no azul profundo da noite. A luz está se esvaindo rapidamente e a água está mais escura e mais alta do que nunca. Fecho os olhos novamente, lutando para esquecer tudo isso.

E se houver um peixe, indaga uma voz na minha cabeça. Sou tomada por uma onda de medo. Um peixe enorme na escuridão das profundezas, uma boca cheia de músculos e dentes gigantescos. Eu imagino minhas pernas sendo observadas lá do fundo, batendo indefesas em meio à água. Uma presa. Uma refeição. Reabro os olhos e afasto aquela ideia da cabeça. Veja, lá está Mustafa, lá em cima, no barco, sorrindo. As ondas escuras prosseguem com sua marcha. Esforço-me para enxergar, tentando ver através da superfície da água escura. Ela brilha como nanquim sob a última fonte de luz.

Não demora muito para que aquela voz volte. Este lugar é um cemitério, diz. Pense em todas as pessoas, assim como vocês, que se afogaram aqui mesmo. Jovens, idosos, mães com seus bebês, milhares de vidas levadas pelas ondas. Provavelmente há restos de corpos no fundo do mar, bem abaixo de você. Nunca enterrados, nunca levados para casa, para seus parentes. Nunca sequer identificados. Apenas mais uma estatística esquecida pelo mundo.

Eu mando a voz calar a boca, mas ela evidentemente está se divertindo. Eles sofreram assim por horas, continua, lutando para sobreviver aqui no mar. Por nada. A água tomou todas as suas forças e depois suas vidas. Todas essas mortes horríveis e ninguém para ouvir seus gritos de socorro. Aposto que é doloroso se afogar, continua a voz, cheia de malícia. Por que você não desiste e acaba logo com isso?

Apenas faça com que isso termine, grito para a voz da minha cabeça. Ou nos afogamos, ou chegamos. Alguma coisa precisa acontecer. Eu estremeço. Meus músculos doem com o frio corrosivo, meu estômago se revira com toda a água do mar que engoli. As lágrimas embaçam minha visão, mas luto contra elas. Mais cinco minutos e o motor vai pegar. Mais cinco minutos de dor. Basta sobreviver, continuar viva por mais cinco minutos. Deixe seu corpo assumir o controle. Confie nele. Desligue a mente e deixe-o funcionar.

Permito que minha mente divague e ela fica quieta. Os minutos passam. Eu me agarro à corda, viro o barco, pedalo dentro d'água, sobrevivo. Então, de uma só vez, sou atingida em cheio pelo absurdo da situação e quase rio alto. Talvez a voz possa explicar. O que estamos fazendo aqui, me pergunto, enfrentando um mar agitado assim em um brinquedinho frágil? Como foi que cheguei até aqui? Quando nossas vidas passaram a valer tão pouco? Será que esta é realmente a única saída, a única escapatória dos bombardeios?

A voz prontamente responde. Foi uma aposta, diz. Ou você preferia esperar até uma bomba cair na sua casa, o telhado despencar em sua cama enquanto dormia? Esta foi a escolha que você fez. Este é o acordo, estas são suas opções; é desistir ou morrer tentando. Meus olhos ainda estão fechados. Abro a boca e levanto a voz para me juntar às orações.

— Salve-nos, Deus — suplico. — Dê-me forças. Dê-me coragem. Faça as ondas pararem, interrompa o vento, eleve o barco na água. *Ya Allah*. Que isto tenha fim.

Quando reabro os olhos, levanto o rosto para o céu escuro. Lá em cima, planando e se sacudindo sobre a proa do barco, voa uma pequena gaivota branca com asas de ponta preta. Ela permanece nivelada conosco e paira como se quisesse nos mostrar o caminho. Olha, digo para a voz. Deus está conosco. Ele ouve nossas preces.

— Eu não consigo mais — diz Bassem do outro lado do barco. — Ajudem-me a subir.

Ayham se debruça sobre a lateral do bote e iça o irmão de dentro do mar. Bassem está duro, as pernas rígidas. Ayham o coloca no chão como se ele fosse um homem morto. Ele fica ali tremendo, incapaz de falar ou de se mexer. Idris levanta o braço com fraqueza, sinalizando que também já não aguenta mais. Muhannad o puxa de dentro d'água. Percebo então que minhas pernas já desistiram completamente. Depois de três horas no mar, são apenas a corda e o colete salva-vidas mantendo minha cabeça acima da superfície.

— Eu quero sair — digo.

— Eu também — diz Sara do outro lado do barco. — É a vez de outra pessoa.

Do barco, Muhannad estica os braços e me puxa quando seguro suas mãos. Eu desabo no chão, tremendo de exaustão, meus dentes batendo de frio. Ayham puxa Sara também, que cai ao meu lado. Nós nos sentamos com dificuldade. As ondas batem e giram o barco mais uma vez. A água entra enquanto nos balançamos.

Ao meu lado, na proa, Nabih treme violentamente, os olhos distantes, o rosto pálido como a morte. Sua respiração está rasa e chiada. Tento chamar sua atenção, mas ele não registra mais o que está acontecendo. Majed, ao seu lado, está com a pele amarelada, os olhos vidrados. Ele olha para os próprios pés com um semblante sombrio. O afegão reúne suas forças e puxa a corda. O motor apenas cospe.

— Onde estão meus óculos? — pergunto para Majed.

Nenhuma resposta. Estico o braço e abano a mão diante de seu rosto. Ele aponta para a água atrás dele. Ele os atirou para fora.

— Como assim? Majed! Preciso deles para enxergar. Eu pedi para você cuidar deles.

O olhar de Majed me atravessa, sem registrar o que estou dizendo. Ele está focado no motor, que ainda cospe. Quando o afegão puxa a corda novamente, o motor tosse e ganha vida. Sinto-me arfar quando um rugido irrompe do motor. A proa se ergue e começa a avançar, deixando uma espuma branca em seu rastro. A esteira de espuma baixa cai e se mistura ao azul profundo.

— *Alhamdulillah* — sussurra Muhannad. — Louvado seja Deus.

A esperança, a alegria e o alívio eletrizam os passageiros exaustos. Novas estrelas iluminam o céu azul. Uma fina mancha laranja ainda abraça o horizonte acima das colinas, à direita de onde o sol se pôs. Uma linha borrada de luzes brancas dança na costa à frente, demarcando onde o mar preto termina e a ilha começa. Será que ela está mais perto do que antes? O motor está funcionando bem agora, mas ninguém tem energia para comemorar. Além disso, aprendemos a não confiar nele.

— Chegaremos mais rápido se alguém voltar para dentro d'água — sugere Muhannad, olhando para os rostos exaustos.

Ninguém responde, mas todos olham para Sara, tremendo ao meu lado. Seus olhos percorrem os ombros largos de minha irmã, suas pernas fortes. Alguns também olham para mim. Ainda estou batendo os dentes e meus ombros tremem incontrolavelmente. Eles voltam a atenção para Sara.

Não era ela a grande nadadora, seus olhos parecem dizer, vangloriando-se de como poderia nadar até a Grécia? Sara olha de um a um, lendo seus rostos suplicantes. Eu também olho ao redor do barco. Não é justo. Certamente mais alguém deve se oferecer. O silêncio continua, os olhares se intensificam. Eles fixaram a atenção em Sara, pedindo, desafiando que ela termine o que começou.

Finalmente, Sara suspira e se levanta. Seu rosto está cansado e desesperado, os olhos vermelhos e quase fechados de tão inchados pelo sal. Eu não digo nada, mas sou tomada de pena, gratidão e orgulho. Minha corajosa irmã. Tremendo, ela segura a corda e desce de volta para a água negra.

Ayham se vira de frente para ela e se ajoelha no chão, inclinando a cabeça e os ombros em sua direção.

— Segure minhas mãos — oferece ele.

Sara estica uma das mãos, segurando a corda com a outra.

— Meus ombros — geme ela, mais alto que o ruído do motor. — Alongue-os.

Sara solta a corda e pega a outra mão de Ayham. Ele a mantém fora d'água enquanto ela se pendura, sem forças, a água escorrendo pelo peito, a cabeça caída para a frente contra a lateral do barco. Ninguém diz nada. Finalmente estamos avançando. Levantamos o rosto para a ilha, cada vez mais próxima, maior e mais escura contra o céu agora azul-marinho.

Após cerca de vinte minutos, Sara levanta a cabeça.

— Por favor. Por favor. Estou com tanto frio. Deixe-me voltar.

Ayham a puxa para o barco. Ela cai no chão à minha frente e apoia as costas em minhas pernas. Ouço seus dentes batendo. Minha irmã aperta os joelhos junto ao peito e encosta a testa neles.

Conforme nos aproximamos de terra firme, o vento diminui e as ondas se acalmam. O motor faz ruídos altos e o barco passa facilmente pelas cristas e depressões das ondas. Na noite nebulosa, uma comprida faixa de areia cinzenta e lisa se aproxima.

— Estamos chegando — diz Muhannad. — Cuidado com as rochas.

Sara levanta a cabeça e se arrasta para se sentar ao meu lado. Ela abre o colete salva-vidas e o deixa cair no chão na sua frente. Em seguida, ela se senta sobre o tubo e desliza de volta para dentro da água. Observo, espantada, Sara pedalar dentro d'água, segurando a corda e fazendo uma espécie de nado de peito pela metade com o outro braço. Passando a corda pelas mãos, ela oscila junto à proa, pisoteando a superfície das rochas submersas quando as encontra e guiando o bote para a costa.

Ela mergulha para verificar a profundidade, reaparecendo alguns segundos depois. Eu a observo, esperando um sinal. Desta vez, Sara mergulha e emerge mais rápido, sorrindo.

— Pronto — diz Sara. — Terra firme.

11

Quando desço do bote, a água está na altura do joelho. Os outros passageiros saem logo em seguida. Mustafa monta nas costas de Idris, abraçado ao pescoço do pai. O afegão é o último a sair. Ele deixa o motor ligado e o bote colide contra as rochas no final da praia. O grupo deixa escapar um suspiro de desprezo e alívio. Justiça para o barco que quase nos matou. As orações de agradecimento ressoam em meus ouvidos enquanto caminho até a areia.

— Graças a Deus — murmuro baixinho, exausta demais para sentir qualquer coisa além de um alívio entorpecido. — Graças a Deus. Graças a Deus.

Piso com os pés descalços em pedras do tamanho de um punho e me lembro de meus chinelos de dedo. A última vez que os vi foi no bote. Volto trôpega até onde a embarcação parou, em uma espécie de piscina rochosa. A proa está parcialmente esmagada e encalhada entre duas pedras. Consigo identificar um par de tênis pretos masculinos boiando na água acumulada no interior e mais nada. Nem sinal de meus chinelos ou de meus óculos. Tiro o colete salva-vidas e confirmo que meu passaporte ainda está na carteira de plástico no sutiã.

Os homens avançam em direção ao bote, furiosos, cada um com uma faca na mão, e caem sobre ele, rasgando o tubo em poucos movimentos rápidos e furiosos. O bote cospe ar em um suspiro de protesto. Esvaziado, ele parece tão pequeno — nada além de um trapo cinza. Então, dou as costas para ele.

Sara está parada, um pouco afastada, com as mãos na cintura, contemplando as luzes além da comprida faixa de areia. A somali corre até ela e a puxa para um abraço apertado. Depois a mulher vem até mim, os braços estendidos, as lágrimas escorrendo pelo rosto. Em seus braços não sinto nada, apenas frio, exaustão e uma sede terrível.

— Você é minha heroína — diz ela no meu ouvido, beijando minha bochecha vermelha e inchada.

É quando me dou conta. Nós sobrevivemos. Meus braços e pernas parecem pesos mortos. Eu me dobro, respiro fundo e deixo a euforia tomar conta de mim. Nós conseguimos. Acabou. A alegria dura apenas alguns segundos. Minha mente dispara para a próxima leva de problemas urgentes. Preciso beber água, comer, dormir.

Nabih e Majed, nossos primos, já estão descendo a praia, tropeçando nas rochas e nos pedaços de madeira seca e espinhosa no escuro. Os outros passageiros estão tirando e largando os coletes salva-vidas nas pedras. Muitos estão com o celular na mão, o brilho das telas dançando pela praia como vaga-lumes.

A praia é estreita, e o grupo caminha em fila única. Há um velho muro de pedra à esquerda, coberto por cipós ásperos. À frente da procissão, Majed fala ao telefone. Ele para e espera junto a um prédio de pedras baixo. Sara é a primeira a alcançá-lo, e ele passa o aparelho para ela.

Quando me aproximo dos dois, Sara me passa o telefone. É papai. Não estou com muita vontade de falar. As palavras dele soam muito distantes, como se ele estivesse me chamando por trás de uma névoa. Olho fixamente para um portão de ferro enferrujado no muro de pedra e tento me concentrar em sua voz. Imagino o rosto da minha mãe enquanto ele fala. Será que ela sabe que estamos vivas?

Ao devolver o celular para Majed, verifico a hora na tela. São 21h38. Ainda estamos no fuso horário turco. Três horas e meia desde que partimos em meio às ondas. Parece que foram dez. A sede me domina novamente e eu disparo, seguindo os outros pela praia em direção às luzes.

Chego a uma coleção de mesas de madeira revestidas de plástico azul com estampa xadrez. Um caminho de pedras leva a um restaurante. De cada lado do lugar, lâmpadas foram penduradas entre as árvores frutíferas. O movimento parece fraco, as mesas, vazias. Chego ao final do caminho e dou uma espiada lá dentro.

Há um homem mais velho sentado a uma das mesas, usando uma camisa xadrez azul e branca combinando com as toalhas de mesa. O homem está recostado, o braço direito pendurado nas costas da cadeira, um cigarro aceso na mão. Ele me observa em silêncio. À sua direita, senta um rapaz com uma camiseta azul-marinho. Ele está inclinado para a frente com as pernas afastadas, as mãos entrelaçadas entre as coxas, também me observando.

Debaixo da mesa, um labrador grande e claro olha para cima. Dou mais um passo. O cão se levanta de um salto e late, as orelhas para trás, o rabo batendo no chão, sacudindo-se entre as patas dianteiras enquanto me encara. Eu hesito.

— Eu só quero comprar uma garrafa d'água — digo em inglês.

O mais velho murmura alguma coisa, mas não se mexe. O cão late freneticamente.

— Olá? — tento novamente. — Água? Suco? Refrigerante? Eu tenho dinheiro.

Finalmente, o mais jovem se levanta e agarra o cão pela coleira.

— Não — responde ele, gesticulando como se estivesse espantando uma mosca. — Não tem água.

Volto para a praia com a sensação de ter levado um soco no estômago. A dor se transforma em raiva. Os homens devem ter assistido perfeitamente ao nosso desembarque. Eles viram minhas roupas ensopadas, ouviram o tremor em minha voz. Que ser humano se recusa a vender água a uma garota que acabou de ser trazida pelo mar até seu restaurante?

Sara ergue as sobrancelhas ao me ver cambaleando de volta para o grupo. Ela sabe que é melhor não perguntar.

— Vamos sair daqui — digo.

Idris está nos observando de longe, da praia, com Mustafa em um dos braços. O garotinho ri e tenta se soltar quando me vê. Idris o coloca no chão e o menino galopa sobre as pedras e me abraça pela cintura. Passo um braço em volta de seu ombro e nós escorregamos e descemos juntos pela praia de cascalho.

Sigo o grupo até sairmos da praia e chegarmos a uma estrada de terra contornada por uma fileira de edifícios que parecem ser casas particulares. Mustafa está batendo os dentes, tremendo violentamente. Começo a descer um pequeno caminho até a primeira casa com o menino ainda agarrado à minha cintura. À medida que nos aproximamos, vejo uma mulher loira da minha idade nos observando por trás de um portão. Eu paro. Mustafa tenta se esconder atrás de mim.

— Oi — digo em inglês.

— *Yassas* — responde ela.

Ela olha para meu jeans ensopado, meus pés descalços e o garotinho tremendo ao meu lado. Eu respiro fundo.

— Você tem algo seco para a criança usar?

— Claro — diz ela. — Espere aqui.

Ela desaparece dentro da casa, mas volta segundos depois com um par de tênis surrados e um grande suéter azul-marinho. Meu coração se enche de alegria. A menina me entrega os calçados e mostra o suéter. Eu sorrio e levo a mão direita ao peito.

— Obrigada — digo, colocando os tênis no chão e aceitando o pulôver.

Então me viro para Mustafa.

— Levanta os braços — ordeno.

Passo o suéter por sua cabeça. É quente e seco, mas grande demais para ele. As mangas ficam sobrando, então eu as enrolo para cima até os pulsos. Depois, me agacho e ponho os tênis em mim. Eles também são grandes demais, mas amarrando os cadarços com força eles ficam no lugar. Endireito as costas e faço um sinal de positivo com o polegar para a menina.

— Espere um pouco — pede ela, voltando a correr pelos degraus que levam à sua casa.

Ela volta com dois copos d'água. Eu sorrio com gratidão e esvazio o copo. Mustafa faz o mesmo. Olho para trás por entre as árvores na direção da estrada escura. Idris está esperando Mustafa no final do caminho. Sorrio para a menina novamente e Mustafa e eu partimos para alcançar os outros. O menino corre para os braços do pai.

— Lindo suéter — diz Idris, afagando os cabelos do garoto.

Seguimos o resto do grupo com Mustafa entre nós. Percebo que Idris está descalço.

— Ei, Mustafa — digo.

A criança olha para cima.

— Você gostou da viagem?

Ele parece confuso.

— No barco — explico. — Você se divertiu? Quer fazer isso novamente?

— Não — responde ele resolutamente, sacudindo a cabeça.

— Por que não? — pergunto, rindo.

— O papai tava na água — diz ele.

Faço uma careta e afasto a lembrança daquelas ondas monstruosas. Após algumas centenas de metros, a estrada de terra se transforma em concreto, faz uma curva para a esquerda e começa a subir para o interior. Sara está nos esperando na esquina, usando os sapatos pretos que vi boiando no barco. São muito maiores que os pés dela e fazem um barulho de água sendo espremida a cada passo.

Nós continuamos, passando pela última das pequenas fazendas. À direita, aglomerados de pinheiros se agarram a uma encosta rochosa. Conforme começamos a subir, a brisa leve para de soprar, o barulho das ondas fica mais baixo e as cigarras cantam mais alto. A paisagem escura se ergue bruscamente à frente. Lá no alto, apenas as estrelas demarcam o ponto em que a colina termina e a noite começa. Não há eletricidade à vista.

Sara interrompe o silêncio.

— O que aconteceu com a mãe dele? — pergunta ela.

Idris levanta o rosto, que parece endurecer.

— A mãe dele e toda a família morreram. Em um ataque aéreo.

Eu prendo a respiração.

— Eu sinto muito — diz Sara.

— Agora somos só nós — continua ele rapidamente. — Se eu estivesse sozinho, teria ficado no Iraque. Eu tinha um bom emprego, estava ganhando um bom dinheiro. Mas ele precisa de um futuro.

Caminhamos em silêncio e encontramos os outros nos esperando em uma bifurcação na estrada. Um caminho serpenteia e desce a colina à nossa direita; o outro vira bruscamente para a esquerda e sobe a montanha. Majed e Ayham estão olhando para o celular. Ambos estão ficando sem bateria. Nós olhamos para os lados, mas ainda não há sinal de eletricidade. Olho para trás e vejo o caminho que acabamos de percorrer. Um pouco

132   Borboleta

mais abaixo, quase não noto dois homens de pele escura se aproximando. Cada um leva um colete salva-vidas laranja. Ao passarem por nós, Muhannad lhes pergunta para onde estão indo. Eles dão de ombros e respondem em uma língua que não entendemos, depois viram à esquerda e sobem a montanha a pé.

— Esquerda, então — conclui Muhannad, começando a subir a estrada.

Eu suspiro e sigo. Os outros estão gargalhando de alívio. Os irmãos Ayham e Bassem estão rindo um para o outro, caçoando da calça cortada de Sara.

— Bom trabalho, Ayham — diz Bassem. — Quando chegarmos à Alemanha, já pode começar uma nova vida como alfaiate. Na passarela vem Sara, usando a última moda deste verão: calções de praia esfarrapados.

À medida que subimos, minha mente se esvazia e vira um branco. Eu não penso no mar. Estou tão exausta que nem percebo a sede que sinto. Eu só quero dormir. Tento me concentrar na respiração e em manter o ritmo. Passos firmes e deliberados. Seguimos em frente, subindo a estrada sinuosa sob as estrelas. Após cerca de uma hora, ouço um leve murmúrio. Ao virar outra esquina, olho para cima e vejo um conjunto de luzes na colina. Uma aldeia.

Contornamos a estrada, viramos a esquina seguinte, e vemos a fonte do barulho. Um nicho grande e achatado na beira da estrada. Um ponto de ônibus. Hoje à noite, o lugar virou um acampamento improvisado. Há centenas de pessoas deitadas ou sentadas em pequenos grupos no chão. Ao passarmos, algumas delas olham e apontam para a calça de moletom massacrada de Sara, que as ignora. Vejo os dois persas que seguimos colina acima deitados lado a lado na beira da estrada, a cabeça apoiada nos coletes salva-vidas.

O grupo continua andando. Estamos famintos e desesperados por algum lugar para sentar, descansar e comer. A estrada bifurca e nós viramos à direita, seguindo uma fila de pessoas agachadas ao longo de um muro alto de pedra. Conforme a estrada dobra e corta a montanha, vemos menos pessoas. À nossa direita, o terreno desce acentuadamente até a costa em que desembarcamos. À esquerda, um vilarejo se equilibra sobre a colina.

Finalmente, encontramos o que estávamos procurando: um terraço apinhado à direita, rodeado de treliças cobertas de videiras. Do outro lado da estrada fica uma construção humilde, de um andar. Acima da porta: "Η Ρεματιά. Bar. Taverna".

Nós nos dirigimos ao terraço. Estamos cansados demais para registrar os olhares das famílias gregas terminando suas refeições na noite quente. Todos os vinte de nós nos instalamos em torno de algumas mesas compridas e baixas no canto mais distante da entrada. Eu me sento em um banco com vista para o vale escuro. No alto, as estrelas; abaixo, o mar em seu azul mais escuro.

Uma mulher de meia-idade com cabelos castanhos e cacheados vem anotar nossos pedidos. Ela sorri para nós. Sara pede água e batatas fritas e segue a mulher bar adentro para procurar uma tomada na qual carregar nossos celulares. Eu também me levanto, atravesso a rua e subo alguns degraus para ir ao banheiro, que fica em uma cabana de pedra em cima do telhado plano do prédio. Acendo a lâmpada, espantando os insetos de pernas compridas e os mosquitos pousados nas paredes brancas. Então, me olho no espelho.

Meus ombros estão em carne viva por causa do colete salva-vidas. Um longo arranhão vermelho vai do canto da sobrancelha esquerda até a a bochecha e uma contusão roxa marca presença acima da têmpora esquerda. Meu pescoço está inchado e vermelho do sal. Estou tonta e sinto falta dos meus óculos. Eu me apoio na pia e fecho os olhos. As ondas rolam por trás das minhas pálpebras. A náusea se intensifica. Abro os olhos e me equilibro, respirando fundo.

De volta à mesa, encontro várias garrafas grandes de água. Pego uma e bebo metade de uma só vez. A mulher traz tigelas de pão, azeitonas e batatas fritas. Nós comemos em silêncio, como máquinas, cansados demais para conversar. Quando a mulher volta para recolher nossos pratos, ela olha para mim e para Sara. Então ela vê Mustafa e sorri novamente.

— Vocês são refugiados?

Aquela palavra. É estranho finalmente ouvi-la sendo dita em voz alta.

— Acabamos de chegar em um bote — responde Sara.

— Têm algum lugar para dormir?

Sara balança a cabeça.

— Sigam a trilha que desce a colina. Há uma pequena igreja. Está aberta. Vocês podem dormir lá dentro.

Sara parece surpresa.

— Mas nós somos muçulmanos.

A mulher ergue as sobrancelhas e põe a mão sobre o antebraço de Sara.

— Você acha que me importo com isso? — diz ela, parecendo quase ofendida. — Ninguém incomodará vocês.

A mulher diz que devemos ir ao ponto de ônibus da esquina na manhã seguinte. Alguns voluntários saem com um ônibus de lá todos os dias às sete da manhã, e nos levarão aonde precisamos ir. Sara agradece e oferece duas notas amarelas de cinquenta euros. A mulher arregala os olhos, pega uma das notas e desaparece dentro do bar.

— Qual é seu nome? — pergunta Sara quando ela volta com o troco.

— Nicki. E o seu?

— Sara — responde ela, apontando para mim em seguida. — Minha irmã mais nova, Yusra. Obrigado por sua ajuda, Nicki.

Nós nos levantamos com dificuldade e nos arrastamos mais dez minutos estrada abaixo. Finalmente, chegamos a uma pequena capela branca sobre uma plataforma elevada aninhada na encosta da montanha. A estrutura não é muito maior do que um estábulo. Há uma cruz de ferro em ambas as extremidades do telhado inclinado. A porta da igreja fica voltada para o lado oposto da estrada. Quando tento girar a maçaneta, a porta se abre. A somali olha para os lados, aflita. Ela cobre os cabelos e usa *hijab*. Não pode dormir em um cômodo com homens que não sejam da família.

Muhannad assume o comando. Ele ordena que eu, Sara, Mustafa e a somali durmam lá dentro e os homens na longa mesa de pedra e nos bancos de concreto à esquerda da saída. Está um gelo, e todos ainda estamos úmidos do mar. Sinto-me mal pelos outros, mas não há alternativa.

— De quem são esses tênis, afinal? — pergunta Sara, desamarrando os cadarços de seus tênis pretos.

— Meus — diz Idris. Ele se aproxima para pegar a mão de Sara na dele, a levanta e a passa contra a bochecha. — Pode ficar com eles depois do que fez.

— Não seja bobo — diz Sara. — Agora somos todos da família.

Empurro a porta de madeira e entro na minúscula igreja. A única luz vem de três velas acesas enterradas na areia em um suporte de metal preto no canto. As velas lançam sombras oscilantes nas paredes de pedra nua. Fico olhando para os quadros dourados e marrons pendurados nelas. Um deles retrata uma mãe e um bebê. Outro é composto por três homens de rosto achatado com círculos em volta da cabeça.

Mustafa se enrosca em um velho tapete estampado contra a parede distante. A somali tira o lenço da cabeça para usá-lo como travesseiro. Eu me deito ao lado de Sara, uma de costas para a outra, mas coladas para absorver o calor. Eu a sinto tremer.

Quando fecho os olhos, as ondas ainda marcham por trás de minhas pálpebras. Elas se erguem incessantemente, e sinto seu volume me levantando e me sugando de volta para o fundo. Ainda estou no mar. Deito-me de costas e abro os olhos para estancar aquela sensação. Então os fecho e vejo fileiras de luzes brancas borradas dançando na costa, e, em seguida, o rosto de Mustafa se iluminando com um enorme sorriso.

Duas das poucas fotos de infância que sobreviveram à fuga de Yusra da Síria.

Viajando pela Europa, agachados em plantações de milho no pôr do sol. 2015.
(Hien Lam Duc/Agence VU)

Yusra à frente do grupo, andando sobre trilhos de trem na fronteira entre a Sérvia e a Hungria. 2015. *(Hien Lam Duc/Agence VU)*

Da esquerda para a direita: Idris, Mustafa, Yusra e Loirinho. 2015.
(Hien Lam Duc/Agence VU)

Da esquerda para a direita: Khalil, Sara, Loirinho, Nabih, Yusra e Majed. 2015.
(Hien Lam Duc/Agence VU)

Os Mardini: Sara, Yusra, Mervat, a amiga da família Karoline, Shahed e Ezzat. 2015. *(Hien Lam Duc/Agence VU)*

O treinador Sven Spannekrebs conversa com Yusra durante o treinamento na piscina do Wasserfreunde Spandau 04, no Olympiapark Berlin. Março de 2016. *(Alexander Hassenstein/Getty Images for IOC)*

O Time Olímpico de Refugiados na Parada das Nações no Estádio Maracanã durante a cerimônia de abertura dos Jogos Olímpicos do Rio de Janeiro em 2016. *(Reuters with permission of the IOC)*

O Time Olímpico de Refugiados em frente à estátua do Cristo Redentor no Rio de Janeiro. Brasil, 2016. *(Kai Pfaffenbach/Reuters)*

Yusra nadando nos Jogos Olímpicos do Rio de Janeiro em 2016.
(Benjamin Loyseau/©UNHCR with permission of the IOC)

Yusra discursando no jantar Global Goals Awards das Nações Unidas, onde ganhou o Girl Award. Setembro de 2016.
(Markisz/UN032947/UNICEF)

Yusra conheceu Barack Obama, ex-presidente dos Estados Unidos, e discursou na Assembleia Geral da ONU em Nova York. 2016. *(Pete Souza/Obama Presidential Library)*

Yusra e Sara segurando seus prêmios Bambi para Heróis Silenciosos (prêmiação da mídia alemã) em Berlim. Setembro de 2016. *(Joerg Carstensen/ picture alliance)*

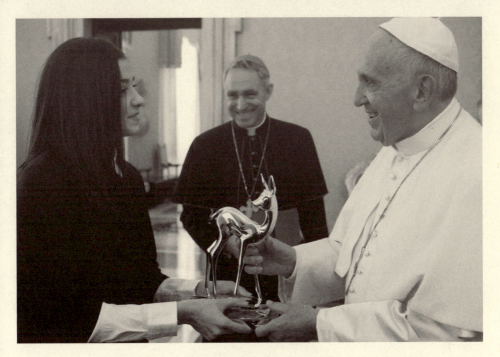

Yusra conheceu Vossa Santidade, o papa Francisco para presenteá-lo com o prêmio Millenium Bambi, uma premiação da mídia alemã. Novembro de 2016. *(Vatican Media)*

Yusra com a rainha Rania da Jordânia no jantar do Global Goals Awards em Nova York. 2016. *(Michael Loccisano/Getty Images for Global Goals)*

PARTE CINCO

A armadilha

12

Eu abro os olhos. Quando me viro de lado, sinto pontadas nos músculos. Mustafa está sentado ali perto, no chão da igreja, olhando para mim. Eu me levanto, apoiada na parede branca. Conseguimos atravessar a barreira pelo mar. Estamos na Europa. E estamos vivos.

A porta de madeira range ao ser aberta. Quando saio da igreja, preciso apertar os olhos contra a luz. O sol já nasceu. Temos um ônibus para pegar. Majed está em pé, perto dali, mexendo no celular. Ele comenta que estamos perto de uma aldeia chamada Sikaminea, pronunciando a palavra sílaba por sílaba, lendo com cuidado a tela. Observo o mapa por cima do ombro dele. Estamos na costa norte de uma ilha chamada Lesbos. Daqui até Mitilene, capital da ilha, é um dia inteiro de caminhada no sentido sul. Todos os recém-chegados precisam ir até lá, se registrar junto às autoridades e comprar um bilhete de balsa para a viagem à Grécia continental.

Não somos os únicos recém-chegados. Há anos os habitantes da ilha assistem a uma chegada constante de sírios e pessoas de outras nacionalidades desembarcando em barcos clandestinos oriundos da Turquia. Este verão, no entanto, é diferente; ninguém esperava tantos de nós. Em agosto de 2015, mês em que chegamos, mais de oitenta mil desembarcam por mar nestas ilhas. As autoridades gregas estão com dificuldade de enfrentar a situação e dependem muito do apoio de voluntários. Lesbos não é uma comunidade rica, mas os moradores são generosos. Os pescadores levam os barcos ao mar em missões espontâneas de resgate. Outros moradores doam alimentos, remédios e roupas, e até abrem suas portas para pessoas sem abrigo.

Coloco as mãos em concha sob a fonte diante da igreja, jogo um pouco de água fria no rosto inchado e no pescoço em carne viva e volto para os outros. Bassem e o irmão, Ayham, já acordaram e estão se preparando para partir. Quando Sara sai da igreja, preciso conter uma risada.

— Meu Deus! O que aconteceu com você?

O rosto dela está vermelho e coberto de arranhões e hematomas azuis. O cabelo se soltou do coque e está espetado para todos os lados. O que restou da calça está manchado de sal seco e branco.

— Cala a boca — retruca Sara, sonolenta. — Devia se olhar no espelho.

Majed conduz o grupo de volta pela estrada, passando pelo restaurante onde paramos na noite anterior, rumo ao estacionamento onde devemos pegar o ônibus. Quando viramos uma esquina, paramos abruptamente. O lugar está caótico. Uma multidão se empurra e se acotovela, lutando desesperadamente para entrar em uma minúscula minivan. É o único transporte que sai do vilarejo hoje e todos querem estar nele. Eu analiso a multidão. Uma mulher loira com um colete de sinalização está na porta do ônibus, aparentemente no comando. Sara marcha até ela, diz que queremos ir para Mitilene e pergunta se podemos entrar no veículo.

— Você não tem um carimbo? — pergunta, apontando para o dorso da mão de Sara.

Minha irmã balança a cabeça. A mulher aponta para a massa de gente e diz que os outros estão esperando há dias para pegar um ônibus. O carimbo de tinta nas mãos marca os lugares na fila. Eu suspiro, desesperada. Estamos exaustos, precisando de um banho e de uma cama. Ninguém está em condições de caminhar os 45 quilômetros até Mitilene. Talvez nem consigamos chegar lá antes de anoitecer, o que significaria mais uma noite ao relento. Eu estremeço só de pensar. A mulher fica com pena de nós e nos aconselha caminhar mais para o interior, na direção de uma cidade chamada Mantamados. Haverá outro ônibus saindo ao meio-dia. Aquele ponto recebe menos gente e talvez tenhamos mais chances de subir a bordo.

Majed abre o mapa e localiza a cidade, que fica a três horas a pé dali. Meu coração se aperta e meu estômago ronca. Estou cheia de dor e fome, e ainda coberta de sal da água do mar, mas não há muita escolha. Precisamos continuar andando. Seguimos Majed pela sinuosa estrada de montanha. À direita, terraços de olivais ocupam a encosta rochosa. À esquerda, um vale seco despenca ao encontro do mar luminoso. Vê-lo me deixa enjoada. Evito olhar naquela direção e me concentro no asfalto escaldante. O sol já está a pino quando viramos uma esquina e avistamos um aglomerado de telhados vermelhos no vale abaixo. Uma torre rosa-escura de igreja se ergue entre os edifícios.

— Chegamos — diz Majed, conferindo o celular. — Man-ta-ma-dos.

A estrada se estende colina abaixo, e depois acima, em uma ladeira íngreme e sinuosa que corta a cidade. Subimos a colina até a parada de ônibus. Um aglomerado de sírios e afegãos já esperando mostra que estamos no lugar certo. Nós nos instalamos ao lado deles debaixo do sol e aguardamos. Do meio dos telhados, os sinos da igreja marcam onze e meia. Depois de alguns minutos, Sara se levanta e diz que vai procurar uma calça nova. Ela estica o braço e oferece a mão para me puxar. Eu a acompanho por uma estrada lateral e entramos em uma lojinha de roupas mal iluminada. Uma mulher no fundo da loja levanta a cabeça quando nos vê entrar.

— *Yassas* — cumprimenta ela, sorrindo.

Sara sorri de volta e aponta para o material esfarrapado em volta de suas coxas. A lojista levanta as sobrancelhas, se vira e entra nos fundos da loja. Ela volta com uma calça de moletom preta e a entrega para Sara, que agradece e lhe dá uma grande nota de euro cor-de-rosa. A mulher arregala os olhos ao ver a nota. É uma pequena fortuna.

— Quinhentos — diz a mulher, apontando para o número no canto superior da nota. — Quinhentos euros.

— Desculpe — diz Sara. — É muito?

A mulher suspira, nos pede para esperar, toma a nota de Sara e sai da loja. Alguns minutos depois ela volta com um maço de notas amarelas e começa a contá-las lentamente sobre a mesa. Logo depois, nosso primo Nabih aparece na porta.

— Chegou — anuncia ele.

Sara pega o troco e sua calça nova, e nós saímos correndo. Ao voltar para o ponto de ônibus, encontramos um velho micro-ônibus azul-marinho nos esperando com o motor ligado. Os outros estão se aglomerando diante da porta, onde há um voluntário.

— Famílias primeiro — grita ele.

O voluntário aponta para Mustafa.

— Cadê a mãe desta criança?

Sara não perde tempo e levanta a mão.

— Sou eu.

Depois, ela aponta para mim e para os outros.

— Esta é minha irmã e estes são meus primos.

O voluntário carimba o dorso de nossas mãos conforme subimos a bordo. Quem se importa se não somos realmente parentes de sangue? Depois do que passamos, é como se fôssemos da mesma família. Descanso a cabeça na janela do micro-ônibus e fico olhando para fora enquanto serpenteamos pela ilha rumo ao sul, subindo e mergulhando com a estrada costeira. Uma hora depois, o ônibus nos deixa em um grande estacionamento junto ao porto na cidade de Mitilene. Eu olho ao redor e vejo centenas de pessoas acampadas no concreto. Muitas estão esperando para se registrarem junto às autoridades. Outras já se registraram e estão esperando para comprar o bilhete da balsa para o continente. Uma fila desordenada leva ao edifício gasto da autoridade portuária, onde estão sendo realizados os registros. Nós nos acomodamos no asfalto e esperamos várias horas pela nossa vez de entrar. Um homem de uniforme tira nossa foto e pergunta em inglês de onde somos e para onde estamos indo. Sara traduz para os outros.

— Alemanha — responde ela com determinação. — Vamos encontrar minha amiga Hala. Em Hanôver.

O funcionário nos orienta a voltar ao escritório em dois dias para buscar uma autorização de residência temporária. Um acordo na União Europeia determina que devemos solicitar asilo no primeiro país em que entrarmos. Em circunstâncias normais, outros países europeus podem recusar pessoas, para que solicitem asilo nas fronteiras da UE, mas estas não são circunstâncias normais. No momento, ninguém está enviando solicitantes de asilo de volta para a Grécia porque o país já está sobrecarregado de gente. De qualquer forma, não queremos ficar aqui; queremos ir para a Alemanha. Só poderemos comprar bilhetes para a balsa noturna com destino ao continente grego quando tivermos documentos. Na prática, esse pedaço de papel, essa autorização de residência, é uma isenção legal que nos permite continuar avançando para o interior da Europa.

O grupo se arrasta de volta para o brilho ofuscante do sol e sonda a multidão. Nossa formação original de Damasco — Muhannad, Loirinho e nossos primos Majed e Nabih — ainda está conosco, assim como os irmãos Ayham e Bassem. No entanto, em algum ponto da fila nos separamos de Idris, Mustafa e os outros do barco. Eu olho em volta. Precisamos de um banho e de um lugar para descansar e digerir a provação da noite anterior. Sara e Bassem se oferecem para procurar um hotel. Nós os seguimos até a extremidade do estacionamento. Há pessoas em todos os lugares, e algumas até montaram barracas no asfalto. O sol do fim de tarde continua implacável. Encontramos um lugar na sombra para esperar enquanto Bassem e Sara circulam pela cidade. Uma hora depois, eles voltam. Sara está com cara de quem andou chorando.

— Nenhum hotel quer nos hospedar porque somos sírios — diz ela, se sentando no degrau ao meu lado.

— Eles querem primeiro ver aquele documento de registro — explica Bassem, desabando ao lado dela. — Documento, documento, documento. Tentamos pela cidade inteira.

Um homem com um colete de sinalização passa por nós. Eu me levanto, aceno e pergunto onde podemos dormir. Ele sugere um acampamento temporário montado para solicitantes de asilo, e aponta para o ponto de onde sai um ônibus gratuito, ali por perto. Estamos nos levantando com esforço quando ouvimos uma voz familiar.

— Yusra! Sara! Vocês estão vivas. Graças a Deus.

Quando olhamos, vemos Zaher, pai do bebê que conheci no acampamento clandestino. Ele se aproxima de nós com os braços estendidos. Seu rosto em formato de coração estampa um sorriso largo.

— *Alhamdulillah* — diz Zaher, e beija cada um de nós repetidas vezes no rosto. — Ontem à noite, pensamos… pensamos que vocês não tinham conseguido.

Zaher não quer nem ouvir falar em dormir no acampamento. Disseram-lhe que o lugar já está tão cheio que as pessoas precisam dormir do lado de fora e no chão. Zaher nos diz para acompanhá-lo a um parque próximo, onde ele tem dormido ao ar livre com a família e os outros do antigo acampamento. Eles usam os chuveiros e banheiros de uma praia particular próxima dali. Eu olho para Sara e dou de ombros. Será bom estar entre amigos. Além disso, parece que dormir ao ar livre é a única escolha na ilha superlotada. Zaher se oferece para nos levar a uma loja próxima, onde podemos comprar sacos de dormir. Saímos do estacionamento atrás dele, atravessamos a rua e dobramos uma esquina à direita. Um grande porto surge diante de nós, formando três lados de uma praça. No meio, o mar calmo e verde bate inocentemente contra o muro.

— Vimos o post no Facebook sobre o barco ontem à noite — revela Zaher, voltando-se para Muhannad. — Chamamos a polícia grega para vocês, mas quando vocês não apareceram… Bem, nós tememos o pior.

Meu estômago se revira com a lembrança dos gritos desesperados de Ayham no bote. Nosso grupo caminha em silêncio e de cabeça baixa, nenhum de nós pronto para falar da travessia. Zaher para em uma loja na entrada do porto. Uma estranha mistura de lembrancinhas cafonas e equipamentos de acampamento é exposta, pendurada no toldo. Após comprarmos sacos de dormir, Zaher nos leva de volta à esquina, passando pelo porto e prosseguindo em direção à orla. À direita, na costa, vejo uma estátua de bronze montada em um pedestal de pedra: uma mulher de túnica comprida e fluida, diante do mar, com um dos pés para a frente. Com a mão direita, ela ergue uma tocha acesa.

— Ei, não é a Estátua da Liberdade? — pergunto.

— É — confirma Ayham, sorrindo. — Aquele barco deve ter levado a gente mais longe do que pensávamos.

Dou um tapinha no braço dele.

— Deus do céu — digo. — Era para ser engraçado?

Ao dobrar uma esquina, nos deparamos com vários cães de pelagem comprida e aspecto sarnento. Eles se coçam e deitam preguiçosamente no asfalto escaldante. À nossa direita, grades de ferro enferrujadas acompanham o muro até uma catraca. Uma placa no portão diz "Praia Tsamakia" e, atrás dela, um trecho de areia se esparrama até o mar. Do outro lado da estrada, uma encosta coberta de grama se eleva sob a cobertura de alguns pinheiros espalhados. O gramado está tomado por famílias e pequenos grupos sentados ou dormindo à sombra. Assim como nós, eles estão esperando os documentos de autorização para entrar no continente e continuar a trajetória mais ao norte da Europa. Subimos alguns degraus baixos atrás de Zaher. A grama de ambos os lados está repleta de roupas, lixo e cobertores. No alto, os degraus terminam em um estacionamento poeirento. Ali, rodeado por uma parede de tijolos baixa, há um pequeno parquinho.

— Vejam só quem encontrei — anuncia Zaher, sorrindo quando nos aproximamos.

Uma multidão de rostos conhecidos olha para nós. Todo o grupo do acampamento dos contrabandistas está lá. A mais velha, Mamãe, está sentada no chão ao lado de um escorrega pichado, e o bebê Kamar dorme tranquilamente em seu colo. Ela abre um enorme sorriso e diz:

— Louvado seja Deus — diz, com um sorriso enorme, e passa o bebê para Zaher antes de se levantar. — Graças a Deus vocês estão bem.

Ela puxa Sara e eu para um abraço apertado. Umm Muqtada e os dois filhos estão logo atrás, com os braços estendidos.

— Nós pensamos… — diz Umm Muqtada, me abraçando forte.

Coco, a libanesa, se aproxima e me beija em ambas as faces. Ahmad, o homem da Latakia que viaja com o amigo e as duas irmãs, cumprimenta calorosamente os homens, com apertos de mão. Fico comovida. Embora tenhamos passado pouco tempo juntos, está claro que essas pessoas já nos consideram família.

— Eca, eu preciso tanto de um banho — diz Sara depois que os abraços e saudações terminam.

Coco se oferece para mostrar onde ficam os chuveiros. Nós a seguimos de volta pela encosta até a catraca enferrujada. Ela aponta pelas grades para um prédio no fundo. Tudo que precisamos fazer é entrar e dizer que queremos nadar. Não há nenhum custo. Coco tira um frasco de xampu da bolsa e o entrega para nós. Eu sorrio, agradeço e empurro o portão enferrujado. É o primeiro banho que tomo desde Istambul, há cinco dias. A água escorre preta de sujeira. Fico imóvel por vinte minutos, olhando para as telhas, deixando a água descer pelo meu pescoço. Lá fora, reencontro Sara, Coco, meu primo Nabih e os irmãos Ayham e Bassem me esperando junto à catraca. Coco nos leva de volta ao porto e a um labirinto de ruelas. Ela para na frente de um restaurante com mesas brancas que levam para a rua. "Damas", diz a placa acima da porta. Damasco.

154 BORBOLETA

— Estamos no lugar certo, então — observa Sara, sorrindo.

O restaurante está lotado de sírios comendo, conversando alto ou debruçados sobre celulares conectados a fios emaranhados de carregadores em cima das mesas. Escuto um grito alto do fundo do restaurante e, quando olho, vejo Mustafa sentado com o pai, Idris. O menininho larga o garfo, corre até mim e abraça minha cintura.

— Aí estão elas — diz Idris, sorrindo. — Nossas heroínas da natação.

Os clientes das mesas ao lado viram a cabeça e começam a se acotovelar e apontar. Em pouco tempo, todos os clientes no restaurante estão olhando para nós, sorrindo e murmurando uns com os outros.

— O que está havendo? — balbucio para Sara.

— Acho que eles souberam o que aconteceu — diz ela, e dá de ombros. As ondas cintilam e marcham novamente. Sinto o estômago embrulhar.

— Parece que agora você também é famosa na Grécia — diz Ayham, me acotovelando de leve.

— Cala a boca — devolvo, meu rosto ficando vermelho e quente.

Enchemos pratos com carne e arroz e saímos para comer nas mesas do terraço. Por alguns minutos, comemos em um silêncio esfomeado. Então, entre garfadas, contamos a Idris sobre o acampamento de Zaher no parque e ele concorda em vir conosco. Mustafa sorri e bate com os punhos na mesa. Assim que terminamos a refeição, atravessamos a cidade de volta, contornando o porto e subindo a colina até o acampamento no parquinho. No caminho, vemos centenas de recém-chegados dormindo ao ar livre na noite de verão. Entro em meu novo saco de dormir, rodeada por Coco e Sara. Fico deitada acordada, ouvindo um refrão de latidos de cães e de música ecoando das tavernas e dos bares. Cigarras cantam alto e ritmicamente das árvores e motos zunem pelas ruas com o escapamento barulhento. Fecho os olhos e me sinto segura pela primeira vez em dias. É bom estar de volta com Mamãe e Kamar, penso, antes de finalmente adormecer. A mulher mais velha e aquele minúsculo bebê vão nos proteger.

Na manhã seguinte, Zaher e Majed conversam sobre nosso próximo passo. Zaher e os outros chegaram antes, então também estão alguns dias à nossa frente no processo de registro. Eles devem receber seus documentos naquela mesma tarde, enquanto os nossos só estarão prontos no dia seguinte. Zaher afirma que vão esperar por nós, assim poderemos viajar juntos. É generoso da parte deles e eu me sinto aliviada. Ficarei feliz em estar com um grupo maior, porque é muito mais seguro. Majed se volta para mim e, já que temos um tempo para jogar fora, se oferece para substituir meus óculos perdidos. Eu o sigo pelo porto, passando pelas tavernas, padarias e lojas de souvenir nas ruelas sinuosas. Finalmente, encontramos um oftalmologista, mas ele diz que levará pelo menos uma semana para providenciar as lentes. Não podemos esperar tanto tempo, então terei que me virar sem os óculos. Estou irritada. Uma semana inteira? Na Síria teria sido resolvido em um dia. Majed e eu voltamos para o porto. No caminho, observamos o estacionamento. A massa de gente parece ainda mais volumosa do que no dia anterior. Vemos Zaher e sua família saindo dali. Ele sorri e acena com um pedaço de papel no ar, depois aponta para uma enorme multidão do outro lado do estacionamento. É a fila para comprar bilhetes da balsa que leva ao continente. Eu arregalo os olhos, constatando ser tão grande quanto a fila para os documentos.

No dia seguinte, depois de uma longa espera no asfalto ardente, também pegamos nossos documentos de registro. Observo as estranhas letras gregas no papel e me pergunto o que elas realmente significam. Tudo o que sabemos é que aquilo equivale a poder deixar a ilha. Entramos imediatamente na próxima fila, a da passagem para a balsa. Após mais algumas horas, enfim compramos os bilhetes para a noite seguinte. Finalmente, depois de mais uma noite acampado no parquinho, nosso grupo se apinha na balsa rumo à capital grega, Atenas. Trezentos quilômetros, uma travessia de onze horas. A embarcação está tão lotada que é preciso dormir nas mesas do refeitório do convés superior. Passo a noite lutando contra as ondas de náusea e tentando ignorar o balanço do mar. Na manhã seguinte, chegamos ao Pireu, um grande porto industrial perto de Atenas. Nós não paramos, apenas seguimos as multidões, passando pelo maquinário enferrujado do cais. Não demora muito para nos depararmos com uma série de contrabandistas oferecendo seus serviços.

— Para onde querem ir? — pergunta um deles em árabe quando passamos.

— Alemanha — diz nosso primo Majed.

O contrabandista ri. Todo mundo está indo para o norte: Alemanha ou Suécia. O homem diz que o próximo ônibus sai à meia-noite, mas que só nos levará até a próxima fronteira. De lá, entraremos a pé na Macedônia, um país minúsculo no caminho da Grécia à Hungria. Poucos de nós sabiam da sua existência, mas Majed faz um acordo com o contrabandista e nos providencia vagas em um ônibus. Viajamos a noite toda e atravessamos a extensão da Grécia continental, quinhentos quilômetros ao norte até a fronteira com a Macedônia. Só estou feliz por não termos que ir a pé o caminho todo. Logo após o amanhecer, somos deixados na beira de uma estrada junto a um hotel abandonado. Três outros ônibus chegam em simultâneo. As massas jorram dos veículos e começam a caminhar resolutamente pelos campos em uma longa fila serpenteante.

— É isso mesmo — diz Majed, olhando para o celular e experimentando os nomes. — Idomeni. Gevgelija. A fronteira é ali. Este é o caminho para a linha do trem que leva ao ponto de travessia.

— Não me diga. Eu nunca teria adivinhado — ironiza Muhannad, indicando o fluxo de pessoas.

Nabih e eu rimos, mas Majed nem percebe, ocupado demais com o celular. Seguimos o povo pelo gramado alto até chegarmos aos trilhos do trem. É aqui. A fronteira da Grécia com a Macedônia. Uma multidão se senta nos trilhos, esperando sob o sol para atravessar. O clima é de tensão. Mais adiante, uma fileira de policiais barra o caminho. Nós nos sentamos no fundo e esperamos. Devoro mais uma barra de chocolate e vou para os arbustos ao lado da linha de trem para trocar de roupa. Meia hora depois, tem início uma comoção na frente da multidão: a polícia abriu caminho para deixar cerca de cinquenta pessoas atravessarem a fronteira. Nós nos levantamos e nos juntamos à onda conforme a massa avança como uma coisa só, gritando e empurrando uns aos outros. Um sudanês esbarra em mim e me lança de costas contra meu primo Nabih, que avança para empurrar o homem.

— Ela me empurrou — alega o sudanês, apontando para mim.

Ayham e Bassem se aproximam do homem.

— Não — diz Ayham. — Você a empurrou.

— Vocês estão todos empurrando — diz outro, apontando para o nosso grupo e se aproximando de Ayham.

A discussão logo se transforma em uma competição de empurrões. No meio do tumulto, Sara e eu avançamos. A multidão finalmente se acalma, porém, à medida que esperamos sob o sol do meio-dia, os ânimos se acirram cada vez mais. Pouco a pouco, nos aproximamos da fileira de policiais. Finalmente, após quinze minutos na frente da manada, diante da polícia, os guardas se afastam e nos deixam entrar na Macedônia. Atravessamos de mãos dadas em uma longa corrente para manter o grupo reunido.

Logo do outro lado da fronteira, um policial aponta um prédio baixo. Precisamos ir até ele para nos registrar e obter um documento de asilo temporário na Macedônia por três dias, tempo suficiente para atravessar o país. Assim que tivermos o documento, poderemos pegar um ônibus do governo para a próxima fronteira. Se formos rápidos, conseguiremos deixar a Macedônia ao cair da noite. A fronteira com a Sérvia fica no sentido norte, a apenas duas horas de carro. De lá, são mais quatrocentos quilômetros até a capital, Belgrado. Com sorte, poderemos dormir lá e, pela manhã, começar a pensar em como atravessar a fronteira seguinte, a pior de todas: da Sérvia para a Hungria.

Zaher olha para a grande e irregular fila na frente do edifício e franze a testa. Kamar começa a choramingar em seus braços. Ele entrega o bebê à esposa e balança a cabeça.

— Mais uma fila — diz Zaher. — Não vamos nos dar o trabalho de arranjar esse documento. Não podemos esperar aqui para sempre. Temos que seguir em frente.

Zaher e seu grupo estão ansiosos para continuar, mas Majed não está com tanta pressa. Ele diz que é melhor esperarmos a autorização de passagem antes de seguirmos. Zaher dá de ombros e diz que podemos nos encontrar de novo na próxima fronteira. Não gosto da ideia de separar o grupo, mas Majed é inflexível: não vamos a lugar algum sem o documento.

— Vamos jogar de acordo com as regras estúpidas que eles nos dão — diz Majed. — Não quero problemas mais adiante só porque não tenho um pedaço de papel.

158   BORBOLETA

— Ele tem razão — concorda Muhannad. — É um jogo. Nós seguimos as regras. Se eles dizem que precisamos do documento, vamos arranjar o documento.

Entramos na fila e esperamos sob o calor escaldante. Cinco horas depois, nos vemos sentados diante de dois policiais. Nós lhes damos nossos nomes, mas ninguém tira nossas impressões digitais. Eles também não pedem para ver nossos passaportes, então Sara e eu os deixamos onde estão, escondidos no sutiã. A polícia nos entrega uma autorização de trânsito carimbada e nos coloca em um ônibus para a fronteira sérvia. É evidente que os macedônios nos querem fora de lá o mais rápido possível. Por nós tudo bem, estamos felizes em avançar logo. No ônibus para a Sérvia, Majed recebe uma mensagem de Zaher dizendo que eles tiveram que dar meia-volta. Como não tinham as autorizações para transitar, a polícia na fronteira mandou que voltassem. Zaher avisa que vai nos encontrar mais tarde, em Belgrado.

— Ahá! — ri Majed, com um sorriso triunfal. — Viu? É um jogo, tem regras.

Fico olhando fixamente pela janela do ônibus, escondendo minha irritação. Quando entramos na Sérvia e temos que mostrar os documentos aos policiais, Majed sorri novamente. Ele adora estar certo. Do outro lado da fronteira, um novo ônibus vazio, administrado pelo governo, espera para nos levar pelo trecho final de quatro horas no sentido norte até Belgrado. Os governos sérvio e macedônio não querem mesmo que fiquemos por aqui, e assim nos transportam depressa rumo ao norte ou oeste, onde ficam os países europeus mais ricos. Rumo à Alemanha, Suécia e França.

Já está tarde quando o ônibus nos deixa na rodoviária de Belgrado. Seguimos a manada até um parque de gramado gasto. Há grupos acampados no solo de terra poeirenta. Os mais sortudos têm barracas. Passamos por pilhas de lixo fedorentas espalhadas pela praça e grupos de homens estranhos zanzando no escuro. Sinto-me desconfortável. Sara parece ler meus pensamentos.

— Vamos arranjar um hotel — sugere ela, olhando ao redor. — Podemos nos reunir com os outros amanhã.

Entramos na cidade à procura de quartos. Um após o outro, os hotéis se recusam a receber hóspedes com passaportes sírios. Aquilo dói. Penso novamente no restaurante da ilha que não quis me vender uma água. Nós temos dinheiro, não é o suficiente? Já está tarde e as ruas parecem cada vez mais perigosas quando finalmente encontramos um hotel que nos aceita sem olhar nossos documentos. Pagamos o dobro do preço, mas estou tão aliviada por ter um quarto que quase não assimilo o valor. Sara e eu trancamos a porta do quarto. Tomo um banho de uma hora e me espalho nos lençóis limpos e bem-passados. Tenho dormido mal desde que partimos de Istambul. Sete noites. Uma semana inteira. Esqueci o que é dormir profundamente, em paz, em uma cama.

Na manhã seguinte, bem cedo, encontramos Zaher e os outros no parque. Eles armaram barracas na terra. O acampamento improvisado não tem água corrente e só há banheiros químicos. Ao pensar nos lençóis limpos e no chuveiro, me sinto mal. Depois, afirmo para mim mesma que é assim que as coisas são. Nem todos podem pagar um quarto de hotel. Quem pode, compra um lugar seguro para dormir. Ocupo um lugar entre Mamãe e a esposa de Zaher, que estão paparicando Kamar. Elas cantam para a criancinha, que olha para elas com seus olhos claros de lua. Os irmãos Ayham e Bassem se aproximam para dizer adeus. Eles pretendem pegar um avião daqui para a Alemanha com documentos de identidade falsos. Se funcionar, será um atalho considerável, poupando semanas na estrada, mas é arriscado. Se forem pegos usando passaportes falsos, podem ser presos.

— Vemos vocês na Alemanha, então — diz Ayham, apertando minha mão. — Para onde mesmo disseram que estavam indo?

— Hanôver — respondo. — Vamos encontrar Hala, uma amiga da Sara.

— Ok, então encontramos vocês lá — promete ele.

Desejo-lhe sorte e nos despedimos.

— Eles nunca entrarão no avião — murmura Majed quando eles saem.

Continuo sentada, cansada, na terra marrom e seca, sem grama. Estamos cercados por centenas de pessoas, grupos de homens jovens, famílias com avós e crianças pequenas. As pessoas dormem, comem, esperam e planejam os próximos passos. Os contrabandistas continuam à espreita em volta do parque. Todos falam da melhor maneira de atravessar para a Hungria. Dizem que, embora a polícia húngara recorra à repressão na fronteira, ainda é possível passar. Nosso grupo está dividido quanto ao próximo passo. Muhannad quer pagar a um contrabandista que o leve pela fronteira até a capital húngara, Budapeste, e Majed está ansioso para ir com ele. Zaher e os outros dizem que vão para Horgoš, uma pequena vila na fronteira sérvio-húngara, e de lá atravessarão a pé. Nós poderíamos ir com eles. Majed pergunta o que eu, Sara e Nabih queremos fazer. Pegar um carro de um contrabandista com Muhannad ou caminhar pela fronteira com Zaher.

— Eu quero ficar com Zaher — digo. — Ficar com o grupo grande. São nossos amigos. Vamos a pé com eles. Tenho um bom pressentimento quanto a eles. Somos uma família agora.

Ao dizer as palavras em voz alta, o sentimento se fortalece. Essas pessoas se preocupam conosco. Eles nos esperaram na ilha, nos ajudaram, queriam que acampássemos com eles na Grécia. Eles não precisavam fazer nada disso. Sara e Nabih sorriem e concordam com a cabeça. Está decidido. Atravessaremos a Hungria a pé com Zaher e os outros.

O crepúsculo recai sobre o parque e o clima volta a ficar tenso. Sara, eu e nossos primos voltamos para o hotel, deixando o resto do grupo no acampamento. Na manhã seguinte, voltamos ao parque e encontramos Ayham e Bassem sentados com o grupo. A segurança estava rigorosa demais, revelam, de modo que não conseguiram entrar no avião para a Alemanha. Está claro que a única opção é tentar atravessar para a Hungria conosco a pé.

— Ei — diz uma voz masculina atrás de mim em inglês. — Posso me sentar com vocês?

Ao olhar para cima, vejo um homem sorrindo para nosso grupo. Ele está usando uma camisa cáqui, tem olhos castanhos grandes e simpáticos, e a barba por fazer.

— Hum, acho que sim — respondo. — O que você quer?

Ele se apresenta como Steven, jornalista do canal de notícias belga VRT News. Steven está no local com sua equipe, gravando uma reportagem. Ele aponta para um homem com uma câmera ao seu lado. Atrás, outro homem segura um microfone felpudo armado em um bastão. Eles fazem parte da equipe, explica. O cinegrafista se chama Ludwig e o técnico de som, Stefan.

— Gostaríamos de conversar com vocês sobre sua viagem — continua Steven. — É para um programa para jovens, queremos contar aos jovens na Bélgica o que está acontecendo aqui.

Eu sorrio. Será uma distração bem-vinda do tédio, das intermináveis conversas sobre fronteiras, contrabandistas e Hungria. Eu me levanto e olho para os outros. Os adultos recusam com a cabeça. Eles têm medo de serem filmados, com receio de que isso cause problemas mais tarde. Eu olho ao redor. O sol está brilhando, me sinto confiante. Chegamos até aqui. Que mal pode fazer? Sigo a equipe até um canto tranquilo do parque. Escolhemos um lugar à sombra de árvores altas. Eu me sento de pernas cruzadas no chão, de frente para Steven. Ele prende um microfone em minha roupa e Ludwig aponta a câmera para meu rosto.

— Então, o que está fazendo aqui? — pergunta Steven assim que a câmera começa a rodar. — Conte-nos sobre você.

Revelo que fiz parte da equipe nacional de natação na Síria e que vou para a Alemanha porque disseram que era um bom lugar para treinar e estudar. Explico que não existe mais lugar seguro na Síria, que precisávamos mudar de casa o tempo todo para escapar dos bombardeios, que lá não há futuro. Não posso estudar, não posso sonhar. Estamos em busca de uma chance de uma vida melhor, explico. Qualquer coisa seria melhor que apenas existir, esperar pela morte ou pelo fim da guerra — o que vier primeiro. Steven assente gravemente e pergunta sobre minhas esperanças e meus sonhos para o futuro.

— Eu quero nadar profissionalmente. Quero ir às Olimpíadas um dia.

Steven faz uma pausa e me olha intrigado. Então ele olha para os lados. Zaher e os outros se reuniram à nossa volta enquanto conversamos. Steven gesticula para eles e me pergunta com quem estou viajando. Conto que estou com minha irmã, meus primos e alguns amigos que são agora como minha família. Quando a entrevista termina, Ludwig vira a câmera para filmar a massa de gente no parque. Nós nos levantamos, Steven me dá um aperto de mão e me agradece. Sara se aproxima de nós.

— Foi uma luta chegar aqui — digo, indicando Sara. — Tivemos que vir nadando.

Steven congela e nos olha fixamente.

162   BORBOLETA

— Nadando? Como assim, nadando?

— Isso mesmo — afirmo. — Nós nadamos da Turquia até a Grécia.

Ele levanta as sobrancelhas e balança a cabeça, incrédulo.

— É verdade — corrobora Sara. — Somos nadadoras profissionais, então o jeito foi nadar.

Steven chama o operador de câmera apressadamente.

— Ok — diz Steven. — Vamos refazer a entrevista.

Dou de ombros e me sento de novo. A câmera volta a gravar. Descrevo as ondas monstruosas e o minúsculo bote superlotado, explicando como ele arriava na água. Sara e eu somos nadadoras profissionais, repito, e tivemos que nadar para manter o barco na superfície. Ficamos três horas e meia no mar. Estava frio e escuro, tivemos medo, mas graças a Deus conseguimos. É a primeira vez que conto a história em voz alta para alguém. É difícil lembrar os detalhes — eles parecem distantes e irreais, como um pesadelo que gradualmente se esquece ao acordar. Steven sorri e me agradece mais uma vez. Tiramos uma selfie e eu lhe dou meu número. O jornalista promete que manterá contato.

Naquela noite, voltamos ao hotel. Na manhã seguinte, Muhannad se despede cedo para encontrar o contrabandista, deixando Loirinho conosco. O adeus a Muhannad não é muito emotivo, já que todos supõem que vão reencontrá-lo mais adiante, em algum ponto do caminho. Nós nunca mais o vemos. Mais tarde, papai revela que ele conseguiu chegar à Alemanha por conta própria. Ao voltar para o parque, Zaher diz ter encontrado um ônibus clandestino que levará todos nós à fronteira da Hungria na manhã seguinte. O plano é atravessar a fronteira a pé e entrar no país.

A polícia húngara é diferente das que encontramos até agora. Se formos pegos na fronteira, o melhor que podemos esperar é sermos enviados de volta para a Sérvia. No entanto, eles também podem nos deter e nos prender. Já ouvimos histórias de crueldades e espancamentos. Apesar disso tudo, nosso maior medo é que os húngaros encontrem nossos passaportes, nos registrem e tirem nossas impressões digitais. Se isso acontecer antes de chegarmos à Alemanha, as regras de asilo da União Europeia dizem que poderíamos até ser mandados de volta para cá. É complicado e não temos muita certeza sobre os detalhes legais. Tudo o que sabemos é que devemos evitar a polícia a todo custo.

No parque, Umm Muqtada está para lá e para cá, os dois filhos pequenos agarrados à sua comprida *abaya*. Ela olha para as outras mulheres *hijabi* do grupo.

— Meu cunhado Ali diz que é melhor parecermos europeus na travessia para a Hungria — diz Umm Muqtada. — Eles têm medo dos muçulmanos lá, lembram? Não podemos chamar atenção. Isso significa não usar *hijabs*. Teremos que cobrir os cabelos com chapéus.

As mulheres parecem incertas, mas Umm Muqtada insiste. Sara e eu as acompanhamos até uma loja de roupas baratas perto do parque. As adeptas dos véus compram grandes chapéus de palha para cobrir os cabelos, enquanto Sara e eu compramos shorts e camisetas. No meio-tempo, Majed vai com Nabih a uma unidade da Western Union e saca mais dinheiro para a próxima etapa da viagem. No dia seguinte, bem cedo, encontramos Zaher e os outros na estrada que rodeia o parque. Há um ônibus esperando para nos levar até a fronteira com a Hungria, duzentos quilômetros ao norte.

O ônibus nos deixa na beira de uma estrada, perto de umas árvores. Há muitas pessoas andando pelo local, assustadas e perdidas, em busca de um líder para lhes mostrar como atravessar a fronteira sem serem pegas. Zaher conduz nosso grupo para uma trilha arenosa, saindo da estrada. Depois de alguns minutos, para de andar e aponta na direção das árvores. Precisamos subir a encosta, achar os trilhos do trem e segui-los através da fronteira, explica ele, mas há policiais em toda parte. Se formos com todas essas pessoas, sem dúvida seremos apanhados. O melhor é esperar aqui e fingir que estamos descansando, deixar a multidão ir na frente e esperar para ver o que acontece. Talvez a polícia esteja tão ocupada com eles que passemos despercebidos.

Sendo assim, nos sentamos na clareira e deixamos os outros atravessarem com destino aos braços da polícia. Por fim, a multidão se derrete, abandonando nosso grupo, ligeiramente escondido. Estamos sozinhos, como queríamos.

13

Um homenzinho de olhos amendoados aparece do nada e se aproxima do nosso grupo. Seu rosto é largo e marrom, emoldurado por espessos cabelos grisalhos. No nariz, equilibra um par de óculos quadrados de aro grosso. Há uma mulher de cabelos curtos e cacheados ao seu lado.

— Vocês vão atravessar agora? — pergunta o homem em inglês.

— Quem é esse? — diz Zaher. — Ele quer dinheiro ou o quê?

O homem explica que seu nome é Lam, e a mulher abre um sorriso simpático e se apresenta como Magdalena. Lam põe a mão dentro do casaco e puxa uma câmera com uma lente enorme.

— Somos jornalistas. Eu tiro fotos — diz Lam. — Quero ir com vocês até a Hungria e registrar algumas imagens.

Sara traduz para o grupo.

— Desde que não sejamos pegos, ele pode fazer o que quiser — responde Zaher.

Sara olha para Lam e sorri.

— Certo. Podem vir conosco.

O grupo se levanta com dificuldade. Sara pega Kamar dos braços da mãe e encaixa o bebê em um canguru vermelho que amarrou ao peito. A esposa de Zaher lhe entrega um xale cor-de-rosa e Sara o enrola em volta da criança para protegê-la do sol do meio-dia. Lam tira uma foto de nosso grupo e, ao lado de Magdalena, acompanha Zaher pelo caminho arenoso. Sara e eu estamos logo atrás, seguidas pelos outros. Zaher sai do caminho para virar à direita e sobe até uma pequena mata. Subimos a encosta íngreme e, do meio das árvores, saímos em uma ferrovia. Há dois trilhos de aço paralelos brilhando sob o sol a pino. Não há dormentes entre os trilhos, apenas terra nua. Nós caminhamos ao longo deles.

— Os trens não estão passando? — sussurro para Lam.

— Não com muita frequência — diz ele, piscando e se abaixando de lado para tirar mais fotos à medida que o grupo passa.

Depois de alguns minutos, Zaher para e levanta uma das mãos na nossa direção.

— Façam silêncio e não se mexam — sussurra ele. — Nem uma palavra.

Faço sinal para os outros. Zaher desaparece atrás das árvores à esquerda. Nós o seguimos encosta abaixo. Lá embaixo, as árvores se abrem para um grande milharal. Zaher para novamente e levanta a mão. Eu congelo atrás dele, que se inclina e sussurra no meu ouvido:

— A fronteira fica logo ali — observa, consultando o celular e apontando para o fim do campo, à direita. — A Hungria.

Zaher traça uma linha com o dedo, indo da esquerda para a direita, acompanhando a estrada principal onde a polícia fica. Precisamos nos esconder na plantação de milho e tentar passar por eles. Se ficarmos de pé, é certo que seremos vistos.

— Ninguém fala, ninguém fuma — continua Zaher, dirigindo-se ao grupo. — Mantenham as crianças em silêncio e desliguem o celular. Quando eu mandar correr, corram. Quando eu mandar sentar, sentem. Entenderam?

Eu confirmo com a cabeça.

Zaher vai à frente, abaixando-se e apressando-se entre os caules, sua altura mais ou menos nivelada com a cobertura do milharal. Eu o sigo, mantendo a cabeça abaixada, respirando com dificuldade. Lam, Magdalena e Sara estão perto de mim. Vinte metros campo adentro, Zaher congela. Ele estica o braço para trás, fazendo-me parar imediatamente. Em seguida, vira a palma da mão para o chão e sobe e desce com força.

— Sentem-se — sibila para trás.

Eu me agacho e, atrás de mim, os outros fazem o mesmo. Esperamos em completo silêncio. Os minutos passam. Então Zaher se levanta, acena para nós e dobra à direita em meio aos caules. Estamos indo diretamente para a fronteira. A estrada acompanha o campo a cerca de duzentos metros à esquerda. As viaturas da polícia estão estacionadas, uma colada na outra, uma comprida fileira ao longo da estrada. Se eu ficar de pé, qualquer pessoa mirando o campo verá minha cabeça. Zaher congela novamente e faz o sinal para nos abaixarmos.

166 BORBOLETA

— Estão olhando para cá — sussurra. — Esperem aqui.

Nós nos acomodamos para esperar. O silêncio se prolonga. Esforço-me para ouvir a polícia marchando pelo campo na nossa direção, mas não escuto nada — apenas o zumbido dos insetos e os pássaros cantando ao alto. As crianças ficam quietas e eu mantenho os olhos fixos no chão. Não suporto olhar os outros de frente, nossa situação é constrangedora demais. Somos seres humanos, não animais. No entanto, aqui estamos, como se fôssemos criminosos, rastejando por um campo, caçados pela polícia. Eu me encolho ligeiramente de repulsa, pego algumas lâminas compridas de grama e as rasgo em pedaços.

Quando Lam por fim se levanta e acena para nós, a luz do sol já está dourada, as sombras mais alongadas. Nós o seguimos, tomando cuidado para continuarm abaixo do nível do milharal. Assim que a plantação se dispersa e se transforma em um gramado extenso, Zaher pede para nos sentarmos novamente. Kamar choraminga e interrompe o silêncio incômodo. Sara rapidamente entrega a criança à esposa de Zaher, que começa a alimentá-la para mantê-la quieta. O silêncio domina o campo uma vez mais.

O filhinho de Umm Muqtada para na frente da mãe. Seus olhos estão vermelhos e exaustos, o rosto retorcido de dor. Umm Muqtada afasta a franja preta do menino para sentir sua temperatura e o faz deitar com a cabeça em seu colo. Mais uma hora se passa em um silêncio carregado antes de Zaher sinalizar que podemos levantar de novo. O menininho está exausto demais para se mexer. Ele torce o nariz e começa a chorar, levantando os braços para Umm Muqtada.

— Shh! — diz Umm Muqtada. — Não chore, *habibi*.

Ela o pega do chão para levá-lo no colo.

Continuamos nos esgueirando, seguindo Zaher pela grama alta. Um pouco mais adiante, ele começa a correr. Eu disparo atrás dele, dobrando o corpo e lutando para manter o fôlego. Lam e Magdalena nos seguem de perto. Sara está logo atrás deles, levando o garoto nas costas. Umm Muqtada segura a mão da filha e corre atrás do grupo. Nós paramos e disparamos, avançando lenta e silenciosamente pela grama. O sol já está quase se pondo quando Zaher enfim se senta e consulta o celular. Ele sorri de alívio.

— Pronto. Atravessamos. Estamos na Hungria.

Lam assente, olha para mim, sorri e diz:

— Vocês se saíram muito bem.

O fotógrafo olha para cima e tira uma foto de Sara enquanto ela deixa o garotinho descer de suas costas.

— E você, Antara — diz Lam, rindo. — Que é você, um herói de guerra ou algo assim?

Sara e eu rimos. Antara foi um cavaleiro árabe e um herói popular, famoso por suas épicas aventuras. Quando pergunto a Lam como ele sabe sobre Antara, ele explica que morou no Iraque por muitos anos. Imagine encontrar alguém que sabe sobre Antara em um campo na fronteira entre a Sérvia e a Hungria. Eu sorrio para os jornalistas. Mais amigos inesperados para nosso grupo de viajantes.

Zaher aponta para um prédio baixo a cerca de sessenta metros atrás dele, e explica que é o posto de gasolina onde os contrabandistas se reúnem. Precisamos esperar aqui até escurecer. Ainda há policiais patrulhando a área, procurando por nós. Quando anoitecer, atravessaremos sorrateiramente o campo rumo ao posto de gasolina e encontraremos um transporte para Budapeste. Sendo assim, voltamos a nos acomodar e esperamos.

O sol se põe depressa nos campos atrás de nós. A luz diminui até adquirir um tom de cor-de-rosa intenso e difuso. O clarão branco do pátio do posto ofusca gradualmente a cor do céu até tudo finalmente ficar preto, branco ou cinza. As luzes das viaturas rodam pela estrada. Uma barreira azul pisca, bloqueando o caminho. Ficamos quietos, esperando a polícia. Sara senta-se perto de mim, ao lado de Bashar e Abdullah. Os homens estão fumando, com as mãos em concha para esconder as brasas acesas do cigarro. Mais uma vez, não estamos sós: há um fluxo constante de pessoas atravessando a fronteira pelo campo e se juntando a nós. Em pouco tempo, nosso grupo dobra de tamanho.

Logo após o cair da noite, uma mulher e dois homens vindos do posto de gasolina vêm andando casualmente pelo campo. Há luz suficiente para ver que não são policiais: é uma adolescente romani de saia comprida e camiseta, acompanhada por dois musculosos sujeitos de preto.

— Para onde vocês querem ir? — pergunta a jovem ao nos alcançar.

Sara traduz a conversa entre Zaher e a moça.

— Budapeste — diz Zaher.

— Quantas pessoas? — pergunta a garota.

— Trinta. Quanto custa?

— Oitocentos cada um. Traremos carros suficientes para todos.

Os olhos de Zaher quase saltam das órbitas.

— Cada um? — ecoa ele. — Não. Isso é demais.

— Talvez prefiram que a polícia pegue vocês? — devolve a jovem, apontando para as luzes azuis atrás dela.

Zaher suspira. Não há outra maneira. Nós precisamos sair daqui. Zaher diz à garota para trazer os carros. Esperaremos por ela aqui. A jovem caminha com o bando de volta para a luz branca do posto de gasolina. Eles podiam muito bem estar trabalhando para a polícia e não teríamos como saber. Estamos completamente à sua mercê. Zaher começa a planejar a próxima parte da viagem. Ele conta nos dedos quantos do grupo sabem falar inglês: cinco, incluindo eu e Sara. Quando os carros vierem, quem fala inglês deverá se dividir, assim haverá um de nós em cada carro. Isso significa me separar de Sara na próxima parte da viagem, mas eu não me importo, pois confio nos outros.

Naquele exato instante, vemos um movimento na estrada. Os jornalistas levantam o rosto e se entreolham. Lam assente para nós enquanto ele e Magdalena se levantam lentamente, ainda se mantendo o mais abaixados possível.

— Adeus, valente Antara — diz Lam, piscando para Sara. — Até nos reencontrarmos em batalha.

Sara sorri. Lam vai embora, disparando pelo campo na direção da estrada. Magdalena o segue de perto. Nós os observamos até os dois desaparecerem no clarão do posto de gasolina. Fico triste em vê-los partir. Sem eles, nossa situação parece muito mais desanimadora. A presença dos jornalistas fez o jogo de gato e rato com a polícia parecer quase divertido. E se aquela moça nunca mais voltar? Como sair daqui sem sermos pegos? Eu estremeço e afasto aquela ideia.

Umm Muqtada olha para as mulheres de véu e lhes diz que é hora de tirar seus *hijabs*. Seus lenços deixam claro demais que somos muçulmanos. As mulheres se afastam um pouco, indo para um gramado mais alto. Quando reaparecem, preciso abafar uma risada. Elas esconderam os cabelos com grandes chapéus de palha e trocaram as compridas *abayas* por saias longas e jaquetas jeans, levantando a gola para cobrir o pescoço. É um visual esquisito, especialmente à noite, em um campo. Visto o short e a camiseta que comprei e descarto o suéter cinza e sujo na grama comprida, mas não demoro muito para me arrepender. Um vento começa a soprar e eu congelo de frio. No entanto, está escuro demais para voltar e buscar o suéter, sem contar com o perigo. As horas se arrastam sem sinal da garota ou de seus amigos.

Não há lua e não dá para ver nenhuma estrela, apenas uma manta baixa de nuvens roxas e zangadas. Eu até tento dormir, mas estou aflita demais. As luzes azuis piscam, rodando insistentemente, me dando dor de cabeça. Olho para o celular, protegendo a luz da tela com a mão, e fico chocada: são três da manhã. O menininho de Umm Muqtada está chorando novamente. Ele choraminga baixo, de pé ao lado da mãe, que o abraça de lado e lhe oferece uma garrafa plástica de água. O menino a olha atravessado e recusa. Umm Muqtada o abraça apertado e o menino afunda o rosto em seu ombro. A mãe murmura para o filho calmamente, os olhos se enchendo de lágrimas.

— Não se preocupe, *habibi*, vai ficar tudo bem — afirma ela enquanto afaga seus cabelos. — Não chore.

Sua filha está observando a mãe e o irmão, e parece estar quase chorando também.

— Ei — sussurro para a menina.

Ela olha para mim.

— Você sabe trançar cabelos? — pergunto.

Ela afirma timidamente com a cabeça.

— Sabe de uma coisa? Estou procurado uma nova cabeleireira — continuo. — Quer trançar os meus?

A menina arrasta os pés e se senta atrás de mim. Ela reúne meus longos cabelos em algumas seções e torce uma por cima e outra por baixo. Quando termina, solta tudo e recomeça.

— Aqueles contrabandistas não vão voltar — constata Zaher finalmente. — E a polícia não vai desistir. Devíamos procurar um esconderijo melhor e talvez dormir um pouco.

170 BORBOLETA

Ayham e Bassem se oferecem para procurar um esconderijo. Eles desaparecem em direção ao posto de gasolina, curvados, correndo pela grama alta. Vinte minutos depois, os irmãos estão de volta. Eles encontraram uma espécie de vala, como um rio seco, atrás das árvores. Podemos nos esconder da polícia lá até amanhecer. Zaher se levanta, pega Kamar e a encaixa no canguru no peito. O bebê, apagado, mal se mexe. Umm Muqtada acorda cuidadosamente o filho e ambos se levantam, de mãos dadas, prontos para correr. Eu também me levanto e seguro a menina pela mão. Um som de pancada e um zumbido alto explodem no céu, logo acima do posto de gasolina. Uma faixa branca de luz desce das nuvens roxas. Um helicóptero.

— Ok, vamos — sibila Zaher para o grupo. — Corram.

Bassem e Ayham disparam pelo campo mostrando o caminho para o esconderijo. Nós os seguimos o mais rápido possível. A filhinha de Umm Muqtada galopa ao meu lado, ofegando de pânico. Eu olho para trás. Uma multidão corre pelo campo, iluminada pelas luzes azuis que piscam da estrada à esquerda. Deve haver pelo menos sessenta de nós, espalhados pelo gramado alto, correndo para a cobertura de um pequeno conjunto de árvores à frente. Mais feixes de busca descendem do céu e o zumbido se intensifica. Aperto a mão da menina com mais força e ela começa a choramingar.

— Está tudo bem — sussurro para ela enquanto corremos. — É só um jogo.

Então começa a chover. Gotas pesadas de água voam no meu rosto. O rugido dos helicópteros fica cada vez mais próximo. Ouço gritos atrás de mim, mas não me atrevo a olhar para trás novamente. Eu me concentro nos irmãos, Ayham e Bassem, mais adiante. Eles se abaixam sob as árvores, seguidos por Zaher e a esposa. Só mais trinta metros, vinte, dez. Chegamos. Eu arrasto a garotinha para dentro da mata. Paramos por alguns segundos para recuperar o fôlego. Sara é a próxima a mergulhar sob as árvores, trazendo o menino de Umm Muqtada nas costas. Eu conto o resto do grupo: nossos primos Nabih e Majed, Loirinho, e Bashar e Abdullah, os amigos de Sara.

Partimos para a floresta. Após cerca de vinte metros, chego à beirada de uma depressão que estava escondida e preciso prender a respiração. Naquela escuridão, não seria nada difícil cair. Deslizo pelas laterais íngremes e enlameadas até uma vala larga, mais ou menos do mesmo tamanho de uma pista de skate. Olho para trás e observo o resto do grupo descer. A maioria dos desconhecidos que se juntaram a nós perto do posto de gasolina não encontra nosso esconderijo. Sento-me no chão lamacento e escuto os gritos enquanto eles correm e desembocam na estrada, bem nos braços da polícia. Continuo escutando enquanto prendo a respiração. Embora os helicópteros ainda cruzem o céu acima de nós, estamos protegidos pelas árvores. Na estrada, os carros da patrulha estão ocupados. É um impasse, não há saída. Tudo o que podemos fazer é esperar amanhecer e torcer para que a polícia vá embora e possamos escapar e encontrar outro contrabandista na estrada. Será que Lam, Mamãe e os outros conseguiram escapar?

A trincheira é ainda mais gelada do que o campo. A chuva parou, mas uma fina neblina rodeia a vala. Dou uma olhada rápida no celular. Quatro e meia. Preciso dormir. Penso no quarto de hotel em Belgrado. O holofote do helicóptero conduz uma nova varredura pela copa das árvores. Lembro-me do suéter que larguei no campo.

— Estou congelando — murmuro, batendo os dentes, para Sara. — Eu só quero dormir.

Ayham se levanta e tira a jaqueta de couro. Ele sorri, cobre meus ombros com a jaqueta e se afasta para caminhar pela vala enquanto se abraça e esfrega os antebraços, parando a cada poucos passos para pular ou correr um pouco.

— E eu adoraria ainda estar de calça — geme Sara, esfregando as pernas nuas, os olhos transbordando de lágrimas. — Por que inventamos de comprar esses shorts?

Logo depois, Bashar e Abdullah escorregam para dentro da vala, trazendo dois sacos de dormir sujos. Com seu canivete, Abdullah os corta em tiras. Tento improvisar uma cama com o material, mas ele já está ensopado de chuva, e o chão, lamacento demais para dormir. Sara se levanta e anuncia que vai voltar ao campo para buscar o suéter. Digo a ela para não ser burra, mas Sara se recusa a ouvir e se afasta. Estou cansada demais para impedi-la. Cinco minutos depois ela volta, sorrindo e segurando uma calça de moletom grande e preta.

172 BORBOLETA

— Olha o que aquele cara ali acabou de me dar — diz Sara, apontando para um dos desconhecidos escondidos na vala conosco. — Eu nem o conheço, mas acho que eu poderia beijá-lo.

Ninguém consegue dormir muito. As luzes das sirenes piscam, os helicópteros percorrem o céu. Nós esperamos. Finalmente, quando a noite vai chegando ao fim, o barulho na estrada arrefece e o incessante piscar de luz azul desaparece. Zaher quer sair logo, temendo que seu bebê não aguente aquele frio por muito mais tempo.

A estrada está mais calma agora. Alguém que fale inglês precisa sair e procurar um contrabandista. Ayham e Loirinho se oferecem, escalam a vala e desaparecem. Ficamos quietos tentando ouvir alguma coisa. Silêncio. Dez minutos depois, eles descem pela encosta íngreme, dizendo ter encontrado um cara com carros suficientes para levar todos nós para Budapeste. Os contrabandistas se ofereceram para nos levar a um hotel chamado Hotel Berlin, onde dizem que haverá outro contrabandista para nos levar à Alemanha. Não será barato: quinhentos euros por pessoa. É um preço ultrajante para dirigir os duzentos quilômetros até Budapeste, mas não ligamos. O importante é sair desta vala.

Subimos a trincheira e saímos da mata, trêmulos, em um amanhecer fraco e chuvoso. Há uma minivan preta e cinco carros sujos e também pretos nos esperando na estrada. Entro na minivan com Umm Muqtada e os filhos, Abdullah, e mais dois. Ocupo o banco do carona. O motorista é um homem baixinho de meia-idade, vestido de preto da cabeça aos pés exceto pelo boné branco na cabeça.

— Quinhentos — anuncia ele. — Cada um.

Seu hálito cheira a álcool e cigarro. Recolho o dinheiro dos outros e o entrego. Ao partirmos, o contrabandista aumenta o som do rádio, que está tocando uma música pop estridente de batida agitada, até o máximo. Eu não me importo. Caio num sono profundo, exausta da noite passada na vala. Acordo no meio da hora do rush. Estamos avançando lentamente por uma ponte na autoestrada. A música ainda está explodindo dos alto-falantes. Olho para trás. Os outros estão dormindo profundamente.

O motorista sai da rodovia e para em um estacionamento ao lado de outra ponte. Mais adiante fica um centro comercial de estrada. Os outros acordam. O motorista acena vagamente pela janela e diz que devemos pegar outro carro ali. Nós saímos. A van preta vai embora depressa, nos deixando perdidos e sozinhos na beira da estrada. Ouvimos pneus cantando, anunciando uma minivan branca correndo na nossa direção. O carro parece prestes a nos atingir, mas desvia no último segundo. A porta do motorista é aberta e revela um homem careca musculoso coberto de tatuagens.

— Entrem.

— Vai nos levar ao Hotel Berlin? — pergunto.

Ele sorri, mostrando os dentes amarelos.

— Hotel Berlin — diz o homem. — Sim.

Nós entramos. O motorista se vira para mim.

— Quinhentos — avisa ele, antes de cuspir pela janela.

— Mas nós já pagamos ao outro cara — digo.

— Quinhentos — repete ele, se virando e apontando para os outros. — Cada um.

Meu coração aperta. Este homem tem total poder sobre nós.

— Mas nós já pagamos — repete Abdullah.

— Eu sei, eu falei — afirmo. — Mas... bem, olhe só para ele. Você quer enfrentá-lo?

Abdullah grunhe e dá um soco na porta. Eu olho pela janela para o terreno baldio. Não podemos chamar um táxi aqui. Também não gosto nada da ideia de andar pela rodovia principal. Nós seríamos presos. Não há opção a não ser pagar novamente. Os outros se mexem no banco de trás e me entregam o dinheiro. Acrescento minha parte do que ainda tenho na carteira plástica e enfio o dinheiro na mão do motorista com toda a força que ouso. Ele sorri, guarda as notas no bolso da calça jeans, pisa no acelerador e volta para a rodovia. Devido ao trânsito, avançamos devagar em direção à cidade.

O Hotel Berlin fica em uma esquina de uma zona industrial de Budapeste. O prédio de três andares é bege e laranja e destoa totalmente do resto. No telhado, uma placa anuncia as três estrelas da hospedagem. O lugar parece não ver um turista de verdade há dez anos. Vejo Sara assim que encostamos ao lado da entrada. Ela está andando de um lado para o outro, parecendo preocupada. Zaher, nossos primos e os outros estão sentados sob as árvores em um pequeno pedaço de verde à nossa direita. Quando a van para, abro a porta do passageiro e saio.

— Yusra. Graças a Deus — diz Sara. — Onde você esteve? Já faz uma hora que chegamos.

— Eu não sei. Acho que ficamos presos no trânsito.

Os outros estavam esperando que chegássemos antes de perguntar no hotel por um contrabandista. Dizem que este é um famoso ponto de contrabando e que precisaremos de ajuda para a próxima parte da jornada. Daqui até a Alemanha são só cinco horas de carro, mas passando pela Áustria, o que significa duas fronteiras no caminho. Primeiro, teremos que passar pela polícia húngara para entrar na Áustria e, para isso, precisamos de contrabandistas. Sara e eu nos oferecemos para entrar e perguntar enquanto os outros esperam do lado de fora. Subimos os degraus cobertos de carpete vermelho e entramos no saguão. Há um homem de cabeça raspada atrás do balcão. Mais músculos. Mais tatuagens.

— O que vocês querem? — pergunta ele em inglês.

— Queremos ir para a Alemanha — declara Sara. — Ouvimos dizer que poderíamos conseguir um carro...

— Sim — interrompe ele. — Venham comigo.

O recepcionista sai de trás do balcão e nos leva a uma área à esquerda, onde há um bar. Ele vai até um homem sentado a uma mesa. O homem está de camisa azul, calça bege e sapatos pretos encerados. Fico vermelha e baixo os olhos para meu short manchado de lama. Ele nos cumprimenta em árabe, com sotaque sírio.

— O que posso fazer por vocês?

Sara repete que queremos ir para a Alemanha.

— Alemanha — diz ele. — Podemos providenciar isso, sim. Fiquem em um de nossos quartos enquanto lhe arranjamos um carro.

Sara explica haver mais de nós lá fora, cerca de trinta ao todo, e pergunta quanto a viagem custará.

— Melhor ainda — diz ele, sorrindo. — Vamos nos preocupar com dinheiro mais tarde, certo? Busque os outros para levarmos vocês a seus quartos.

Voltamos para o saguão. Atrás do bar, vemos uma moça de minissaia vermelha e blusa apertada e branca. Ela para de secar os copos e nos olha dos pés à cabeça enquanto passamos. Eu a encaro de volta. Os cabelos loiros descoloridos estão cheios de laquê, e ela está usando muita maquiagem. Quando chegamos às escadas, Sara convoca os outros a entrarem. Eles sobem as escadas e se aglomeram no saguão. Um grupo de húngaros musculosos aparece, mais novos e mais bonitos que os motoristas. Eles têm corpo de fisiculturista e braços grandes cobertos por tatuagens escuras. Os homens nos separam em grupos. Um deles se aproxima e aponta para mim, Sara, a libanesa Coco, Bassem e Ayham. Nós o seguimos até um elevador. Ele nos leva para o terceiro andar e nos conduz por um longo corredor. Passamos por mais dois homens musculosos encostados à parede. Entre eles há uma mulher vestida como a moça atrás do bar. O homem repara em como Sara os olha quando passamos.

— Para onde querem ir daqui? — pergunta o homem.

— Alemanha — responde Sara, franzindo o cenho.

— Mmm — murmura ele, olhando-a de cima a baixo. — Então vou procurar você lá.

Eu chamo a atenção de Sara, que levanta as sobrancelhas, mas não diz nada. O homem para ao lado de uma porta e a abre sem bater. De cima de cinco camas, uma multidão de desconhecidos levanta o rosto para nós. Tem alguma coisa seriamente errada. O quarto já tem pelo menos treze pessoas. Homens, mulheres e crianças, dois ou três em cada cama. Eles estão dormindo, mexendo no celular ou com um olhar perdido para o chão. Observo a cena boquiaberta. Que tipo de hotel é este? O homem nos manda entrar e esperarmos.

— Este quarto já não está meio cheio? — pergunta Ayham.

O homem o ignora e bate a porta em seu rosto. Ayham esmurra a porta.

— Ei — grita ele. — Podemos comer alguma coisa?

Não vem resposta do corredor.

— Que bizarro — murmura Sara, voltando-se para os ocupantes do quarto.

Uma mulher com um *hijab* branco olha para nós. Ao lado dela, há duas jovens sentadas placidamente na cama. As três parecem assustadas. A mulher conta que está esperando um carro para levar a família pela fronteira para a Áustria e depois para a Alemanha. No início pareceu um ótimo negócio, mas ela já está esperando aqui há uma semana e os contrabandistas só ficam repetindo que o transporte virá amanhã. Nesse meio-tempo, ela está ficando sem dinheiro. Os quartos aqui são muito caros.

— Este lugar é bizarro — declara Coco baixinho, e se dirige à mulher devagar, como se estivesse falando com uma idiota. — Você já viu, de fato, alguém sair daqui?

A mulher diz que algumas pessoas saíram no dia seguinte à sua chegada, mas que nunca mais soube delas. Coco dá de costas para a mulher e pega o celular. Seu rosto está pálido e ela sussurra, parecendo chocada. Há três dias, diz Coco, a polícia encontrou um caminhão na beira da estrada, logo após a fronteira com a Áustria. No interior havia 71 cadáveres, todos eles sírios. As vítimas sufocaram na traseira do caminhão. O motorista fugiu, deixando os corpos apodrecerem na beira da estrada. Eles já estavam lá havia uma semana quando alguém os encontrou. Sou tomada por uma onda de náusea quando assimilo a notícia. De uma só vez, percebo como estamos vulneráveis. Precisamos sair daqui. Sara já está com a mão na maçaneta da porta. Ela a abre ligeiramente, olha lá fora, e depois novamente para mim, com os olhos arregalados.

— Aquele cara — diz. — Ele está ali fora, no corredor, esperando. Que nem um guarda.

— Estou ficando nervosa — digo. — Eles estão mantendo estas pessoas presas aqui. Eles podem fazer qualquer coisa conosco. Podem nos matar e vender nossos órgãos, ou obrigar a gente a se prostituir como aquelas mulheres lá embaixo.

— Não seja tão dramática — diz Coco.

— Então por que estão nos mantendo aqui? — desafio. — Por que não podemos encontrá-los em algum lugar na cidade quando estiverem com o carro pronto?

Coco dá de ombros.

— Eles só estão ganhando dinheiro — opina.

Sara está digitando no celular, avisando aos outros para saírem e nos encontrarem lá embaixo em cinco minutos. Quando ela termina de enviar a mensagem, abre a porta.

— Entre de volta — diz a voz do corredor.

— Você não pode nos manter aqui — digo por trás de Sara.

— Vamos lá — diz Ayham, passando resolutamente por Sara e saindo do quarto.

Nós o seguimos e disparamos pelo corredor. O guarda parece surpreso, mas não nos impede. Passamos pelo elevador, encontramos as escadas e descemos três degraus de cada vez. Vemos três guarda-costas e o contrabandista sírio nos esperando no saguão. Um dos guardas avança para Ayham, que se esquiva e corre para a saída. Nós o seguimos, descendo as escadas e chegando ao estacionamento.

— Quem vocês pensam que são? — chama o sírio atrás de nós. — Não podem simplesmente ir embora.

Nós continuamos correndo. Viramos à esquerda numa esquina e avançamos pela movimentada estrada principal. Quando paramos em um ponto de ônibus, olho para trás. Eles não nos seguiram. Nós esperamos. Um a um, Zaher e sua família, nossos primos Majed e Nabih e os outros dobram correndo a esquina ao nosso encontro. Um táxi para e desce a janela do passageiro.

— Keleti? — pergunta o motorista debruçado sobre o banco. — Estação de trem?

Nós entramos no táxi. Tivemos sorte em fugir. Pouco mais de uma semana depois, voluntários húngaros seguiram uma denúncia e resgataram cem sírios do Hotel Berlin. Todos tinham sido levados para lá por contrabandistas e obrigados a pagar pequenas fortunas para ficarem presos, esperando indefinidamente por carros com destino à Alemanha que jamais chegaram.

14

O táxi nos deixa em uma praça com grupos de pessoas acampadas à sombra de uma grande e decadente estação. Duas amplas aberturas no pavimento se abrem para um andar inferior para pedestres. No saguão inferior há ainda mais gente dormindo ou perambulando. É um mar de barracas, toalhas e cobertores. A praça tem uma fileira de sete banheiros químicos, com uma única torneira ao lado do reservado mais distante. Estas são as únicas instalações. O ar cheira a dejetos humanos e desespero. Eu olho ao redor em choque. É o pior acampamento que já vi.

As pessoas aqui estão esperando há dias, algumas há mais de uma semana. Não há contrabandistas, portanto, todos esperam para entrar em um trem. A estação é ponto de partida de trens internacionais que atravessam regularmente a fronteira com a Áustria, mas as autoridades húngaras volta e meia a fecham para quem não tem visto, alegando que estão defendendo as leis europeias. No momento, a estação está fora de nosso alcance. Uma fileira de policiais com cassetetes e pistolas presas aos cintos bloqueia as portas. O sol reflete em seus capacetes feitos para motins. É um impasse, um beco sem saída.

Eu me sinto tonta. Estamos no meio da tarde. Tento lembrar a última vez que comi alguma coisa: uma barra de Snickers pouco antes de encontrarmos Lam na fronteira húngara. A última refeição foi o café da manhã no parque em Belgrado, há trinta horas. Eu olho ao redor. Bingo: um Burger King. Aqui mesmo, na praça.

— Vamos comer — digo.

Majed me olha feio, sem cabeça para pensar em hambúrgueres.

— Lá dentro podemos usar a internet — sugiro. — E, hum… pensar no que fazer.

Atravessamos a rua e percorremos um pequeno trajeto em uma rua de comércio sem carros. Os outros esperam do lado de fora enquanto Sara,

Nabih, Majed e eu entramos para pedir os lanches. Quando as portas se abrem, somos recebidos por um vento familiar cheirando a fritura e ar-condicionado. As telas nas paredes estão ligadas na MTV. Nós subimos para comer. Hambúrgueres. Coca-Cola. Wi-Fi. É um paraíso.

Majed logo fica entediado e sai para se juntar aos outros. Ele sabe que estaremos aqui se alguma coisa mudar. Ficamos sentadas nos bancos vermelhos até o sol começar a se pôr na praça. Por volta das sete e meia, Sara recebe um telefonema: é Majed, avisando que arranjou um contrabandista que concordou em nos encontrar em um McDonald's no final da rua. Descemos as escadas e saímos. O sol já desapareceu. A noite é úmida e quente, e o ar fede a diesel. Encontramos Majed e os outros e os seguimos pela rua movimentada. A cada poucos minutos, sirenes da polícia passam por nós. Moradores discutem na rua quente.

Um homem marroquino nos espera dentro do restaurante. Vejo como ele arregala os olhos ao notar que somos trinta. Ele aperta a mão de Majed e pede para nos sentarmos. Nós nos espalhamos pelo lugar. Majed e Zaher ocupam uma mesa com o homem, enquanto Sara e eu nos sentamos em um canto com Bassem, Ayham e nosso primo Nabih.

— Eu poderia comer outro hambúrguer — digo.

Sara bate no meu braço.

— Você não era uma atleta? — pergunta Ayham, sorrindo.

— Cala a boca — respondo. — Nós, atletas, precisamos estar fortes.

Dez minutos depois, Majed se aproxima da nossa mesa para nos atualizar sobre o plano. O contrabandista foi embora porque não queria ser visto conosco, mas concordou em nos levar para a Alemanha esta noite e providenciará carros para nos buscar. Devemos esperar aqui até seu sinal para sairmos. Fico aliviada e surpresa. Foi tudo tão fácil. Estaremos na Alemanha pela manhã.

Nós aguardamos, ouvimos música no celular, tiramos selfies, brincamos. A cada dez minutos, Majed se levanta e espia lá fora. Passa meia hora, quarenta minutos. Finalmente, Majed perde a paciência e tenta ligar para o contrabandista, mas não tem retorno. Ele olha nervoso para os funcionários do McDonald's, que nos observam. Já excedemos o tempo aceitável para ficar aqui, então resolvemos sair para esperar o sujeito na

180 BORBOLETA

rua. À meia-noite, a lanchonete fecha as portas. Exaustos e decepcionados, desistimos do contrabandista e voltamos para a estação Keleti em busca de um lugar para dormir.

Abrimos caminho entre as milhares de silhuetas adormecidas até finalmente encontrarmos um espaço para acampar no átrio subterrâneo. Eu me deito ao lado de Sara sobre uma pilha de roupas. Estou cansada demais para assimilar o barulho e o caos ao meu redor. Fecho os olhos e tento pensar nas ruas sinuosas de Damasco. Vejo mamãe e Shahed mais uma vez, fazendo compras no mercado coberto. As lágrimas escorrem de minhas pálpebras fechadas. Permaneço completamente imóvel para ninguém perceber. Não quero que ninguém saiba que estou sofrendo. Preciso me manter forte. Então espero adormecer, a brisa suave secando as lágrimas em meu rosto.

Na manhã seguinte, acordo e me deparo com crianças revirando o lixo das latas já transbordando. Pego o celular. É segunda-feira, o último dia de agosto. Estamos na estrada há quase três semanas. Quanto tempo ainda vai demorar? Subo com Sara até a praça para entrar na fila dos banheiros. A multidão do lado de fora da estação está acordando. A fileira de policiais ainda bloqueia a porta ornamentada, impedindo qualquer pessoa com a cor de pele errada de entrar e tentar a sorte em um trem.

O telefone de Sara toca e ela se afasta um pouco para atender. Dez minutos depois, ela volta, mas a fila do banheiro quase não avançou. Era Hala, sua amiga de Hanôver, ligando para dizer que seu antigo vizinho de Damasco, um cara chamado Khalil, também está preso em Budapeste. Como eu, ele é adolescente, com dezesseis anos, e viaja sozinho. Hala pediu para Sara tomar conta dele. Mais uma pessoa não fará diferença para a família; temos bastante espaço. Segundo Sara, Hala mandou o rapaz vir nos encontrar aqui na estação.

Logo em seguida, Lam e Magdalena surgem do meio da multidão. Fico incrivelmente feliz em vê-los; eles devem saber o que fazer.

— Por que demoraram tanto? — pergunta Lam, sorrindo radiante para nós, e se dirige a Sara: — E como vai nossa corajosa Antara?

— Ótima, obrigada — diz Sara, sorrindo. — Você sabe como sair daqui?

— Hum — diz Lam, franzindo o cenho. — Essa é difícil.

Após usarmos os banheiros fedorentos, os jornalistas nos seguem até o subterrâneo para se juntarem aos nossos amigos. O resto do grupo acordou. Eles estão sentados colados à parede do saguão, todos tentando freneticamente encontrar uma saída de Budapeste. Umm Muqtada e seu grupo ainda estão esperando o cunhado contrabandista, Ali. Ele deveria encontrá-la na cidade, mas não entrou em contato para marcar o encontro. Zaher e a família passaram a manhã toda tentando falar com todos os contrabandistas que conseguiram descobrir, mas ninguém atende o telefone. Há milhares de nós tentando sair. A demanda por contrabandistas é alta.

Pegar um trem para a Áustria parece ser nossa melhor chance. Lam ouviu dizer que a polícia húngara reabrirá a estação esta manhã por algumas horas e deixará as pessoas embarcarem em um trem que cruza a fronteira. Na teoria, basta comprar uma passagem e entrar, mas não somos os únicos a tentar pegar esse trem. A fila para comprar as passagens já se arrasta há várias horas. Não temos alternativa a não ser tentar. Sara e eu subimos as escadas e contornamos o lado esquerdo da estação, e Lam e Magdalena vêm atrás. Entramos imediatamente na fila irregular que serpenteia de uma entrada lateral até o canto do edifício.

— Meu Deus — diz Sara. — Ficaremos semanas aqui.

Uma garota de colete de sinalização escuta e para. Ela nos diz que não precisamos esperar nesta fila, e explica que existem outras estações na cidade nas quais comprar bilhetes para trens internacionais. Déli, a mais próxima, fica a apenas quinze minutos de ônibus dali. A moça garante que não haverá filas de espera lá, pois a maioria das pessoas não sabe a respeito. Sara agradece à voluntária, que volta a se misturar à multidão. Outra estação. Vale a pena tentar. Sara desce de volta para se oferecer para comprar as passagens dos outros. Eu me sento no chão de concreto para esperar com Magdalena. Lam está fotografando a fila de desesperados por bilhetes. Ele levanta o rosto para mim. Eu devia estar franzindo o cenho de curiosidade para ele.

— Também fui refugiado — confessa Lam com um sorriso. — Então não faz mal eu estar tirando fotos.

Fico surpresa. Eu não estranhara ele tirar fotos de nós. É uma situação bizarra. O mundo deveria vê-la.

182 BORBOLETA

— Não me importo que você tire fotos de nada — digo. — É seu trabalho.

Ele retoma o trabalho, fazendo uma pausa na conversa.

— Como assim, você foi um refugiado? — pergunto.

— Cresci no Laos, depois fui para a França — explica. — Agora eu sou francês.

Eu não pergunto mais nada. Lam levanta a câmera novamente e o observo trabalhar. Então Lam também foi um refugiado. Aquela palavra. Refugiado. Acho que, após receber aquele nome, nunca se consegue se livrar dele. Olho para Lam com respeito e admiração. Ele já fugiu uma vez. Fico espantada por ele estar aqui vivendo aquilo tudo conosco novamente. E não é apenas para tirar algumas fotos boas — ele se esforçou para nos ajudar.

Sara volta com um dos irmãos, Bassem, e nosso primo Majed. Majed vai até a Western Union, no final da praça. Quando volta, entrega para Sara um maço de dinheiro suficiente para comprar passagens para nós três e Nabih. Sara enfia a mão pela gola da camiseta e tira do sutiã um rolo ainda maior de notas. Ela acrescenta nossa parte ao maço e o guarda.

— Ei — diz Lam, levantando a câmera. — Faça isso novamente. Quero tirar uma foto.

Sara sorri e refaz o movimento, partindo em seguida com Bassem para a outra estação de trem. Eu os vejo se afastando pela praça. Meu estômago ronca alto. Estou morrendo de fome. Quando estou prestes a sugerir comer alguma coisa, Lam se levanta de um salto e sai correndo em direção à entrada da estação com Magdalena logo atrás. Eu sigo os jornalistas. Uma multidão imensa se reuniu nas escadas lá fora. Centenas de pessoas frenéticas, gritando, empurrando e acotovelando umas às outras. A polícia fica de um lado e apenas observa o caos. Eles abriram a estação e estão permitindo que qualquer pessoa com uma passagem tente se aglomerar em um trem para a Áustria.

Evito a onda de gente e desço de volta para me sentar com os outros. Uma nova multidão está abrindo caminho para o nível inferior da estação. Mamãe está de pé observando o tumulto com as mãos na cintura e o filho Zaher ao lado. Ambos parecem céticos. Não queremos tentar pegar um trem se isso implica no risco de ser pisoteado até a morte no processo. Decidimos esperar até tudo se acalmar. Além disso, assim pode ser mais seguro. Se deixarmos este trem ir primeiro, podemos ver se ele realmente atravessa a fronteira com a Áustria. Afinal de contas, tudo isso pode ser uma armadilha, um truque para limpar a estação e levar todo mundo das ruas para um acampamento. Nesse caso, ou ficaríamos presos na Hungria para sempre, ou seríamos mandados de volta. Nós ouvimos as histórias. Ninguém confia nas autoridades aqui. É melhor esperar e ver no que dá.

Sara e Bassem chegam com as passagens uma hora depois. A multidão que se empurrava no corredor subterrâneo se dissipou. O primeiro trem já partiu. Quem não entrou se retirou para os acampamentos improvisados na estação. Sara sorri triunfante e agita um punhado de papéis retangulares no ar. A outra estação ferroviária estava completamente vazia, diz, sem fila de espera alguma. Ela distribui as passagens, válidas para o dia seguinte. É uma aposta. Ninguém sabe se a estação ainda estará aberta para nós amanhã.

Um adolescente surge da multidão e para ao meu lado. Sua pele é pálida e os cabelos, castanhos e cheios, e ele veste um colete acolchoado preto, calça de moletom da mesma cor e tênis brancos.

— Você é a Sara? — pergunta ele.

— Não, Sara é ela ali — digo, apontando para minha irmã. — Você é o Khalil?

O rapaz abre um sorriso largo e atrevido. Eu simpatizo com ele imediatamente.

— Oi — diz Sara. — Então, você vem conosco? Comprei um bilhete para o trem de amanhã.

Khalil senta-se ao nosso lado, imediatamente tornando-se parte da família. É evidente que ele está aliviado por ter companhia. Estamos todos juntos nessa. Naquela noite, matamos tempo no Burger King enquanto a noite cai sobre a praça, postando selfies no Instagram e conversando com amigos de casa. De repente, meu telefone se acende e zumbe com uma enchente de notificações. Novos seguidores. Muitos. Eu verifico as contas. Todos belgas. Depois de quebrar a cabeça atrás de uma explicação, imagino que deve ser por causa de Steven, o jornalista que conheci no parque em Belgrado. Será que apareci na TV belga e os telespectadores querem acompanhar minha jornada pelo Instagram? Deve ser isso. Fico encarando o celular incrédula enquanto as notificações continuam chegando. Fico satisfeita e desconcertada com a reação. Sou só uma menina da Síria querendo ir para a Alemanha. Deve haver milhares de outras como eu fazendo a mesma viagem. Por que estão interessados logo em mim?

De repente me dou conta de que Steven talvez possa nos ajudar a sair daqui. Ele é repórter de TV, deve ter muita experiência de vida. No mínimo, saberá o que está acontecendo. Escrevo para ele, contando onde estamos e nosso plano de pegar o trem no dia seguinte. Ele responde, pedindo para que eu permaneça em contato e me avisando para tomar cuidado.

Majed vem nos encontrar no Burger King. Ele não quer dormir mais uma noite na estação, e com toda razão. O lugar é perigoso e imundo. Nós decidimos encontrar um hotel. Khalil, o novo integrante do grupo, diz que vai se juntar a nós, mas os outros ficam na estação. Por mais que saibamos que um hotel sairá caro, estamos dispostos a pagar pela segurança. Caminhamos pela longa e movimentada rua de volta na direção do McDonald's. Tentamos todos os hotéis pelos quais passamos. Todos os recepcionistas pedem para ver nossos passaportes ou simplesmente dizem abertamente que não estão hospedando refugiados. Finalmente, chegamos a um hotel com uma fachada antiquada, de arquitetura antiga. Talvez, se tentarmos um hotel mais caro, eles façam menos perguntas. Entramos pelas portas de correr e nos aproximamos da recepção como se fôssemos apenas uma família normal de férias. Americanos, talvez. A aposta vale a pena: nada de passaporte, nada de documentos. Fico encarando os lustres extravagantes no saguão. O preço é bem alto, mas, para evitar outra noite na estação, teríamos pagado mais com prazer.

Deixamos o hotel no dia seguinte e voltamos para a estação bem cedo para encontrar os outros antes de pegar o trem. Quando chegamos, ficamos perplexos. Há fileiras da tropa de choque em ambas as entradas. A estação está fechada novamente, mas desta vez eles a trancaram por completo. Não estão deixando ninguém entrar ou sair; nem a gente, nem moradores, nem turistas.

Partimos atrás de Zaher, abrindo caminho pelas famílias, cobertores e barracas no piso inferior. Como antes, sinto uma pontada de culpa quando nos aproximamos de nossos amigos. O quarto do hotel era tão confortável, e eu teria pagado quartos para todos eles se pudesse. Zaher parece deprimido e diz que estávamos certos por desconfiar do trem de ontem. Ele jamais chegou à Áustria. A polícia interceptou o trem no caminho e prendeu todos os passageiros que não tinham vistos válidos. Olho para a fileira sombria da tropa de choque bloqueando a porta e depois para a passagem na minha mão. Mesmo se quiséssemos, não poderíamos pegar nosso trem hoje. Centenas de euros jogados fora. Eu luto contra a sensação crescente de desespero.

Então escuto os gritos vindos da praça lá em cima.

— Alemanha, Alemanha, Alemanha.

Seguimos os irmãos Ayham e Bassem pelas escadas para ver o que está acontecendo. Uma multidão enfurecida, em sua maioria homens, se reuniu do lado de fora da estação. Lam está na frente da multidão, tirando fotos. Ao seu lado, Magdalena nos vê e acena. Nós nos juntamos a eles.

— Alemanha, Alemanha, Alemanha — entoam os homens, seus punhos cerrados para o alto.

Eles batem em garrafas plásticas de água e agitam passaportes sírios para cima.

— Vocês pegaram nosso dinheiro — grita um homem em árabe, brandindo seu bilhete de trem inutilizável ao meu lado. — Seus ladrões. Nos deixem entrar no trem!

— Abram a estação — insiste a multidão. — Alemanha, Alemanha, Alemanha. Angela, Angela, Angela.

— Quem é Angela? — pergunto a Sara, que dá de ombros.

— Angela Merkel — esclarece Magdalena. — A líder da Alemanha.

Ah, essa Angela.

Um cordão da tropa de choque forma um muro diante do protesto, imóvel e ameaçador. Eles usam máscaras no rosto como se tivéssemos doenças mortais transmitidas pelo ar. A multidão se agita mais. Um homem rompe a fileira de policiais. A polícia pula sobre ele e toda a multidão pulsa com a movimentação. À minha esquerda, um outro batalhão avança em formação. Sara puxa a mim e Khalil pelo braço e nos empurra de volta pelas escadas rumo à segurança do saguão. Estico o pescoço bem a tempo de ver Ayham, Bassem e nosso primo Nabih seguirem Lam pelo meio da multidão.

Lá embaixo, as mulheres estão reunidas em grupos sem dizer nada, ouvindo a algazarra. Em um canto, diversos voluntários montaram uma tela e estão projetando um episódio de Tom e Jerry. Sentadas de pernas cruzadas na frente da tela, uma série de crianças pequenas. Entre elas, hipnotizadas pelo desenho, estão Mustafa, o menino de Idris, e os filhos de Umm Muqtada. Sento-me perto e tiro o celular do bolso. Passo pela lista de contatos. Quem poderia nos ajudar? Vou tentar Steven novamente. Clico em seu contato e gravo uma mensagem.

— Estou com milhares de pessoas aqui. Houve algum problema e a polícia está prendendo as pessoas. É perigoso e não sabemos o que fazer. Eles estão deixando as pessoas comprarem as passagens, mas fecharam a estação. Estão roubando nosso dinheiro. Ninguém poderá partir daqui. Venha a Budapeste e nos ajude!

Quando termino de gravar, apoio as costas na parede imunda do saguão. Fecho os olhos e vejo os punhos raivosos golpeando o ar enquanto os gritos continuam vindo lá de cima. Por que essas pessoas não nos deixam ir? Nós não queremos ficar e eles não nos querem aqui, mas nos puseram em uma armadilha. Não temos como continuar nem voltar. Apoio a cabeça entre as mãos e pressiono as palmas nas pálpebras, lutando contra as lágrimas. É quando sinto alguém tocar no meu ombro. Sara. Ela oferece a mão e me ajuda a levantar. Fugimos dos protestos e nos retiramos para o Burger King. Em seguida, para o hotel.

Na manhã seguinte, encontramos os manifestantes já na praça em frente à estação, gritando, entoando e batendo palmas. Eles seguram placas feitas de pedaços de papelão: "Nós amamos a Alemanha", "Nós amamos Merkel" ou simplesmente "Nos ajudem". No piso inferior, Umm Muqtada está transtornada. Ela ainda está esperando um retorno de seu contrabandista, Ali. O grupo com o qual ela viaja está ficando impaciente. Ninguém sabe por quanto tempo ficaremos presos neste poço. Passamos a maior parte do dia enfiados no Burger King enquanto os adultos ficam no andar inferior da estação, debatendo os próximos passos. Estou entediada. Todos estão escrevendo ou mexendo no celular. Quando pergunto à Sara o que ela está fazendo, ela me diz que está escrevendo para Mogli, o contrabandista da Turquia. Ele a adicionou no Facebook.

— Você está louca?

— Qual é o problema? — pergunta Sara, tomando um gole de Coca-Cola. — Talvez ele possa nos ajudar.

— Hum, você já esqueceu da vez em que ele nos enfiou naquele barco, pulou fora e nos abandonou para nos afogarmos?

Sara levanta as sobrancelhas e volta a mexer na tela do telefone. Envio mais uma mensagem de voz para Steven, perguntando se ele supõe que a estação vai abrir e poderemos pegar um trem, ou se devemos procurar um contrabandista para nos levar à Áustria. Digo que estamos com medo de que a polícia nos pegue, tire nossas impressões digitais e nos mande de volta para a Grécia ou — pior ainda — para a Turquia. Steven já voltou para a redação em Bruxelas e me envia uma foto de um alerta que apareceu em sua tela. A estação está aberta novamente, mas não há trens internacionais em funcionamento. O primeiro-ministro húngaro foi a Bruxelas a fim de debater a situação com a Comissão Europeia. Eu suspiro e agradeço. É evidente que ele não tem como nos dizer o que fazer.

Voltamos à passagem subterrânea no meio da tarde e encontramos o contrabandista Ali sentado com nossos amigos. Ele finalmente apareceu. À primeira vista, não gosto dele, que tem um ar presunçoso e arrogante. Ele usa uma camisa e calça jeans, e não tirou os óculos escuros, mesmo estando em um lugar fechado. Ali está explicando a Umm Muqtada que providenciará o primeiro carro para a Alemanha hoje à noite. Ele se oferece para voltar mais tarde com uma van e levar o resto do grupo. Seria um furgão, explica, apenas uma cabine e um compartimento vazio na parte traseira, sem assentos. Teríamos que nos sentar no chão durante toda a viagem de cinco horas pela Hungria e Áustria até a fronteira alemã. Majed se levanta e pede para o acompanharmos. Nabih, Khalil, Sara e eu nos levantamos e o seguimos por uma esquina.

— O que acham? — pergunta Majed.

— Sobre o furgão? — diz Sara. — Ou sobre aquele idiota lá atrás?

Khalil ri.

— Sobre o furgão — diz Majed, franzindo o cenho. — Devemos pedir a Ali para nos levar também?

— Não — diz Sara. — De jeito nenhum. Já esqueceu daquela história da semana passada, dos sírios que sufocaram em uma van como essa? Podemos sobreviver no mar, mas não em um furgão sem ar.

Digo a Majed que também não confio nesse Ali. Ele nos abandonaria ao primeiro sinal de problemas. Veja só como ele tratou a pobre Umm Muqtada, mesmo ela sendo esposa do irmão dele. Ele não respondeu às mensagens dela durante dias, deixando-a sozinha com duas crianças pequenas para atravessar o mar, atravessar a fronteira com a Hungria. Estamos desesperados, mas não tanto.

Majed suspira. Os trens que atravessam a fronteira com a Áustria ainda não voltaram à atividade. A única maneira é tentar encontrar outro contrabandista, alguém em quem confiemos. Quando voltamos para nos juntar aos outros, Ali está finalizando os planos com o resto do grupo. Ele buscará Umm Muqtada e os filhos mais tarde e enviará uma van para Zaher e a família dele o mais rápido possível. Depois, enviará um terceiro veículo para buscar Coco e os outros, mas não sabe quando. Ali se afasta em direção às escadas. Umm Muqtada se levanta, pega os dois filhos pela mão e também se afasta para arrumar suas coisas.

— Você tem certeza sobre esse cara? — pergunta Majed a Zaher assim que ela sai.

— Não tenho muita escolha — confessa Zaher. — Não podemos continuar gastando centenas de euros em bilhetes de trem sem utilidade, esperando que nos deixem embarcar.

— Parece que Ali já está bem ocupado com vocês — diz Majed. — Nós vamos dar outro jeito.

Deixamos os outros e passamos a noite falando com alguns dos contatos indicados por Mogli. Marcamos encontros com três contrabandistas diferentes: dois húngaros e um marroquino. Nenhum deles aparece. Cansados e derrotados, voltamos para o hotel.

Na manhã seguinte, na estação, Zaher e a família não estão no lugar de sempre. Os irmãos Bassem e Ayham também se foram, assim como Umm

Muqtada e os filhos. Só restaram Idris e o pequeno Mustafa, Loirinho, a libanesa Coco, Ahmad, da Latakia, suas irmãs e alguns outros. Eu me sinto estranhamente só. Sinto saudade de Kamar e de Mamãe. Nós nem nos despedimos.

Lam e Magdalena saem devagar da multidão.

— Seus amigos foram embora? — pergunta Lam.

Eu afirmo com a cabeça.

— Então qual é o plano? — continua ele.

Eu dou de ombros; nós não temos plano. A situação parece mais desesperadora do que nunca. Lam aponta para as escadas que levam à estação, na direção do habitual tumulto de gente tentando entrar no prédio. Segundo ele, circulam rumores de que a polícia deixará alguns trens com destino à fronteira partirem hoje. Poderíamos tentar comprar outro bilhete e ver se embarcamos em um. Se ficarmos quietos, continua ele, se não nos entregarmos por falar alto em árabe, talvez consigamos chegar à Áustria. Vale a pena tentar. Não há outra saída.

Espero com Nabih e Khalil no Burger King enquanto Sara e Majed voltam a Déli, a outra estação, para comprar novas passagens. Das janelas no segundo andar da lanchonete observamos o enxame lutando para entrar na estação. A polícia está a postos vigiando a onda. Equipes de filmagem para a TV enfileiram-se no perímetro da praça. É um caos.

Sara e Majed voltam no final da tarde com bilhetes para o trem das oito horas. Ao pôr do sol, a multidão na estação já se dissipou. Encontramos Lam e Magdalena enquanto Majed vai buscar sanduíches para a viagem. Os jornalistas carregam grandes sacos nas costas.

— Nós vamos com vocês — anuncia Lam.

Eu sorrio. Será bom tê-los conosco. Se alguma coisa acontecer, Lam saberá como agir. Embora não haja policiais por perto, sinto meu estômago dando cambalhotas de nervoso quando entramos na estação. Percorremos a plataforma ao lado de um velho trem verde. Na liderança, Majed sobe no último vagão e senta-se a uma mesa. Eu o acompanho e ocupo o banco junto à janela, de frente para ele. Atrás de mim, vêm nosso primo Nabih, Sara, Loirinho, Khalil, Lam e Magdalena. Nosso amigo Abdullah, que decidiu se juntar em cima da hora, é o último. Verifico a hora no celular. Quase oito. Faltam só cinco minutos para partir. Eu olho à minha volta. Não há mais ninguém no vagão além de nós, até que, em frente, a porta se abre e uma jovem loira entra. Ela se senta na outra extremidade, perto da porta.

Finalmente, o trem começa a andar. Eu sorrio para os outros. Enfim estamos saindo daqui. Eu olho pela janela e vejo trens de carga esperando em um depósito em frente a um armazém mal-cuidado. Os trilhos atravessam uma estrada, bondes amarelos serpenteiam pela rua abaixo. Atravessamos uma ponte sobre um rio largo, raso e de um verde que parece desbotado no crepúsculo.

Estamos exaustos. Abdullah se levanta e se larga em um canto no fundo do vagão, tirando o suéter pela cabeça. Magdalena levanta os olhos do telefone. Não há nenhuma garantia de que chegaremos na Áustria, ela nos lembra. Podemos estar entrando em uma armadilha. Hoje cedo, a polícia interceptou outro trem em direção à fronteira em Bicske, uma cidade nos arredores de Budapeste. Há um impasse acontecendo: os policiais tentam tirar todos os imigrantes à força do trem e os leva para um acampamento. Então é verdade. Os trens de hoje foram mais um truque. Uma armadilha da polícia para limpar a estação. Eu olho para Majed, que está olhando pela janela. Ele não entendeu.

— Então a polícia também pode interceptar este trem? — pergunta Sara.

— Eu não sei. Acredito que não — diz Magdalena. — O tiro deles saiu pela culatra. As pessoas estão se recusando a sair do trem. Há inúmeras equipes de TV por lá. Suponho que eles não vão tentar fazer isso novamente.

— É, acho que vamos descobrir — oferece Lam.

Ele se volta para a Sara e continua:

— Vocês estão com seus passaportes, certo?

Sara assente. Os passaportes ainda estão nas bolsas impermeáveis que compramos para a travessia marítima.

— Eu estava pensando que talvez seja bom escondê-los bem — sugere Lam. — Só por precaução.

Ele tem razão. Se formos apanhados e a polícia puser as mãos nos nossos passaportes, podemos ter problemas futuros na Alemanha. Nossos passaportes ainda estão escondidos em segurança dentro dos sutiãs, mas não faço ideia do que os outros fizeram com os deles. Sara traduz a sugestão de Lam para os outros. Majed dá de ombros e coloca seu passaporte em cima da mesa, levando os outros a fazerem o mesmo. Sara reúne os documentos, tira a bolsa impermeável do sutiã e guarda tudo junto. Depois ela a esconde de volta por dentro da camiseta. Lam sorri para ela.

— Boa — diz ele.

Pela janela, fico observando as árvores cercarem ambos os lados do trem conforme os trilhos cruzam uma pequena floresta. Ao longe é possível ver campos, um vale, mais depósitos e armazéns. De repente, os freios do trem chiam e o veículo começa a diminuir de velocidade. Estamos parando. Passamos devagar por uma placa em uma plataforma: Kelenföld.

Magdalena tira os olhos do caderninho e olha para a porta do vagão. Ela espera, observando com atenção. Alguns minutos depois, o trem volta a avançar e ela volta a escrever. À medida que ganhamos velocidade, o trem começa a chacoalhar. Lá fora, há um campo de mil girassóis, seus caules dobrando-se com o cair do sol. Eu contabilizo de hoje para trás: seis dias. Apenas seis dias na Hungria. Parece que foram meses.

Os freios do trem chiam de novo e ele diminui a velocidade até parar em mais uma estação. Outra placa: Tatabánya. Magdalena abaixa a caneta e olha novamente para a porta do vagão. Lam levanta o rosto da tela de sua câmera e os jornalistas trocam olhares. Portas batem, vozes murmuram no corredor externo, mas a porta do nosso vagão permanece firmemente fechada. O trem parte novamente e os jornalistas voltam ao trabalho.

Continuamos mudos. Já é noite e a luz do vagão do trem reflete na janela preta. Eu observo os reflexos dos outros. Khalil está dormindo. Do outro lado da mesa, Majed mexe no celular. Sara me vê pelo reflexo da janela e sorri, sonolenta. Na outra ponta do vagão, a moça loira olha pela janela e fala calmamente no telefone. Nabih boceja, estica os braços para cima e pede a Majed algo para comer. Majed se abaixa e tira um saco de papel do chão. Ele espalha uma pilha de sanduíches na mesa. Sara e eu pegamos um. Nabih reúne quatro e os deixa na mesa oposta para Khalil, Loirinho, Lam e Magdalena.

— Obrigado, mas nós temos nossa própria comida — diz Lam.

192   Borboleta

Nabih insiste. Os jornalistas aceitam dividir um. Nabih pega o sanduíche que sobrou e o leva para a outra ponta do vagão, onde Abdullah ainda está dormindo profundamente. Nabih acena na frente do rosto de Abdullah, mas ele está apagado. Dando de ombros, ele passa por nós e vai até a garota. Ela o observa com receio à medida que ele se aproxima. Nabih lhe oferece o sanduíche.

— Você quer? — pergunta ele em inglês.

A menina balança a cabeça. Depois, abruptamente, ela desmorona em soluços altos. Nabih olha para nós, desnorteado, e a menina esconde o rosto entre as mãos, os ombros tremendo. Magdalena e Lam se olham.

— O que foi? — pergunta Magdalena, se levantando. — O que aconteceu?

No final do vagão, Nabih está recuando lentamente da menina. Magdalena atravessa o corredor na direção dos dois. Nabih volta ao seu lugar, parecendo abalado.

— O que aconteceu? — pergunto. — O que você disse?

— Nada, eu juro. Eu só ofereci o sanduíche.

Lam se levanta e vai até onde Magdalena e a menina estão conversando em voz baixa. O trem está desacelerando novamente, os freios fazendo barulho. Na plataforma, pela janela, vejo outra placa: Györ.

— Esta é a última parada antes da fronteira com a Áustria — declara Majed.

Quando as portas do trem se abrem, escutamos passos no corredor lá fora. Ouço Lam levantar a voz no final do corredor. Magdalena olha para trás quando a porta do vagão se abre. Quando vejo, sinto um embrulho no estômago. Um policial está parado na porta.

15

O policial marcha na nossa direção, seguido por três colegas: dois homens, e uma mulher. Eles usam uniformes azul-marinho e cintos com pistolas e lustrosos cassetetes pretos pendurados. Os quatro chegam à nossa mesa.

— De onde vocês são? — ladra a policial.

Ela é jovem e usa os cabelos escuros presos em um rabo de cavalo comprido. Eu olho para Majed, que está pálido e parecendo ligeiramente enjoado. Sara assume o comando. Ela olha a policial fixamente nos olhos.

— Nós somos da Síria.

— Ok — diz a policial. — Desçam do trem. Todos vocês. Agora.

No início estou atordoada demais para me mexer. Depois vejo Lam nos olhando por trás do último policial. Ele pisca para mim e eu consigo abrir um sorriso. Nós recolhemos nossos pertences, saímos do vagão e descemos para a plataforma. A polícia nos cerca como se fôssemos marginais perigosos. Magdalena e Lam se juntam a nós.

— Para onde vão levá-los? — pergunta Magdalena.

— Quem é você? — pergunta um dos policiais, notando sua presença pela primeira vez.

— Somos jornalistas. Se os machucarem, nós publicaremos.

— Não nos ameace — adverte a policial.

Magdalena olha feio para a policial e se coloca ao meu lado e ao de Sara. Foi aquela loira, sussurra Magdalena. Ela chamou a polícia e contou onde estávamos sentados. A menina disse a Magdalena que achou que éramos pessoas ruins, terroristas prestes a bombardear o trem. Depois, quando nosso primo Nabih lhe ofereceu a comida, ela se arrependeu.

— Que idiota — diz Sara em voz alta. — Ela não enxerga que somos apenas seres humanos como ela?

A polícia nos faz sair da plataforma e atravessar portas de correr que dão no grande saguão de entrada da estação. Viramos à esquerda e entramos em uma sala de espera. Os policiais nos sentam lado a lado em um banco de madeira. Atrás de nós, há uma grande janela aberta para a plataforma. Eu me viro e vejo nosso trem partir, rumo à Áustria. Estávamos tão perto. Espere. Abdullah. Eu olho para os lados e vejo que ele não veio conosco. Ele ainda deve estar no trem, provavelmente dormindo, atravessando a fronteira sem a mínima ideia do que aconteceu.

A polícia se enfileira diante de nós. Atrás deles, Lam tira fotos e Magdalena escreve no bloco de notas. Loirinho está sentado na extremidade do banco, à minha esquerda. Um dos policiais para na sua frente.

— Levante-se — ordena o policial, gesticulando.

Loirinho fica de pé e o policial o revista. Depois, ele exige ver sua bagagem. Loirinho entrega a pequena mochila e o homem a esvazia no chão.

Meu estômago se revira. O que a polícia fará quando encontrar nossos passaportes? Será que vão tirar nossas impressões digitais? Vão nos registrar contra nossa vontade? Eles poderiam nos obrigar a ficar na Hungria ou, pior ainda, nos mandar de volta para onde começamos. Olho para os lados freneticamente. Precisamos atravessar a fronteira. Precisamos continuar. Precisamos chegar à Alemanha.

A policial se aproxima de mim e me manda levantar. Ela também me revista. Entrego o celular e, em seguida, ela esvazia minha bolsa. Meus poucos pertences são espalhados no chão. A mulher pega um pedaço de papel e vira para ler o verso. É o cartão de visita do hotel onde nos hospedamos em Budapeste. Ela pergunta o que é aquilo, mas, quando dou de ombros, ela diz algo em húngaro para os outros policiais e o grupo ri.

— Certo — diz Sara em árabe. — Pelo visto esses caras se acham grande coisa, hein?

Khalil explode em gargalhadas.

— Uuuuh, que homens grandes, que pavor de seus bastõezinhos de plástico — zomba Sara. — Aposto que suas esposas batem neles com isso quando eles chegam em casa. Que medo.

Nabih e eu também começamos a rir. Apesar de saber que não é apropriado e pode até ser perigoso, não consigo evitar — a situação é absurda demais. Loirinho e Majed continuam de cabeça baixa encarando o chão, humilhados. Eles não estão rindo. Um dos policiais se aproxima de Sara e exige saber do que estamos rindo. Sara o olha fixamente nos olhos.

— Estávamos só dizendo que não temos medo de vocês.

— Por que não? — indaga ele. — Deviam ter.

— Sabe de uma coisa? — digo à policial. — Qual é a pior coisa que vocês podem nos fazer? Levar todos nós para a cadeia?

A mulher olha surpresa para mim.

— Nós sobrevivemos ao mar — continuo. — O que vocês poderiam fazer conosco agora?

A mulher não diz nada. Lam sorri e continua tirando fotos. Nabih e eu fazemos caretas para a câmera enquanto Magdalena observa, horrorizada. Outro policial se aproxima de Majed, sentado de frente para mim e olhando fixamente para o chão. O policial ordena que ele se levante. Dou uma leve cotovelada em Majed e ele obedece. O policial o revista e esvazia sua bolsa no chão. Majed entrega o celular.

Sara é a próxima. Está quase terminando, mas ela está com nossos documentos. Meu coração está batendo forte. É agora. E se eles nos mandarem de volta para casa, de volta para os bombardeios? Naquele exato instante, um telefone toca. O policial que revistou Majed diz algo em húngaro e sai da sala de espera. A policial se vira para seus colegas.

Sara tira proveito da distração. Ela segura a mochila na frente do corpo e começa a mexer com algo ao redor do pescoço. Depois, tosse alto. Majed levanta os braços para o alto como se estivesse se alongando. Sara abaixa a cabeça até a mochila e levanta a mão esquerda até o ouvido. Eu não acredito. Ela está segurando o saco impermeável contendo nossos passaportes. Majed pega o objeto e o enfia no bolso. Estamos com sorte. Ninguém notou.

O primeiro policial retorna à sala de espera e a policial volta a revistar Sara. Ela manda Sara se levantar e a apalpa. Depois que Sara entrega o celular, a mulher esvazia sua bolsa. Nenhum passaporte. Eu solto um suspiro de alívio. Boa jogada, Sara. É quase impossível não rir.

Uma luz azul intermitente vinda da rua atravessa a sala de espera. O policial alto nos manda ficar de pé. Guardo meus poucos pertences na bolsa e sigo os outros pelo hall até sairmos pelas portas da estação. Há uma caminhonete branca da polícia nos esperando no estacionamento. O policial nos leva para a traseira e abre as portas duplas. Vejo duas fileiras de cadeiras de plástico branco viradas uma para a outra no interior do veículo. No fundo, uma cadeira dobrável presa na divisória com a cabine do motorista. Na escuridão, só consigo identificar um homem sentado naquele banco ao fundo. Nós nos amontoamos na caminhonete enquanto, lá fora, Lam e Magdalena observam horrorizados as portas duplas se fecharem após entrarmos.

— Olá — diz o homem no banco, sorrindo e exibindo os dentes brancos no escuro.

Eu quase morro de susto. Sara ri. Sob a luz que entra pela janela, vejo a camiseta multicolorida e a calça vermelha do sujeito. Quando o motor arranca, ele aponta para trás, em direção aos dois policiais na cabine.

— Olha, olha, olha, olha, olha, olha — diz ele com um forte sotaque afegão.

Eu abafo uma risada. A caminhonete vira uma esquina e desce uma estrada. O homem pega seu celular e sorri novamente. Ele mexe no telefone até uma música pop grudenta começar a chiar dos alto-falantes. Ele levanta as mãos.

— Olha, olha, olha, olha, olha, olha.

Agora estamos todos rindo alto. A histeria se instala dentro da van. É como uma descarga de tensão: rir me dá coragem e força, me ajuda a sentir como se eu pudesse enfrentar seja lá o que esteja por vir.

— Mande-o calar a boca — diz Majed. — Ele vai colocar todos nós em apuros.

O homem aponta para mim.

— De onde? — pergunta ele.

— Síria.

— Ah.

Ele põe a mão no bolso e puxa um passaporte vermelho escuro. Depois, o abre na página da foto de identificação e o posiciona sob a luz da cabine. A foto não tem nada a ver com ele, sendo evidentemente uma falsificação barata. Ele aponta para si e diz, sorrindo:

— Italiano.

O caminhão diminui de velocidade e para. Ouvimos portas batendo e depois as portas duplas se abrem, permitindo que a luz externa inunde a van. A policial manda sairmos um de cada vez. Eu espero enquanto os outros se preparam para sair para o breu da noite. Então eu saio e olho em volta. Estamos em uma espécie de curral, cercados por celeiros altos. A policial me puxa pelo braço até um contêiner temporário entre os celeiros. Entramos em um pequeno escritório com uma escrivaninha, um armário de arquivos e duas cadeiras. No canto há uma máquina bege parecida com uma fotocopiadora. A mulher aponta para a máquina. Ao me aproximar, vejo que não se trata de uma fotocopiadora. Há uma placa de vidro quadrada com uma pequena tela por cima.

— Nome, data e local de nascimento — diz a policial.

— Yusra Mardini, 5 de março de 1998, Damasco. Fica na Síria.

A policial olha para mim, tentando identificar se estou zombando dela. Ela vira de costas e digita alguma coisa na máquina. Em seguida, ela me manda estender a mão esquerda e pressiona a ponta dos meus quatro dedos para baixo no vidro iluminado. Quatro manchas escuras aparecem na tela. Ela pega um de meus dedos de cada vez e pressiona e rola as pontas no scanner, repetindo com minha mão direita depois. Minhas impressões digitais. Registradas no sistema. Meu coração aperta. O que isso poderá significar mais tarde? A policial mexe em uma gaveta na escrivaninha, puxa uma câmera de dentro e tira minha foto. Por fim, ela mostra uma bandeja plástica cinza.

— Cadarços — ladra ela.

Eu dou de ombros, tiro os cadarços do meu tênis e os entrego. Ela aponta para a pulseira de corda no meu pulso. Eu a removo e coloco na bandeja. A policial pega minha bolsa e a deixa em um canto com as outras. Já era. Ela segura meu braço e me arrasta para fora do escritório na direção do celeiro à esquerda. O lugar cheira a animais. As paredes são forradas com grades de três metros de altura, demarcando uma série de estábulos. Os estábulos são abertos no alto, criando um vão até o telhado de ferro corrugado.

A policial me acompanha até o final da fila e para diante do último estábulo. Através das grades, vejo Sara e nossos primos Nabih e Majed já no interior. A policial destranca a porta e eu entro. Grande parte do piso é ocupada por seis espreguiçadeiras de plástico branco, e há alguns restos de feno espalhados pelo chão. A policial tranca a porta e se afasta.

— Bom, isso foi interessante — digo assim que ela se afasta. — Que história foi aquela com os cadarços?

— É, ela pegou os meus também — diz Sara. — Como se eu pudesse me suicidar com um cadarço. Que piada. Eu falei que, se quiséssemos morrer, teríamos ficado na Síria. Até parece que eu me deslocaria tanto para cometer suicídio neste lixo de país.

A porta do estábulo se abre novamente, e Khalil e Loirinho entram. Um policial tranca a porta e joga um grande pacote por cima da grade. Eu o abro e tiro de dentro um pedaço de tecido, uma manta de lã cinza. Quando desdobro o pano, me deparo com letras brancas dizendo "ACNUR: Alto Comissariado das Nações Unidas para Refugiados".

O policial volta com uma caixa de papelão nos braços. Ele tira um pacote pequeno e oval da caixa e o atira por cima da grade também. O objeto cai no piso de concreto com um baque suave. Um segundo pacote sobrevoa, seguido por um terceiro, um quarto, um quinto. O último pousa no feno no fundo do estábulo. Eu vou até lá e o pego, descobrindo que se trata de um sanduíche embrulhado em plástico filme. Quando desembrulho o plástico, sou tomada de assalto por um cheiro fétido de frango processado e borrachudo. Que nojo. Eu não vou comer isso. Os outros nem olham para cima. Deixamos a comida onde ela caiu.

Ocupo uma das espreguiçadeiras entre Nabih e Khalil, que parecem desalentados. Minha mente dispara. As lágrimas fazem meus olhos arderem. Nosso amigo Abdullah já deve estar na Áustria. Talvez ele já esteja até em outro trem para a Alemanha. Aquela mulher. Por que ela não podia ter simplesmente deixado a gente em paz? Eles tiraram nossas impressões digitais. Isso significa que acabou? Será que vão nos mandar de volta para a Turquia, para a Síria? Mesmo que cheguemos à Alemanha, será que nos mandarão de volta para a Hungria? Mas talvez ainda esteja tudo bem. Meu primo Nabih e eu temos menos de dezoito anos, então somos menores de idade. Sara e Majed são nossos responsáveis legais. Ouvimos dizer que os países europeus não deportam menores e seus responsáveis, embora não tenhamos certeza. Isso é tudo o que temos. Rumores e leis confusas.

Sara olha para mim e depois para Khalil. Estamos ambas à beira das lágrimas, famintas, assustadas e confusas.

— Ei — diz ela, sorrindo. — Não se preocupe. Eles não podem nos manter aqui para sempre.

Sara vai até a outra extremidade do estábulo, dá meia-volta e continua andando.

— Sabe — continua ela —, você tem que dizer *Alhamdulillah*, louvar a Deus. Esta manhã, estávamos comendo hambúrgueres no Burger King. Ontem à noite, estávamos dormindo em um hotel caro. Agora estamos dormindo em um estábulo e nos deram sanduíches que nem um cão ousaria comer. Amanhã, quem vai saber? É a vida.

— Ela tem razão — oferece Majed. — Estamos seguros, ninguém se feriu. Temos que dar graças a Deus por isso.

Um homem aparece nas grades e se apresenta em árabe. Ele diz que é tradutor da nossa língua, e está ali para nos ajudar. Majed lhe pergunta o que vai acontecer conosco. O tradutor responde que a polícia nos fará passar a noite aqui. De manhã, receberemos um documento de trânsito que nos permitirá deixar a Hungria. Depois disso, estaremos livres para ir embora. Eu prendo a respiração. Talvez as coisas não sejam tão ruins quanto parecem. Majed não acredita muito, mas o tradutor insiste. Poderemos atravessar a fronteira para a Áustria amanhã se quisermos; ir para a Alemanha, para onde desejarmos. O tradutor sai e nós nos deitamos nas espreguiçadeiras de plástico cobertas pelas mantas cinzas. Ninguém está a fim de conversar. Tudo o que podemos fazer é esperar pelo que o amanhã irá trazer.

Sou acordada por uma voz feminina alta me mandando levantar.

Reabro os olhos. Amanheceu. Preciso me esforçar para lembrar de onde estou. Minhas costas doem.

— Hora de ir — diz a voz.

Quando olho para cima, vejo a policial na porta do estábulo, acompanhada por outros dois policiais. O restante do grupo já está de pé. Levanto o cobertor das pernas e faço o mesmo. A mulher destranca a porta e saímos em fila. Os policiais nos conduzem para fora dos estábulos, atravessando o pátio até o segundo celeiro. Em vez de estábulos, este celeiro tem uma grande gaiola de metal de um lado. Atrás das grades, vejo um grande grupo esperando, cerca de quarenta pessoas, aparentemente todos homens. Os mais próximos da porta levantam a cabeça quando entramos. Eles olham para mim e para Sara. Nós nos sentamos no concreto e fazemos o possível para ignorá-los.

Já é quase meio-dia quando a policial volta com o tradutor a tiracolo. Eles nos conduzem ao prédio da recepção e devolvem nossos pertences. O tradutor diz que um ônibus nos buscará aqui e nos levará para onde quisermos. A esperança toma conta enquanto me esforço para enfiar os cadarços de volta no tênis. Será que estão realmente nos soltando? O tradutor adverte para não sermos pegos novamente pela polícia. Se descobrirem que já estamos no sistema, podem nos levar para uma prisão de verdade, explica ele.

A policial reaparece na porta do escritório e acena. Lá fora, um caminhão grande e preto está esperando. Ela nos leva até a traseira e abre as portas duplas. Não há janelas, apenas uma pequena escotilha no fundo, que se abre para a cabine do motorista. Enquanto a policial mexe em uma chave, minha visão se ajusta à escuridão. Ela recua um passo e abre uma porta interna que eu ainda não notara. Meu estômago se embrulha. É uma jaula de aço.

— Entrem — diz ela.

— Mas o tradutor falou que estamos livres — alega Sara.

— Entrem.

Depois que entramos, a policial bate a porta da jaula e a tranca. Em seguida, as portas do caminhão se fecham. Está escuro e a única luz do dia vem da escotilha para a cabine dianteira. Meu coração está batendo forte. Para onde estão nos levando agora? Eu olho para Sara, mas quase não dá para ver seu rosto na escuridão. Ela está furiosa. A policial entra na cabine do motorista e fecha a escotilha, nos mergulhando na escuridão absoluta. O motor arranca, o caminhão começa a se afastar. É tão humilhante. Por que nos tratam como se fôssemos criminosos? Aquele tradutor. Eu não entendo. Por que ele disse que nos deixariam ir? A mágoa se intensifica e se transforma em raiva. Nós confiamos nele. Ele nos traiu. Ele não poderia ter sido sincero conosco?

Ficamos sentados em um silêncio sombrio no escuro enquanto o caminhão serpenteia e segue seu caminho. Após vinte minutos, ele vai diminuindo até parar e o motor ser desligado. Instantes depois, as portas traseiras se abrem e uma luz invade o espaço. Eu aperto os olhos contra o sol e vejo a policial se aproximar para destrancar a porta da jaula. Quando saio, atrás dos outros, olho ao redor e vejo que estamos em um acampamento. Fileiras de tendas brancas pontiagudas foram alinhadas ao longo de um edifício comprido e cinzento. Fora de cada tenda há um grande saco de lixo transbordando. O cheiro é horrível. Há pessoas em toda parte, homens, mulheres e crianças, andando entre as tendas levando roupas sujas, ou sentados à sombra das árvores. Tendo ficado para trás, a policial entra de volta no caminhão. O motor dispara e o veículo apita, vira e vai embora, passando por um portão metálico aberto. Estamos sozinhos. Não há nenhum sinal de funcionários.

Uma mulher com um *hijab* vermelho e branco está me encarando. Eu me aproximo dela.

— Desculpe-me — começo. — Há quanto tempo você está aqui?

— Três meses.

— E o que está esperando?

— Não sei. Ninguém nos diz nada. Quero encontrar meu marido na Alemanha, mas vim parar aqui. Dizem que preciso ficar aqui durante seis meses. Estou com meus três filhos. Então, bem, eu só espero.

Olho para ela com piedade e horror.

— Queremos ir à Alemanha também — digo, olhando ao redor, tentando esconder o medo da voz. — Agora mesmo, hoje. Se partirmos agora, poderemos estar lá esta noite.

Dou meia-volta e me junto aos outros. Majed encontrou um morador do acampamento que conhece um contrabandista em um vilarejo próximo. Talvez o contrabandista possa nos levar até a Áustria — estamos a apenas uma hora de carro da fronteira. Majed toma as providências para que o contrabandista nos busque. Precisamos esperá-lo do lado de fora, na estrada. Aparentemente, não há nenhuma cerca nos prendendo aqui. Podemos simplesmente ir embora.

Vagamos de volta na direção do portão de metal, ainda sem ver qualquer sinal de funcionários. Majed puxa o portão, que abre, e nós saímos em fila. Eu sorrio para os outros. Foi fácil, mas sabemos que não podemos ser pegos de novo. Ninguém quer descobrir como é uma verdadeira prisão húngara. Andamos a passos largos até nos afastarmos mais do acampamento.

— Estou de saco cheio dos contrabandistas daqui — desabafa Sara. — Eles sempre dizem que vão fazer algo por você e depois desaparecem. Vamos voltar para Budapeste.

O grupo para de andar e olha para ela. Já estamos tão perto da Áustria, a fronteira fica a apenas a uma hora de carro. Por que voltaríamos para Budapeste? Sara, no entanto, está decidida. Ela quer tentar pegar o trem novamente, farta de lidar com contrabandistas pouco confiáveis. Conhecemos pessoas em Budapeste, alega. Conhecemos um hotel onde podemos ficar. Majed e os outros ainda querem tentar o contrabandista, ver se conseguimos atravessar a fronteira imediatamente. A discussão se arrasta enquanto esperamos o carro chegar para nos buscar. Alguns veículos passam, mas nenhum para. Mais de uma hora depois, uma minivan aparece na estrada e diminui assim que passa por nós até parar. Sara marcha até a janela do motorista. Nós seguimos. O motorista é um homem de trinta e poucos anos com o rosto largo e um sorriso afável. Ele parece inofensivo, quase normal. Sara lhe diz que mudamos de ideia e queremos ir para Budapeste. O motorista dá um preço e Sara abre a porta de correr na lateral da van. Estamos todos boquiabertos para ela.

— O que foi? — diz ela. — Andem, vamos.

Eu dou de ombros e entro. Os outros entram atrás de mim. Antes de nos darmos conta, estamos acelerando de volta para Budapeste. Sara venceu. Khalil pega o celular e diz ter encontrado outro contrabandista que podemos tentar. Sara o olha torto, mas Majed acredita que vale a pena tentar. Meia hora depois, a tela do celular de Khalil se ilumina novamente com um zumbido. O contrabandista tem dois carros e afirma que pode nos levar até a Alemanha, mas precisamos chegar a Budapeste logo.

— Responda que estamos chegando — diz Majed a Khalil. — Diga que estamos indo o mais rápido possível.

Fico olhando pela janela e me perguntando o que virá em seguida. Precisa existir uma saída deste país. Estou exausta, cansada de correr, cansada de estar na estrada. Eu só quero chegar a algum lugar. Quero me sentir segura, sossegar. Pela primeira vez desde que saí de casa, me dou conta de como estou longe da minha mãe, de Damasco, de tudo e de todos que amo. Viro o rosto para continuar olhando fixamente pela janela, esperando que ninguém perceba minhas lágrimas. Estamos na estrada há cerca de uma hora e meia quando vejo luzes azuis piscando à frente do outro lado da estrada. Uma van da polícia, estacionada bem no meio da pista oposta. Atrás dela, uma enorme multidão caminha pela estrada na nossa direção, saindo de Budapeste. Na frente, um homem agita uma enorme bandeira azul com estrelas amarelas. A bandeira da União Europeia.

— Vejam todas essas pessoas — digo. — O que está acontecendo?

Ninguém responde. Nós apenas olhamos pelas janelas à esquerda enquanto passamos pelo bando. Milhares de homens, mulheres e crianças caminham lentamente, exaustos, em plena rodovia. Alguns não têm nem sapatos. Os carros passam zunindo por eles. Mais atrás, algumas famílias descansam na beira da estrada. Nós continuamos em direção à cidade.

O motorista nos deixa ao lado da praça em frente à estação. A multidão se dispersou, deixando pilhas de lixo espalhadas sobre o concreto. A polícia que vigiava a porta também desapareceu. Entramos na estação e encontramos uma fila de pessoas dormindo no interior junto a uma parede baixa, com calças jeans penduradas para secar. Será que algum de nossos amigos ainda está aqui? Passamos pela multidão adormecida e descemos para o átrio. Ali, no mesmo lugar de antes, está nosso amigo da Latakia, Ahmad, e suas irmãs. Idris está um pouco afastado, Mustafa deitado ao seu lado, com a cabeça no colo do pai.

— O que estão fazendo aqui de novo? — pergunta Ahmad. — Pensei que tinham ido no trem.

Majed deixa os outros a par de nossa aventura na prisão.

— Por que voltaram para cá? — insiste Ahmad, balançando a cabeça. — Alguns bandidos estiveram aqui. Eles jogaram fogos de artifício na multidão.

Tivemos que nos esconder aqui embaixo. Depois apareceu um cara dizendo que ia a pé até a Áustria e um monte de gente foi com ele. Estão todos loucos. São pelo menos três dias de caminhada.

Então foram essas pessoas que vimos andando na rodovia. Será que vão conseguir passar? Olho para a estação devastada. Talvez devêssemos começar a pé também, voltando pela direção da qual acabamos de chegar? Nesse instante, o telefone de Khalil toca: é o contrabandista avisando que se encontrará conosco no McDonald's do final da rua. Meu coração aperta. Isso se ele aparecer. Estamos andando em círculos. Será que algum dia conseguiremos sair dessa armadilha?

Deixamos Ahmad na estação e caminhamos pela movimentada rua principal até a lanchonete. Quando chegamos, não há nem sinal do sujeito. Khalil liga diversas vezes, mas o homem não atende. Esperamos duas horas e depois voltamos para a estação. Tentamos falar com outro contato de Mogli e esperamos no Burger King por algum retorno. Nossas últimas centelhas de esperança se apagam quando a escuridão se instala na praça lá fora. Às nove e meia da noite, finalmente desistimos. Quando começa a chover, voltamos para nosso antigo hotel. Quase não noto meu cabelo ficando ensopado. Não acredito mais que um dia sairemos deste lugar. Ninguém diz nada. Nós só queremos dormir.

É quando o telefone de Sara toca.

— O quê? — pergunta ela no aparelho. — Espera, o quê? Sério? Ok, estamos indo agora mesmo. Sim, vamos correr. Peça para eles esperarem.

Sara desliga e olha para mim, seus olhos brilhando.

— Era Ahmad — diz ela, me pegando pelos ombros. — Disseram que o governo está enviando ônibus gratuitos com destino à fronteira da Áustria. Hoje à noite. Agora. Saindo da estação. Ele ouviu dizer que será logo, então precisamos correr. Temos que voltar. Imediatamente.

— Ele tem certeza? — pergunto. — Eu só quero dormir, para falar a verdade.

— Pode ser um boato — oferece Majed, duvidoso. — Ou mais uma armadilha.

— Você realmente se importa a essa altura? — desafia Sara. — O que mais eles podem fazer conosco? Vamos.

Sara dispara pela rua em direção à estação. Eu a sigo a mil por hora, a mochila quicando nas costas enquanto ultrapasso os pedestres em meio ao chuvisco nebuloso. Do outro lado da estação, as luzes vermelhas da traseira dos carros refletem nas poças pretas oleosas. Ao chegarmos à praça nos deparamos com a multidão crescendo de novo. Há duas fileiras de antigos ônibus em amarelo e azul-marinho estacionados na rua. Nós corremos entre eles, nos esquivando da multidão e procurando por Ahmad. Eu o escuto gritar e o vejo de pé com as irmãs ao lado de um dos ônibus. À medida que nos aproximamos, vejo Idris também ali perto. Ele sorri para nós conforme nos aproximamos.

— E o Mustafa? — pergunto.

Idris aponta para uma mulher com um lenço na cabeça e uma saia longa e fluida. Ela está de costas para nós, segurando Mustafa no colo. O menino me olha por cima do ombro da mulher e acena. Quando a mulher se vira e vejo quem é, começo a rir.

— Ah, oi — diz Magdalena. — Vocês também vão para a Áustria?

— Espero que sim — digo. — Belo disfarce.

— Isso não é nada. Espere só até ver o Lam.

Um pouco ao longe, vejo Lam de pé, desajeitado, ao lado de uma curda e de seu filhinho, fingindo ser um deles. O fotógrafo acena, abrindo a jaqueta por um segundo e mostrando sua câmera de dezesseis mil dólares.

— Ainda tenho minha *habibti* — diz Lam, sorrindo, e se dirige à Sara: — Ouvi dizer que Antara sobreviveu a uma noite com a polícia. Tudo bem?

— Se chegarmos à Áustria, sim — responde ela. — Você também vem?

— Eu não perderia por nada.

O motorista do ônibus abre as portas e a multidão nas proximidades começa a oscilar. Poderia ser uma armadilha, outro truque do governo para levar todos nós aos acampamentos, mas não há tempo para ficar se perguntando. A multidão já está brigando para entrar no ônibus, nos varrendo junto. Teremos que arriscar. Talvez dessa vez vençamos. Seguro Sara pelo pescoço e dou alguns pulinhos.

— Estamos indo para a Alemanha! — grito.

O ônibus é antigo e feito para transportar cerca de quarenta passageiros. Somos facilmente mais de uma centena, então nos amontoamos três em cada assento ou nos espalhamos pelo chão. Sara e eu encontramos um cantinho no chão contra as portas traseiras, esmagadas entre estranhos. O ônibus sai ruidosamente em meio a uma nuvem de fumaça de gasolina. Eu adormeço com a cabeça apoiada na porta sacolejante. Depois de uma hora, acordo com gritos. O ônibus encostou na lateral da rodovia. A porta atrás de mim se abre e eu tombo para a beira da estrada. Uma fumaça preta de cheiro tóxico escapa da traseira do ônibus. Sara tropeça para fora logo atrás de mim, tossindo. Coloco uma das mãos no ombro dela.

— É a sua cara acontecer isso, Sara — digo, sorrindo. — Quando finalmente estamos saindo da Hungria, o ônibus enguiça.

Esperamos duas horas na beira da estrada sob uma chuva torrencial até outro ônibus chegar para nos buscar, já entupido de gente. De alguma forma, conseguimos nos espremer no interior, ainda mais apertados do que antes. Mal consigo respirar, muito menos voltar a dormir. Imprensada contra as portas, pego o celular e mando uma mensagem de voz para Steven contando que estamos em ônibus a caminho da Áustria. Ele responde que também está indo para a fronteira com a equipe de filmagem. Talvez nos vejamos lá. Murmuro uma oração silenciosa. Por favor, Deus, que isto realmente esteja acontecendo. Que nós realmente estejamos partindo.

O ônibus sacode, para, e nos amontoamos de novo na estrada, agora em uma madrugada cinzenta. Ainda está chovendo e um vento leve está soprando. Não consigo sentir minhas pernas de tanta cãibra. Seguimos em uma fila sinuosa por um caminho que dá em um edifício baixo. Ao cruzarmos a fronteira com a Áustria, Sara se desfaz em lágrimas. Ela para de andar e cobre o rosto com as mãos, os ombros trêmulos.

— O que você tem? — pergunto.

É tão atípico ver Sara desmoronar assim.

— Agora você chora? — diz Lam. — Depois disso tudo? Logo você, tão durona, quando está finalmente segura, chora?

— Estou feliz por ter passado — confessa Sara entre soluços.

Nós paramos de olhar, deixando-a se acalmar. Há fileiras de ônibus modernos alinhados no pátio de concreto, enviados pelo governo austríaco para nos buscar e nos levar a Viena. Tudo o que precisamos fazer agora é encontrar lugar em um deles. Olho para Sara, ainda soluçando de alívio ao meu lado. Lam abre a bolsa, puxa um cacho de bananas, tira uma e a entrega para mim. Eu como a fruta debaixo da chuva e observo minha irmã se recompor.

PARTE SEIS

O sonho

16

Quando desço do ônibus, olho ao redor, levando alguns segundos para registrar o que estou vendo. Pessoas alinhadas no pátio da principal da estação ferroviária de Viena, sorrindo, aplaudindo e comemorando por nós. Examino as faixas e cartazes coloridos e escritos à mão, e leio minhas primeiras palavras em alemão. *Flüchtlinge*, refugiados. *Wilkommen*, bem-vindos. Eu não acredito. Estas pessoas querem nos ajudar. Elas vieram aqui para nos receber em seu país. Meus olhos se enchem de lágrimas. Estou comovida com o gesto. Dou um encontrão em Sara enquanto passamos pelos estranhos nos aplaudindo. Os voluntários nos oferecem chá, sanduíches e garrafas d'água. Um homem entrega uma rosa a cada um de nós. Sara aceita a flor, olha para mim e sorri. Sou tomada por uma onda de alívio. Conseguimos sair da Hungria. Estamos na Áustria. Vamos pegar um trem e atravessar a fronteira final rumo à Alemanha pela manhã.

O celular de Sara toca. É nosso amigo Abdullah, que chegou à Áustria de trem antes de nós. Ele está em Viena com o primo e se oferece para nos hospedar aquela noite. Ficaremos apertados no pequeno apartamento, mas o primo de Abdullah afirma que o grupo todo pode ir. Lam e Magdalena decidem ficar na estação para trabalhar. Eles querem tirar fotos e entrevistar os milhares de recém-chegados, assim como os moradores que vieram recebê-los. Antes de nos separarmos, os jornalistas prometem nos visitar na Alemanha, onde quer que formos parar. Eu os observo desaparecendo no meio da multidão e me pergunto se um dia realmente os verei de novo.

Olho para meu suéter roxo com capuz, ensopado de chuva, e minha calça de moletom cinza e lamacenta. Preciso de roupas novas. Não quero chegar na Alemanha assim. Paramos em uma loja de roupas no caminho do apartamento do primo de Abdullah. É sábado e a loja está repleta de gente. Steven me liga quando estou na fila para pagar. Eu lhe conto que estou em Viena e concordo em encontrá-lo mais tarde para uma nova entrevista.

Encontramos o apartamento do primo de Abdullah e nos revezamos para tomar banho. Visto minhas roupas novas, jogo as velhas fora e escrevo para meus pais avisando que estamos bem e aliviadas por termos saído da Hungria. Já é tarde quando Steven me responde. Sua equipe encerrou o trabalho na fronteira e conseguiu chegar a Viena. Eu os encontro em um McDonald's no centro da cidade. Estou exausta demais para dar entrevista, mas combinamos que a equipe de TV vai nos acompanhar e nos filmar no dia seguinte, no trem para a Alemanha.

Naquela noite, dormimos largados nos sofás e no chão da sala de estar do apartamento. Ninguém se importa com a falta de espaço, quase confortáveis depois de duas noites acampados na estrada. Na manhã seguinte, nos levantamos com os primeiros raios de sol a tempo de pegar um dos trens que os governos austríaco e alemão disponibilizaram para nos levar à Alemanha. Encontramos Steven e sua equipe, Ludwig e Stefan, à nossa espera na estação de trem e nos alocamos em um trem lotado. Ocupamos sozinhos um vagão antiquado com duas filas de três assentos virados um para o outro. Fico olhando pela janela enquanto o trem se afasta da estação, ganha velocidade e sacoleja cidade afora. Em pouco tempo, estamos passando por florestas de pinheiros verde-escuros, colinas e cidades pequenas.

Ludwig liga a câmera e começa a filmar. Steven pergunta como estou me preparando para a adaptação à vida na Europa. A pergunta me pega de surpresa. Eu ainda não havia pensado naquilo. Entendo que será um choque cultural e que na Alemanha as coisas não serão como na Síria, embora eu não saiba exatamente como. Respondo a Steven que não será fácil, mas que eu darei um jeito. Eu terei que dar um jeito. Depois ele me pergunta o que aprendi na viagem. Essa é fácil: a ter perspectiva. Na Síria, eu perdia tempo me preocupando com coisas pequenas. Agora sei o que é ter problemas de verdade. Meus olhos foram abertos.

— E você sente que tudo é possível agora que realizou essa jornada? — continua Steven. — Como ir às Olimpíadas, por exemplo?

Olho-o diretamente nos olhos e sorrio. Sim. Eu vou conseguir. Nunca me senti tão certa. O trem passa por campos verdes e exuberantes. No horizonte, as montanhas ultrapassam em altura a neblina matinal. Ludwig desliga a câmera por um tempo e eu fico olhando pela janela. Vejo mamãe e Shahed, nossa casa perdida em Daraya, as ruas sinuosas de Damasco. Penso em papai e imagino todos nós juntos novamente. Nossa jornada está quase no fim. O que será que vem agora?

Passam-se várias horas até cruzarmos a fronteira para a Alemanha, mas, pelos gritos de comemoração dos outros vagões, dá para saber quando chegamos. Sinto um frio no estômago. Não parece verdade. Nós conseguimos. Estamos aqui. Não importa se a polícia nos pegar agora. Estamos no país certo, só precisamos pedir abrigo. Ludwig recomeça a filmagem enquanto eu admiro os grandes vilarejos de telhado pontiagudo e as colinas verdes da Baviera passarem. Steven pergunta o que eu acho da Alemanha, se achei arrumadinho demais. Eu sorrio para a câmera.

— Não — respondo. — Eu amei.

— Não acha que parece um pouco chato? — insiste Steven.

— Nós vamos torná-la divertida.

Nós conversamos e rimos até o trem diminuir de velocidade e entrar em Munique. Sara entra no vagão e relata seu plano. Quando chegarmos na estação, fugiremos das multidões e encontramos um trem com destino a Hanôver, indo de encontro à sua amiga, Hala. O trem guincha e para. Saímos em fila do vagão, atravessando o corredor até as portas do trem. Steven e sua equipe descem primeiro para filmar nossa descida da plataforma. Dois policiais corpulentos estão esperando na porta do trem. Sara desce na minha frente e começa a se esquivar deles. O policial mais próximo estica o braço para impedi-la e levanta o dedo indicador.

— Onde acha que vai, *habibti*? — diz o homem, empurrando-a com cuidado de volta para o fluxo de pessoas. — Por aqui.

Eu me despeço de Steven, olhando para trás, enquanto a polícia escolta a equipe dele para fora da plataforma. Parece que não poderemos ir para Hanôver, afinal, então vamos para onde nos mandarem ir. Não nos importamos muito. Afinal de contas, não somos as únicas recém-chegadas. Somente naquele primeiro fim de semana de setembro de 2015, vinte mil pessoas chegam à Alemanha em ônibus e trens vindos da Hungria, por meio da Áustria. Sara e eu somos apenas duas delas. A Alemanha nos acolheu. Para todos nós, acabou. Chega de fronteiras, chega de contrabandistas, chega de dormir ao relento, chega de perigo, chega de guerra. Seguimos a massa até uma fila de ônibus estacionados. Na entrada da estação, encontramos mais gente aplaudindo e acenando cartazes dizendo "Bem-vindos, refugiados". Eu sorrio para Sara. É surreal. Um monte de desconhecidos vindo comemorar nossa chegada e nos oferecer a chance de um futuro. Quem são essas pessoas?

Entramos em um ônibus que nos leva a um acampamento de acolhimento. Há uma grande tenda aberta com um restaurante. Acima da cantina, uma placa nos dá as boas-vindas em árabe. Depois de comer, passamos por um check-up médico e somos conduzidos para outro ônibus. Viajamos durante oito horas sem saber para onde. Finalmente, o ônibus desacelera e pega uma saída na autoestrada, serpenteando pelas ruas escuras de uma cidade até parar em um pátio. Descemos diante de mais uma multidão aplaudindo e brandindo cartazes feitos a mão com cumprimentos em árabe: "Bem-vindos a Berlin Spandau". Então estamos em Berlim, capital da Alemanha. Pego o celular e vejo que, mesmo tarde da noite, aquelas pessoas esperaram para nos recepcionar. Um calor se espalha pelo meu peito. Nós conseguimos. Segunda-feira, 7 de setembro, três da manhã. Chegamos.

Atrás de nós, hordas saem da frota de ônibus, provavelmente centenas desembarcando ao mesmo tempo. O acampamento é novinho em folha e foi aberto espontaneamente para abrigar os recém-chegados da Hungria. Aqui na Alemanha, as pessoas chamam acampamentos como este de *heim*. A tradução da palavra seria *casa*, mas os alemães também a utilizam como uma abreviação para um alojamento de refugiados. Nós logo adotamos a palavra também.

Entramos na fila que leva ao pátio. Mais adiante, no que parece ser um estacionamento, há fileiras de tendas brancas retangulares. Na frente da fila encontra-se um homem de uniforme. Ele aponta para mim, Sara, nossos primos e Khalil, e pergunta se somos uma família. Sara gesticula para mim e diz que somos irmãs. O homem anota nossos nomes e idades e aponta para Khalil.

— Ele é menor de idade. Tem algum guardião legal com ele ou está sozinho, desacompanhado? — indaga o oficial.

— Khalil fica conosco — diz Sara.

— Então você é guardiã dele? — insiste o homem.

Sara dá de ombros. O homem aponta para uma mulher loira esperando ao seu lado que nos leva a uma das tendas brancas. No interior, há três beliches pretos de aço com colchões brancos. Uma grande lâmpada foi pendurada do teto e o piso coberto por um plástico cinza. Há um pequeno aquecedor elétrico branco em um canto. Depois da estação de trem ou dos estábulos da prisão, é um luxo, uma tenda cinco estrelas. Subo na cama superior de um dos beliches, deito e fecho os olhos. Podemos ficar. Chega de fugir. Repito mentalmente aquelas palavras. Eu mal posso acreditar. Mergulho em um sono profundo.

Pela manhã, mando uma foto da tenda para mamãe e papai e conto que estamos em Berlim. Em seguida, saio para ir ao banheiro. O edifício comprido de tijolos vermelhos é dividido em diversas casinhas. Cada casa tem dois blocos sanitários e chuveiros separados. Fora do bloco dos chuveiros há uma mesa montada em um cavalete repleta de doações: sabonetes, xampus, sabonetes líquidos, lâminas de barbear, toalhas de banho e de rosto. Eu pego o que preciso e entro no chuveiro. A água escorre preta, lavando a sujeira dos meus pés. Eu me olho no espelho e sorrio para a marca da camiseta em meus braços bronzeados.

Encontro os outros na cantina, aproveitando um desjejum de pães e queijo. Ninguém fala em deixar Berlim e partir para Hanôver, todos cansados demais para pensar em mais deslocamentos. Estamos felizes por chegar a um local onde podemos ficar. Sara escreve para Hala avisando que Khalil, seu antigo vizinho, está seguro e conosco em Berlim.

Depois do café, Sara e eu olhamos as roupas de segunda mão que os moradores de Berlim doaram para nos ajudar. Sejamos sinceros: ninguém quer ter que usar as roupas velhas de outras pessoas, mas engulo o orgulho e me lembro de que tenho sorte. As pessoas aqui têm sido muito generosas. Além disso, não tenho muita escolha. Ainda estamos em setembro, mas Berlim é gelada depois do calor de Budapeste, e eu só tenho uma muda de roupa. Dentro do edifício, um grupo de voluntários penturou as doações em uma espécie de guarda-roupa para não precisarmos revirar as caixas. Sara e eu inspecionamos a estranha mistura de jaquetas, camisas, suéteres e uma pilha de sapatos. Escolho um cachecol cor-de-rosa, uma camiseta e um suéter brancos, sapatos pretos e um par de botas forradas. Vejo uma caixa de ursinhos de pelúcia doados para as crianças e levo três.

Naquela tarde, Sara, Khalil e eu estamos andando pelo *heim* quando tem início uma movimentação no portão de entrada: mais ônibus chegando. Centenas de pessoas saem deles e param na entrada, esperando para receber um lugar para dormir. Quando nos aproximamos para dar uma olhada, ouço um grito vindo da fila e vejo uma série de rostos conhecidos. São nossos amigos Ayham, Bassem, Zaher e família. Zaher sorri de orelha a orelha e caminha na nossa direção de braços abertos. Nós nos cumprimentamos com beijos no rosto. Os outros chegaram à Alemanha com o contrabandista Ali, alguns dias antes de nós. Eles foram transferidos de Munique para um acampamento em uma cidade chamada Eisenhüttenstadt, perto de Berlim, antes de serem trazidos para cá. É ótimo estar de volta com quem vivemos tanta coisa durante a viagem. Agora podemos começar novas vidas reunidos no mesmo lugar. Naquela noite, jantamos juntos na cantina.

— E aí, já estiveram na rua árabe? — pergunta Ayham enquanto arrasto a comida com o garfo.

— O que é a rua árabe? — pergunto.

— Todos os sírios do outro acampamento estão falando disso. É um lugar em algum canto de Berlim, uma rua inteira cheia de restaurantes, lojas e mercados árabes.

No dia seguinte, perguntamos aos voluntários no *heim* a respeito. Eles dizem que os moradores de Berlim chamam a rua árabe de Sonnenallee. Precisamos pegar um ônibus do final da estrada até a estação de trem, depois o metrô por mais quarenta minutos. Estamos com tanta saudade de casa que decidimos ir imediatamente. Saímos do metrô direto na praça de um cruzamento movimentado cheio de edifícios de concreto cinza-escuro. Viramos à direita e descemos Sonnenallee, passando por uma parada de ônibus, algumas bancas de jornal e lojas de eletrônicos.

— Esta é a rua árabe? — pergunto à Sara. — Não me parece muito árabe.

Finalmente, chegamos a um pequeno supermercado árabe em uma esquina. Ayham entra com Bassem e os outros. Eu paro na porta. Cutuco Sara levemente e aponto uma pizzaria. Estamos famintas, então decidimos conhecer o lugar. Nós entramos e fazemos nossos pedidos em inglês. O homem atrás do balcão está amuado e nós nos sentamos para esperar em um silêncio sombrio. Agora que chegamos, começamos a absorver a realidade do que aconteceu.

— Deixamos nosso belo país por isto? — diz Sara quando nossas pizzas chegam. — Era para estarmos desabrochando como jovens mulheres em Damasco, vivendo a melhor época de nossas vidas, e agora estamos aqui.

Sinto um vazio roendo o peito. Eu pensava que a Alemanha seria o paraíso, mas certamente o céu é mais bonito do que isso, não? Estou feliz por estar aqui, mas não consigo ignorar tudo que perdemos. Sara e eu decidimos ir às compras para nos animar, embora estejamos ficando sem dinheiro. Precisamos conversar com papai, pedir para ele transferir um pouco mais. Terminamos a pizza, voltamos à praça e compramos chips com acesso à internet. Depois atravessamos a rua e entramos em uma loja de departamentos para ver as roupas. Tudo é caro, mas encontro uma calça de moletom preta barata. Quando termino, Sara me entrega uma sacola plástica contendo um grande e macio ursinho de pelúcia marrom.

— Caso você tenha saudade de casa — diz.

Eu sorrio, pensando em como tenho pelo menos minha irmã comigo, e decido comprar um urso para ela também. Espero voltarmos ao *heim* antes de ligar para papai e pedir que ele nos envie mais dinheiro.

— Para que precisam de dinheiro agora que chegaram?

— Para roupas, pai. E alimentação, transporte, essas coisas.

— Acabei de gastar dez mil dólares para mandar vocês duas à Alemanha. Não sei como conseguiram gastar tanto. Vocês terão que viver do que eles lhes derem.

Eu entendo. Papai gastou muito para nos trazer até aqui, mas ainda é um choque. Como vamos fazer? Uma vez registrados como solicitantes de asilo, o governo alemão nos dará um subsídio de 130 euros por mês. Esse valor precisa cobrir tudo, tirando comida e acomodação. Será difícil. As coisas aqui são caras.

Há muitos mal-entendidos quanto a dinheiro. Algumas pessoas têm dificuldade em aceitar, mas qualquer um que tenha conseguido chegar à Europa devia levar uma vida razoavelmente confortável em seu local de origem. Todos que conheço e que vieram da Síria para cá gastaram, no mínimo, três mil dólares. Muitos venderam tudo: casas, carros, tudo o que possuíam para chegar tão longe. E nós somos os sortudos, os que têm dinheiro suficiente para viajar. Aqueles que não têm economias ou nenhum bem para vender vão parar em acampamentos na Jordânia, no Líbano ou na Turquia. No entanto, depois que chegamos, o dinheiro acaba e somos obrigados a contar com caridade. Sou grata pela generosidade dos alemães, por nos tratarem como seres humanos, por quererem nos ajudar, mas é difícil não me sentir mal por ter que aceitar doações. Muitos de nós, inclusive eu, nunca quisemos receber nada de ninguém.

Conseguir dinheiro para nos sustentar não é tão fácil como papai imagina. Primeiro, temos que nos registrar como solicitantes de asilo. Em Berlim isso significa ir ao Departamento Estadual de Saúde e Assuntos Sociais, um enorme complexo de edifícios na parte oeste de Berlim que todos conhecem por sua sigla, LaGeSo. Não somos as únicas tentando se registrar. Todos os dias Berlim recebe centenas de nós, resultando em um congestionamento. O escritório só atende quarenta pessoas por dia.

No papel de minha responsável legal, e agora de Khalil, Sara vai ao escritório em nome de nós três. A multidão é tão volumosa que ela precisa esperar vários dias só para conseguir uma senha e depois entrar na verdadeira fila de agendamentos para nos registrar. Depois de obtida a senha, ela deve esperar o número ser chamado na tela do lado de fora do escritório. Não há como saber quando isso vai acontecer. Pode ser hoje, amanhã, daqui a três semanas. Sara passa a maior parte dos dias olhando para a tela, com medo demais de sair do lugar e perder nosso horário, tendo que reiniciar todo o processo. Ela logo fica entediada com a espera e decide se juntar a um grupo de voluntários que distribuem alimentos e ajuda médica de emergência para a multidão. Manter-se ocupada faz bem a ela. Todas as noites, ela volta tarde para o *heim*, exausta, mas feliz.

— Acabo de ter a conversa mais estranha — confessa Sara uma noite, sentada em seu beliche. — Foi com uma garota, também voluntária. Ela não conseguia acreditar que eu era refugiada só porque tenho um celular e cuido dos cabelos e uso joias.

— Hein? — pergunto.

— Pois é. Depois ela ficou surpresa quando mencionei que eu tinha um notebook em casa. Ela disse que não sabia que tínhamos computadores na Síria. Como se morássemos todos no deserto, sei lá. Tive que explicar que tínhamos uma vida normal antes.

Nós duas rimos daquilo. É evidente que alguns europeus estão confusos quanto ao mundo de onde viemos e que teremos muitas explicações a dar. Até acompanho Sara ao escritório uma ou duas vezes, mas, na maior parte do tempo, fico pelo *heim* com os rapazes e sonho acordada. Os dias se arrastam e me levam a pensar em tudo que aconteceu desde que deixei meu lar. A mudança de ritmo me pega de surpresa. Os últimos dias, semanas e anos têm sido tão dramáticos que demoro um tempo para entender que realmente acabou. Estou segura. Não haverá mais bombas caindo no meio da rua ou pelo nosso telhado. Não preciso me esconder da polícia, dormir ao relento ao lado de um monte de desconhecidos, nem lidar com quadrilhas criminosas para que me contrabandeiem por fronteiras. No entanto, à medida que a urgência diminui, começo a perceber o preço dessa nova segurança. Perdi minha casa, meu país, minha cultura, meus amigos, minha vida. Fico vagando pelo *heim*, indiferente e desorientada. Preciso dar um propósito à vida. Preciso encontrar uma forma de voltar para a natação.

Uma manhã, algumas semanas após nossa chegada, Sara e eu nos juntamos à multidão atrás das grades na porta do LaGeSo. Uma tela no alto pisca os números, chamando as pessoas uma a uma. Quando um voluntário passa levando sanduíches em um estrado de plástico, Sara acena para ele.

— Vou dizer oi — diz Sara, escapulindo entre as grades de metal. — Espere aqui. Fique de olho na tela.

Olho para a multidão. Algumas pessoas ainda não receberam um *heim*, por isso estão dormindo ao relento nos arredores do escritório. Fico

220 BORBOLETA

olhando para elas com pena. Homens, mulheres, crianças, famílias, suas jornadas ainda não propriamente encerradas. As únicas autoridades à vista são os guardas da segurança, a maioria deles moradores locais de origem árabe. Eu os vejo gritando para todo mundo em árabe, desfrutando de seu novo poder sobre nós. Quando Sara retorna, aviso que preciso ir ao banheiro e que é a vez dela de esperar. Eu me espremo pela multidão para sair, mas meu pé fica preso no corrimão e tropeço.

— Qual é o seu problema? — pergunta uma voz masculina em árabe.

— Você não enxerga, linda?

Eu olho para os lados. É um guarda parecido com um fisiculturista.

— Qual é o seu problema? — murmuro.

Continuo andando na direção dos banheiros, prendendo as lágrimas de dor e raiva. Quem esses guardas pensam que são? Deuses? Respiro fundo e me lembro de ser paciente. Esta é só a situação em que nos encontramos hoje. Não vai durar para sempre. Eu me espremo de volta pelas grades para reencontrar Sara na fila e esperamos, olhando ansiosamente para as portas do escritório e vendo os números piscarem na tela em uma sequência aleatória. Gritos de comemoração vêm da frente da multidão toda vez que alguém consegue, de fato, entrar no prédio.

Passam-se cinco horas até nosso número finalmente aparecer na tela. Sara sorri, segura meu braço e me puxa de pé enquanto a multidão comemora nossa vez. Nós entramos, subimos as escadas e chegamos a um escritório. Uma mulher nos chama de trás de uma mesa no meio da sala e nos sentamos. Ela pergunta se estamos com nossos passaportes. Sara coloca os documentos em cima da mesa para a mulher examiná-los. Depois, ela tira nossas impressões digitais, nossas fotos e anota nossos nomes, datas e local de nascimento, assim como quais idiomas falamos. Em seguida, ela entrega uma folha de papel A4 para cada uma com nossas fotografias no canto superior direito e explica que o papel é um certificado para provar que estamos registradas como solicitantes de asilo. Precisaremos do documento para pedir asilo oficialmente e para sacar nosso auxílio, mas, para conseguir o dinheiro, precisamos agendar outro horário no escritório.

— Espere — diz Sara. — Temos que fazer tudo isso de novo?

— *Ja* — afirma a mulher, sorrindo melancólica.

Na manhã seguinte, estamos tomando café no *heim* quando um homem chega e se senta conosco. Ele diz ser do Egito e se apresenta como Abu Atef. Depois pergunta se pode nos ajudar com alguma coisa. Sara e eu, que ainda estamos compartilhando um quarto com nossos primos Majed e Nabih, admitimos que gostaríamos de ter um só nosso. Como meninas, gostaríamos de ter alguma privacidade. Abu Atef desaparece e volta dez minutos depois com um dos operadores do acampamento, que diz ter um quarto para nós. Eles nos seguem de volta à tenda para buscarmos nossas coisas e nos levam pelo prédio de tijolos vermelhos até uma porta com um relevo de pedra na superfície retratando algo que parece uma águia. Ao subirmos as escadas, pergunto a Abu Atef sobre o edifício. Ele me conta que o lugar se chama Schmidt-Knobelsdorf-Kaserne. Eu rio da sonoridade engraçada das palavras alemãs.

— Foi uma base militar — continua ele. — Os britânicos usavam parte deste complexo como prisão. Uma vez, um famoso nazista foi detido em um prédio próximo daqui. Já ouviu falar de Rudolf Hess?

— Não — admito. — Nunca.

Subimos para o segundo andar e entramos em um quarto com três camas e um armário. Ponho meus novos ursinhos de pelúcia em uma das camas. O urso grande, fofo e marrom que Sara me deu tem a honra de ficar no travesseiro. Abu Atef fica na porta e pergunta o que estamos achando de Berlim. Mencionamos que ainda estamos pensando em partir para Hanôver e encontrar a amiga de Sara.

— Não, não façam isso. Fiquem aqui em Berlim, é melhor para vocês. Não querem estudar? Há mais universidades aqui.

Eu olho para cima. Esta é a minha chance.

— E quanto a clubes de natação?

— Também — responde Abu. — Por quê?

— Nós nadamos — declaro. — Consegue nos ajudar a encontrar um lugar para treinar?

17

— Podem começar — diz a mulher loira. — Nadem.

Eu estremeço e piso no bloco aos meus pés. Aponto o pé direito para a frente, enrosco os dedos dos pés na borda de aço e a seguro com as mãos. Do meu lado, Sara faz o mesmo. Fico olhando para meus joelhos e espero, lutando contra a revolução em meu estômago. Tensiono os músculos e balanço ligeiramente para trás. Vá em frente, Yusra. Basta nadar. Um apito é soprado. Pego impulso com o pé direito, endireito o corpo e me lanço para a frente, rumo ao outro lado da piscina. Eu caio, ponta dos dedos, braços, cabeça alinhada, e atravesso um aro imaginário na água. Faço um nado golfinho contraindo o abdômen, os quadris subindo, pernas retas, quadris descendo, joelhos flexionados. Minhas pernas e pés funcionam como uma coisa só, meus tornozelos se movimentam rapidamente e empurram a água para trás. Nadando, nadando. Eu subo, atravesso a superfície da piscina, tomo fôlego. Meus ombros giram e levam os dois braços para a frente. Mergulho a cabeça, minhas mãos se movimentando como remos dentro d'água. Afasto e reúno a água em direção à minha barriga, desenhando um buraco de fechadura com as mãos. Minhas pernas ondulam novamente, mas não há força nelas. Meus músculos não são nada. Pare de pensar, Yusra. Nade.

O apito é soprado novamente na metade da minha oitava volta. Dou as braçadas finais, seguro a borda da piscina e tiro os óculos, respirando com dificuldade. A mulher loira sorri da beira da piscina. Ao lado dela, um homem também loiro e de óculos assente e diz que podemos nos trocar.

Sara e eu saímos da piscina e vamos para os vestiários. O que será que eles acharam da nossa técnica? Estamos fazendo um teste no Wasserfreunde Spandau 04, um clube de natação sediado no Parque Olímpico de Berlim, conhecido como Olympiapark. É como se todo o meu futuro dependesse do que esses desconhecidos vão dizer. Voltamos para a beira da piscina, descalças, carregando os sapatos e equipamentos de natação. Abu Atef, o tradutor do acampamento, está conversando com o homem e a mulher.

— Muito bem — diz Abu quando nos aproximamos. — Vocês sabem mesmo nadar.

— Eu falei — digo. — Fizemos parte da equipe nacional, ganhamos medalhas pela Síria.

Devolvo os óculos de natação, a touca e o maiô para a mulher.

— Tudo bem — diz o loiro. — Vemos muita gente dizendo que sabe nadar só para depois se afogarem assim que entram na piscina.

Eu rio. Ele se apresenta como Sven e oferece a mão para o cumprimentarmos. Em seguida, aponta para a mulher e a apresenta como a treinadora principal do clube, Renate.

— Podem me chamar de Reni — diz ela, com um sorriso amistoso. — Acho que podemos arranjar um espacinho para vocês duas aqui no Wasserfreunde.

Meu estômago dá uma cambalhota. Poderei nadar. Reni declara que podemos começar o treinamento com nossa própria faixa etária — os maiores de dezesseis anos — e ver como nos saímos. Ela pergunta se teríamos como voltar na sexta-feira, dali a alguns dias, para nosso primeiro treino. Eu afirmo com entusiasmo, disposta a começar imediatamente, se pudesse. Foi tão bom nadar.

— Além disso, se estiverem treinando, faria mais sentido se morassem aqui — continua Reni. — Imagino que desejem sair do *heim*? Temos espaço no Alfreds, a sede do clube. Vamos dar uma olhada no quarto?

Preciso tomar fôlego. Eu não esperava que me oferecessem um lugar para morar. Deixamos a área da piscina atrás de Reni e dobramos uma esquina. O vento sopra folhas secas e amarelas pelos meus pés na caminhada até um prédio de um andar chamado Alfreds. No interior, há um pequeno hotel que o clube de natação utiliza para competições. Às vezes, os nadadores passam a noite aqui. Quando entramos, viramos um corredor à esquerda coberto de fotos antigas de equipes de natação e quadros com medalhas emolduradas. Reni nos leva a um refeitório repleto de bancos de madeira escura. Quando

224 BORBOLETA

olho em volta, minha atenção para no armário de troféus e na antiga vitrine em um canto. Do teto, está pendurado um avião de brinquedo feito de madeira ao lado de um candelabro com velas falsas. À nossa esquerda, uma mulher de meia-idade e cabelos ruivos atrás de um bar de madeira diz:

— *Morgen*.

— *Hallo*, Sibel — cumprimenta Sven.

Ele continua em alemão e aponta para nós duas.

— Olá — diz Sibel em inglês. — Bem-vindas.

Nós sorrimos de volta e Reni nos leva pelo bar e por algumas portas duplas até uma sala de jantar branca cheia de mesas quadradas de madeira. Ela vira e abre uma porta na parede esquerda, que leva aos quartos. Dobramos à direita em um corredor e paramos no final. Reni abre uma porta e entramos em um pequeno quarto. Há um beliche de pinheiro, uma cômoda, uma cadeira de vime, um armário e uma pia. Depois, Reni mostra os banheiros no corredor.

— Se ficarem — explica ela —, estarão por conta própria. Não há mais ninguém morando aqui em tempo integral.

Tecnicamente, precisamos continuar no acampamento por três meses antes de podermos nos mudar, mas, com dezenas de milhares de recém-chegados à cidade nas últimas semanas, Berlim enfrenta uma escassez de acomodações para refugiados. Temos certeza de que as autoridades adorariam ter menos duas pessoas com quem se preocupar. Saímos do quarto minúsculo e começamos a atravessar o corredor de volta. Abu Atef olha para mim e murmura algo em árabe sobre meus óculos.

— O que foi? — pergunta Reni.

Eu me viro para Reni. Tivemos tanta sorte em receber essa oferta de um lugar para morar. Estou com vergonha de pedir mais quando essas pessoas já foram tão generosas.

— Ah, é que eu perdi meus óculos na viagem para cá. Sou míope e fico meio tonta sem eles. Eu pensei que, como devo voltar a nadar...

Reni nem pestaneja antes de se oferecer para me levar ao oftalmologista após o treino do sábado seguinte. Voltamos pelos campos de futebol e compridos edifícios de tijolos vermelhos até a entrada do Olympiapark. Reni e Sven param e se voltam para nós.

— Então nos vemos na sexta-feira? — pergunta Reni. — Veremos como providenciar um novo equipamento de treino para vocês. Aí podem trazer suas coisas para cá no fim de semana.

Sara e eu sorrimos e agradecemos, depois caminhamos até o ponto de ônibus e pegamos a linha de volta para o *heim*. Fico olhando pela janela enquanto atravessamos lentamente as ruas cinzentas. Estou desnorteada e impressionada pela generosidade de Sven e Reni. Mal posso acreditar na nossa sorte. Eu só queria um lugar para nadar; nunca imaginei que o teste se transformaria em uma oferta de moradia. Sara e eu descemos do ônibus, atravessamos a rua e caminhamos pela avenida sob as árvores amarelas de outono. Chegando ao *heim*, encontramos nosso amigo Abdullah e os irmãos Ayham e Bassem fumando narguilé no pequeno playground na frente de nosso prédio.

— Ei — diz Ayham, olhando para cima assim que nos aproximamos. — Onde vocês estavam?

Ocupo uma das cadeiras que eles trouxeram dos quartos e explico que fizemos um teste em um clube de natação e poderemos voltar a treinar. Então, hesitando, lanço a bomba. O clube vai nos deixar morar na sede. Os outros ficam em silêncio.

— Isto é, não posso treinar e ficar no *heim* — explico rapidamente. — Terei que acordar muito cedo e preciso dormir. É barulhento aqui, com tanta gente. Os seguranças gritam a noite toda. Não é muito bom para atletas.

Abdullah ri, levanta as sobrancelhas e diz:

— Não é bom para ninguém.

Ele se abaixa e pega uma velha raquete de tênis de madeira de debaixo de seu assento.

— Ei. Já que você é uma atleta, devia ver o jogo que eu inventei. Tênis de sabão.

Ele pega uma barra de sabão suja e a joga para mim.

— Cresça — digo, pegando o sabão.

— Sua vez — diz ele ao se levantar, indo de um lado para o outro como um tenista.

Eu fico de pé e lanço o sabão para ele, que o atinge com força. O sabão explode, lançando lascas em meu moletom e sapatos.

— Meu Deus, Yusra — diz Sara. — O que você está fazendo?

Estou rindo demais para responder. Toda a pressão das últimas semanas evapora. Posso voltar a nadar. É como se tudo fosse possível.

Na sexta-feira seguinte, levanto cedo demais, nervosa e ansiosa para o primeiro treino. Sara e eu pegamos o ônibus para o Olympiapark e encontramos Sven e Reni à nossa espera diante da piscina. Os dois estão acompanhados por um homem de barba e cabelos loiros acinzentados, que se apresenta como Lasse. Ele e Reni treinam o grupo mais velho, os de acima de dezesseis anos. Reni avisa que nosso equipamento de natação está no vestiário e que o resto da equipe já está lá dentro. Agradecemos aos treinadores e entramos para nos trocarmos.

Estou nervosa. Como será que vou nadar depois de dois meses parada? Ainda lembro como foi difícil voltar a nadar após aquele intervalo de mais de um ano na Síria. Além disso, o treino aqui é mais intenso do que na Síria. Na Alemanha, os nadadores treinam duas vezes por dia. Nós treinávamos apenas uma quando crianças. Será um desafio, mas talvez com algum esforço eu consiga alcançar um nível ainda mais alto do que antes. Apesar do nervosismo, mal posso esperar para entrar na água. Uma fila de adolescentes olha para nós quando saímos para a piscina. Eu os encaro de volta. Os rapazes têm ombros enormes e barriga tanquinho, as garotas são tonificadas e musculosas.

Lasse manda o grupo se aquecer, falando em inglês para entendermos também, e eles pulam na piscina. Sara e eu fazemos o mesmo. Embora ainda estejamos nos aquecendo, já vejo que eles são mais rápidos do que nós. Tento ignorá-los e me concentrar nas minhas braçadas. Lasse e Reni nos fazem competir nos cinquenta e nos cem metros. Sara e eu estamos mais ou menos na mesma velocidade, mas ambas bastante atrasadas em relação ao resto. Depois, trocamos de roupa e o resto do grupo vai para a escola esportiva de elite, também sediada no Olympiapark. Eles não falam conosco. À noite, na segunda sessão, ninguém nos cumprimenta também, nem no treino da manhã de sábado, no dia seguinte. Reni nos leva a um oculista que é amigo do clube de natação e dá descontos aos membros. Ele examina meus olhos e me pede para voltar em uma semana para buscar meus novos óculos. Reni se encarrega dos gastos.

— Os outros jovens do grupo são bons, hein? — digo a Sara no ônibus de volta para o *heim*.

— Não se preocupe, só não nadamos há séculos. Nós vamos alcançá-los.

— Eu não devia ter fumado todo aquele narguilé no ano em que não estava nadando — continuo. — Ou comido tantos hambúrgueres no caminho para cá.

— Sei bem do que você está falando. Meus ombros estão me matando.

A antiga lesão de Sara. Eu me sinto mal por ela. Nossa provação no mar certamente não ajudou. É evidente que ela não voltará a competir tão cedo. No dia seguinte, um domingo, não há treino. De volta ao *heim*, reunimos nossos poucos pertences. Khalil se senta na minha cama e observa enquanto enfio as roupas e os ursinhos de pelúcia na mochila cor-de-rosa. Fico triste por estar deixando meus amigos, mas sei que voltaremos para visitá-los de vez em quando. Embora eu duvide que alguém vá notar nossa ausência, ainda não informamos os funcionários do acampamento que estamos indo embora. Além disso, caso Sara resolva parar de nadar, ela pode ter que voltar a dormir aqui.

Pegamos o ônibus para o Olympiapark na manhã seguinte bem cedo e deixamos a bagagem no quarto do clube antes do treino. Sibel sorri e acena para nós de trás do balcão na entrada. Nado bem no treino, mas continuo apreensiva, temendo que Reni e Lasse estejam decepcionados com nossa velocidade. Como podemos acompanhar os outros quando eles sempre tiveram duas sessões de treino por dia, ou seja, o dobro de nós? Naquela noite, após o treino noturno, deito no beliche de cima do novo quarto e tento me incentivar. Não desista nunca. Jamais. Aconteça o que acontecer. Basta nadar.

Sven bate na porta e pergunta se queremos comer com ele. Reni tem que ir para casa, mas ele pode ficar aqui para o jantar. É gentil da parte dele se oferecer para ficar e garantir que estamos confortáveis. Nós três atravessamos o corredor e saímos na pequena sala de jantar. Ocupamos uma das mesas redondas e Sibel nos traz frango e arroz.

— Posso perguntar por que deixaram a Síria? — começa Sven quando terminamos de comer. — Foi a guerra?

— Foi — respondo. — E para continuar a treinar. Tive que parar de nadar em Damasco. Havia bombas caindo na piscina.

Sven arregala os olhos para mim. Depois, explico que não foi só a guerra. Eu queria ir para um lugar onde pudesse seguir uma carreira na natação. Na Síria, depois que as mulheres atingem uma certa idade, é difícil que continuem a nadar. Todos esperam que elas se casem e parem de treinar. Foi o que aconteceu com nossas tias. Mas eu me recusei, eu queria nadar.

— Então você deixou seu lar para nadar. E o que pretende alcançar com a natação?

Eu o olho fixamente.

— Eu quero ir às Olimpíadas.

Parecendo surpreso, Sven pergunta:

— Está falando sério?

— Cem por cento.

Ficamos em silêncio por alguns minutos. Então Sven pergunta sobre minhas inspirações. Conto sobre quando assisti Michael Phelps conquistando todas aquelas medalhas de ouro nas Olimpíadas e sobre a vitória de Therese Alshammar no Campeonato Mundial de Esportes Aquáticos. Os dois são meus heróis nos esportes. Depois confesso que eu adoraria conhecer Malala, a adolescente afegã que sobreviveu ao ser baleada pelo Talibã e mesmo assim trabalha para que meninas possam estudar. Isso sim é coragem.

Quando Sven pergunta sobre a Síria, não sei por onde começar.

— Eu nunca estive no Oriente Médio — explica ele. — Não sei nada a respeito. Conte-me como era.

— Eu não sei — admito. — Você quer alguns fatos? Damasco é uma das capitais mais antigas do mundo. A Síria é uma grande exportadora de algodão. Esse tipo de coisa?

— Não, tudo bem. Eu entendo — diz Sven, rindo. — Então me conte sobre a viagem.

Sara e eu falamos dos contrabandistas, do mar, do motor pifado, das ondas, das fronteiras, do hotel assustador, da estação e da prisão. Percebo então que não pensava em nada daquilo há semanas. É outro capítulo. Não é fácil explicar, mas, em retrospecto, algumas partes da viagem parecem legitimamente engraçadas. Nem foi tão ruim assim. Fizemos muitos amigos no caminho.

— Não sei como conseguem sentar aqui e rir ao contar essa história —
admite Sven, seus olhos vermelhos de emoção. — A maioria dos homens
se sentaria num canto e choraria depois do que vocês passaram. E vocês
estão rindo?

— Sei lá. O mar e a Hungria foram bem ruins, mas o resto foi meio
que divertido.

— Divertido? — repete Sven, balançando a cabeça de descrença.

Eu olho pela janela para a noite escura de outubro. A sede do clube
está quieta agora que Sibel foi embora. Não há mais ninguém além de
mim, Sven e Sara no edifício. Provavelmente não há mais ninguém além
de um segurança em um raio de um quilômetro. Sven se ajeita na cadeira.

— Isto é, vocês fizeram tudo certo, chegaram aqui inteiras, mas agora precisam lidar com o que aconteceu. Talvez devessem conversar com um psicólogo.

Eu balanço a cabeça. Não é assim que fazemos as coisas de onde eu
venho. Finalmente, Sven olha para o relógio, levanta, pega a mochila das
costas da cadeira e a pendura no ombro. Ele parece preocupado, relutante
em nos deixar no prédio vazio. Após garantirmos que ficaremos bem, ele
nos dá boa noite e sai. Eu olho para Sara. Estamos sozinhas em um Parque
Olímpico da era nazista. Lá fora, além das estátuas dos atletas arianos e
das orgulhosas águias imperiais, fica um estádio monumental. Não há
lojas, não há supermercados, não há vida, nada. Não há o que fazer a não
ser dormir. Abrimos a porta para o corredor. Como Sibel apagou todas as
luzes, preciso tatear a parede, mas não encontro um interruptor.

— Este lugar é assustador — diz Sara. — É como morar em uma
escola durante um apocalipse zumbi.

Nós disparamos pelo corredor escuro em direção ao nosso novo quarto. Após alguns passos, a luz automática acende no teto. Nós desabamos no
beliche inferior do quarto, rindo de alívio, e eu subo para a cama de cima.

— Pensa bem — continua Sara. — São quilômetros sem ninguém por
perto. Se alguém nos atacasse agora, já estaríamos mortas quando a polícia
chegasse.

— Valeu por isso — digo, me virando de lado.

Levanto cedo para o treino. Sara pula a natação para voltar ao LaGeSo e
iniciar a batalha pelo nosso próximo agendamento. Hoje, o grupo de Lasse

está fazendo uma sessão de musculação adicional na academia. Eu me junto a eles, franzindo a testa e me esforçando o máximo possível. Será um longo caminho a percorrer até recuperar meu condicionamento físico.

Naquela noite, Sven janta conosco novamente. No dia seguinte, uma quarta-feira, há apenas um treino pela manhã, de modo que temos a tarde livre. Sven diz que quer nos levar para fazer compras. Ele conta que sua mãe, Reni e alguns outros funcionários do clube lhe deram algum dinheiro para comprar novos equipamentos para nós. Envergonhada, baixo os olhos e brinco com a massa no meu prato. De alguma forma, existe uma diferença entre escolher roupas doadas de uma pilha anônima e aceitar dinheiro de pessoas que você conhece. Na Síria, nós nunca dávamos nada diretamente a ninguém. Nós doávamos a uma instituição de caridade e depois eles cuidavam para que a doação chegasse a quem precisava. Dessa forma, ninguém se sentia inferior. Lembro-me da sorte que temos por ter novos amigos tão generosos e tento afastar aqueles pensamentos incômodos, mas não consigo evitar. É caridade. E dói.

Na tarde seguinte, Sven nos leva de trem a uma loja de roupas esportivas perto da Alexanderplatz, uma praça cinzenta e assolada pelo vento no leste da cidade. O céu é amplo e vazio, com exceção de uma torre com uma esfera de vidro na ponta, mais alta que os edifícios pré-fabricados de concreto. Compramos tênis de corrida, calças de moletom e algumas roupas para o dia a dia. Como Sven diz que o clube se ofereceu para me doar óculos, maiôs e toucas de natação, eu só preciso do equipamento de treino em terra firme. Estamos voltando para o trem quando Sven para na vitrine de uma loja de roupas femininas. Ele pigarreia e nos olha um pouco constrangido.

— Então, a Reni me pediu para perguntar a vocês…

— O quê? — pergunta Sara.

— Se, bem, se vocês precisam de mais alguma coisa. Posso deixá-las aqui e talvez vocês queiram dar uma olhada.

— Ahã — digo, profundamente envergonhada.

Posso sentir Sara tentando não rir, então evito olhar para ela. Sven me entrega algumas notas, e Sara e eu caminhamos na direção da loja. Quando dobramos uma esquina, Sara explode em gargalhadas.

— Ele quis dizer roupas íntimas, né? — digo.

— É, eu acho que sim, mas eu não preciso de roupas íntimas.

— Eu sei — respondo, rindo ao lembrar da cara dele. — Eu também não.

Sara e eu olhamos pela loja por dez minutos e saímos de mãos vazias. Sven pigarreia novamente e sugere encontrarmos alguma coisa para comer. Entramos no trem com destino a Potsdamer Platz, um aglomerado de torres de vidro mais a oeste, e comemos em um restaurante italiano. Em seguida, Sven nos leva de elevador até uma plataforma em um terraço cercado de barras pretas como uma gaiola. A cidade plana e cinzenta se esparrama até perder de vista. Nada é muito alto, nada é muito velho. À esquerda, um anjo dourado desponta de um grande agrupamento de árvores marrons e amarelas. Sven aponta um edifício quadrado com uma cúpula de vidro no alto, o *Reichstag*, edifício do parlamento alemão. Fico olhando aquela vista e dou o meu melhor para gostar. Um vento perfurante sopra e faz meus olhos arderem. Eu os fecho e vejo o monte Qasioun pairando ao alto das ruas antigas. Tenho saudades de Damasco.

Na semana seguinte, sou consumida pela natação. Eu me levanto às seis da manhã e termino de treinar às oito da noite. Sara está ocupada com nossa papelada e nem sempre consegue ir aos treinos. Uma manhã, ela me pede para ir ao LaGeSo para rendê-la depois de uma noite inteira na fila. Fico arrasada por perder o treino. Eu só quero nadar. Entre as sessões, enquanto os outros estão na escola, perambulo pelo Olympiapark ou passo tempo sozinha na sede do clube. Na maioria dos dias, Sven se junta a mim na sala de jantar, onde conversamos por horas a fio — sobre nossas famílias, sobre natação, sobre a Alemanha, a Síria e a guerra.

Sara e eu passamos a contar com Sven para tudo. Ele e Reni pagam por nossas refeições no Alfreds todas as noites ou nos levam para jantar fora. Com frequência, Sven acaba dormindo em um dos outros quartos livres ao longo do corredor. Às vezes, ele se levanta às quatro da manhã para ajudar Sara com nossa papelada antes de começar o trabalho como treinador. A burocracia é terrivelmente complicada. Sven pede conselhos para pessoas do clube. Michael e Gabi, pais de um dos alunos de Sven, se oferecem para ajudar. Por causa do trabalho, eles conhecem muito bem o funcionamento do LaGeSo. Não demora muito para que Sven recorra à orientação de Gabi toda vez que Sara tem alguma dúvida.

Converso com minha mãe por telefone a cada poucos dias. Depois que Sara e eu deixamos Damasco, mamãe e Shahed saíram de nosso antigo apartamento e foram morar com parentes. Estamos dedicadas a tirá-las da Síria e trazê-las com segurança para a Alemanha, mas o enorme volume de recém-chegados significa que a documentação de todo mundo está demorando demais. Sara e eu estamos em Berlim há mais de um mês e ainda nem conseguimos pedir asilo. Mamãe sente muita saudade e com frequência chora durante nossas conversas. Eu a distraio falando da nossa nova vida, da natação e de Sven. A princípio, mamãe não consegue entender por que estou passando tanto tempo com meu novo treinador. Também fico surpresa com o quanto ele está nos ajudando. Em casa, só alguém da família faria tanto por você. Ninguém mais faz algo por alguém, pelo menos não sem esperar nada em troca. Uma noite, quando Sven e eu estamos jantando no clube, decido perguntar.

— Por que você está fazendo tudo isso por nós? Pagando pelas nossas refeições, nos levando para fazer compras, ajudando com a papelada? Isto é, o que você ganha com isso?

Sven parece surpreso. Ele balança a cabeça.

— Absolutamente nada. Eu me sinto bem em ajudar, fui educado assim. Quando eu era criança, houve uma guerra na Iugoslávia e muita gente veio para Berlim. Minha família também os ajudou. Minha mãe me ensinou que existe um mundo grande lá fora, não apenas Spandau, não apenas Berlim. Preciso estar aberto para ele.

Fico olhando-o fixamente. Sven sorri.

— E, de qualquer forma, para mim, é fácil ajudar. Você e eu, nós somos iguais. Nós nadamos.

Eu me calo e penso no que Sven tem feito por nós. Ele dedica todo o tempo livre, energia, até mesmo seu dinheiro extra a ajudar nós duas a nos instalarmos. É inspirador. Prometo-me que um dia farei o mesmo por outra pessoa. Que um dia vou passar adiante a generosidade de Sven.

Naquela semana eu nado, lutando para acompanhar os outros. Sei que vou melhorar, é apenas uma questão de tempo. No sábado seguinte, Sven vem falar comigo após o treino. Ele diz que Reni e Lasse querem conversar. Nós nos reunimos em uma das mesas de madeira na cafeteria do clube. Lasse pigarreia antes de começar:

— Achamos que você deve treinar com Sven a partir de agora.

Estou chocada. O grupo de Sven tem treze e quatorze anos de idade, eu tenho dezessete. Seria duas faixas etárias abaixo da minha. Sven nota minha reação e tenta me tranquilizar.

— Vai ser bom para você. Perdeu alguns anos importantes na Síria quando precisou parar. Precisamos trabalhar sua força. É melhor entrar no meu grupo onde o treino é mais geral.

Fico olhando fixamente para a mesa, lutando para conter as lágrimas. Estou destruída. Penso em quando quebrei aquele recorde no Campeonato Mundial em Istambul. Preciso avançar se quiser voltar para onde eu estava na época. Se eu descer de nível agora, posso levar anos para diminuir um simples meio segundo do meu tempo. Respiro fundo algumas vezes e o pânico se dissolve. Sven está ajudando tanto, de qualquer forma. Suponho que faça sentido ele me treinar também. Quando levanto o rosto, consigo abrir um sorriso amarelo. Está resolvido.

Na manhã da segunda-feira seguinte, começo a treinar com o grupo de Sven. As meninas me observam enquanto me troco. As mais velhas ainda são quatro anos mais novas que eu. Após o aquecimento, Sven apita e diz alguma coisa em alemão. A reação do grupo é se queixar. Sven se volta para mim.

— Faremos uma prova de tempo — explica ele. — Três vezes oitocentos metros livre, uma após a outra.

Ok, penso. *Estou pronta. Posso fazer isso.* Eu mergulho. Ao final da terceira volta, estou um pouco para trás. Ao final da sexta, estou muito para trás. Eu não acredito. Estas crianças são mais rápidas do que eu. Pare de pensar. Basta nadar. Eu me esforço, mas não adianta. Os outros terminam o teste uns bons dois minutos antes de mim. Seguro-me na borda da piscina e olho para Sven para ouvir meu tempo: 12:32. Fico arrasada. Eu devia estar perto dos onze minutos. Uma vez nadei em 10:05.

Iniciamos o próximo teste. Não pense, nade. A cada subida para respirar, vejo os outros avançando. Após a segunda volta, chego novamente em último. Cento e cinquenta metros atrás. É só continuar. Não adianta. Ao final da quarta, eu paro e me seguro à borda da piscina. Os outros já estão na metade de suas próximas voltas. Quando pego impulso para sair, Sven franze o cenho para mim.

— O que foi? — pergunta ele.

— Nada.

Eu me afasto para me sentar à beira da piscina e apoio a cabeça entre as mãos. De repente estou furiosa. Essas crianças treinaram duas vezes por dia a vida inteira. Não é justo. Serei mais rápida do que elas nem que isso me mate. Fico olhando para os azulejos, respirando lenta e profundamente. Quando a raiva esfria, estou mais determinada do que nunca. Eu voltarei para onde estava, depois irei o mais longe que já fui. Eu irei às Olimpíadas. Sven manda o grupo começar o terceiro teste e se senta ao meu lado.

— Sei que é difícil para você. Há muita coisa acontecendo, você passou por muitas dificuldades, mas só poderá voltar para onde estava se continuar tentando. Não pode se deixar abalar por isso.

Eu suspiro, ciente de que ele tem razão. Por mais difícil que seja, preciso continuar. Eu me levanto e me junto ao grupo na piscina. Os outros alunos da turma são gentis. Eles estão curiosos a meu respeito, mas têm algumas noções engraçadas. Alguns meninos me param após o treinamento e perguntam se na Síria eu nadava em uma piscina. Eu reprimo uma risada e explico que eu não morava em uma tenda no meio do deserto. Sim, eu treinava em uma piscina, confirmo, eu tinha um traje de banho, eu tinha até uma TV e um computador em casa. Eles arregalam os olhos para mim, eu suspiro. Tenho muito a esclarecer.

Naquela noite, Sven leva Sara e eu para jantarmos em seu restaurante italiano preferido. Assim que nossas pizzas chegam, Sara levanta a cabeça e anuncia que vai parar de nadar de vez.

— Não posso mais fazer isso. Meus ombros doem demais. Ainda quero nadar, mas talvez só por diversão.

— Você vai melhorar — assegura Sven. — Ficou parada muito tempo.

— Estou fazendo o meu melhor, mas ainda dói quando nado. É por isso que estou sendo massacrada por essas crianças de treze anos de idade.

É tão difícil para ela quanto para mim. Já estivemos no topo, já ganhamos medalhas pela equipe nacional. Agora essas crianças muito mais novas são mais rápidas que nós. Sven sugere que Sara vá a um médico e procure fazer fisioterapia, mas ela recusa. Ela tem medo de dizerem que ela nunca mais poderá nadar. Sven afirma então que ela pode frequentar a piscina e nadar por diversão sempre que quiser.

Logo em seguida, um estrondo alto vem da cozinha: uma montanha de pratos caindo no chão de azulejos. Sven e os outros clientes pulam de susto, enquanto Sara e eu continuamos comendo. Sven nos olha de relance. Eu olho para Sara e explodo em uma gargalhada.

— O que é tão engraçado? — diz Sven.

— Teve uma vez, na Síria, que uma fábrica de armas explodiu. Aquilo foi um verdadeiro choque. O céu inteiro ficou vermelho.

Sven nos olha de queixo caído. Eu rio, mas me surpreendo novamente por estar a salvo. Não haverá nenhuma bomba caindo na rua lá fora e explodindo todas as janelas do restaurante. Não preciso estar sempre pronta para me abrigar ao ouvir o zunido dos morteiros no céu. Percebo que Sven e os outros não conseguem entender como podemos rir de tudo que nos aconteceu. Não é que não nos importamos, é só que é mais fácil rir do que chorar. Se eu chorar, chorarei sozinha. Mas se rimos, podemos fazer isso juntas. Acho que ninguém sabe como consegue ser forte até chegar sua vez de lidar com uma tragédia.

Nas semanas seguintes, Sara vem para o treino quando tem vontade. Ela fica muito tempo fora, no escritório, tentando fazer o processo com nossa papelada andar, visitando os outros no *heim*, ou descobrindo Berlim com seus novos amigos voluntários. Nossas rotinas são muito diferentes. Ela muitas vezes fica fora até tarde e quer dormir também até tarde. Isso pode ser problemático para mim, que preciso me levantar às seis para treinar. Digo a Sven que acho melhor Sara e eu dormirmos em quartos separados. Ele conversa com Reni, que nos atribui um quarto cada uma na sede do clube.

No começo, cada quarto é exatamente igual: simples e funcional, com uma janela voltada para o campo de futebol. Há um armário, uma cômoda, uma cama de solteiro e uma mesa de cabeceira, além de uma estante e uma pia. Em pouco tempo, no entanto, o quarto de minha irmã parece mais uma loja de antiguidades, repleto de quadros, livros, joias, maquiagem e perfumes. Toda semana ela muda os cartazes nas paredes ou pendura nelas um lenço palestino *keffiyeh* de uma nova cor, ou então uma nova máscara que fez no grupo de teatro organizado por voluntários. Quando digo que está uma bagunça, ela me dá um soquinho no braço.

— Pelo menos meu quarto não parece uma loja de esportes, com equipamentos por toda parte, perfeitamente dobrados como se estivessem em exposição.

Ela tem razão. Meu quarto é muito diferente. A única coisa na minha parede é o programa de treino do Sven. Na margem superior escrevi as palavras: "Nunca pare, continue". A margem inferior diz: "Você vencerá um dia".

No início de novembro, meu velho amigo de natação Rami revela que deixou Istambul. Ele me conta que atravessou o mar e se juntou ao irmão em uma pequena cidade perto de Ghent, na Bélgica. É uma notícia incrível. Fico felicíssima por ele também estar na Europa. Agora nós dois podemos batalhar por nossos sonhos. Pergunto se ele está nadando e ele responde que fará um teste em um clube. Desejo-lhe sorte. Sei que ele vai se sair incrivelmente bem.

Por mais que eu esteja contente por estar nadando e estar segura na Alemanha, não consigo não me sentir só. Sven faz o que pode para me fazer companhia, mas não tenho amigos da minha idade. Sara muitas vezes não está no clube, indo dormir em nosso antigo quarto no *heim* ou na casa de amigos. Os alunos da minha turma de treino são legais, mas há uma grande barreira relacionada à nossa língua e faixa etária. Pouco depois das notícias de Rami, alguns integrantes da equipe vão nadar em uma competição regional em uma piscina no leste de Berlim. Sven nos leva para assistir. Estou sentada no deque da piscina quando duas meninas de nosso grupo se aproximam e se juntam a mim. Elas se apresentam como Elise e Mette. Elise tem longos cabelos loiros e olhos azul-claros. Ela pergunta por que vim para cá e se ficarei em Berlim.

— Eu vim porque havia uma guerra e eu queria nadar. Espero poder ficar.

— Você vai estudar conosco? — pergunta a outra, Mette, cujos cabelos longos e castanhos estão presos em um coque.

— Eu ainda não sei.

Conforme conversamos mais um pouco, alguns dos outros integrantes do grupo nos observam. A conversa quebra o gelo. Ao longo dos próximos dias, os demais integrantes se apresentam um a um. Eu me dou melhor com Elise e Mette. Naquele fim de semana, Elise me convida para ir à sua casa e conhecer sua família. Fico nervosa no início, mas eles me recebem como a um parente. Elise tem uma irmã mais nova, Aimee, e um irmão mais velho, Fernand. Todos os três nadam no clube. Durante o jantar, a mãe de Elise, que se chama Katrin, me pergunta como é morar no clube. Admito que pode ser um pouco solitário quando Sara não está. No dia seguinte, após o treino, Elise vem conversar comigo e me convida para ficar com sua família por um tempo. Eu sorrio e sinto um calor se espalhar pelo peito com a gentileza. Após a viagem, o *heim* e o clube, seria ótimo estar em uma casa de família normal. No dia seguinte, já levo algumas coisas para a casa de Elise, e fico com sua família pelas próximas três semanas. Faço tudo o que posso para me encaixar, e a mãe dela me trata como às próprias filhas.

Durante todo aquele tempo, também me dedico ao máximo na piscina. Meus músculos ficam destruídos após cada treino. Nunca imaginei que seria tão difícil voltar a um nível competitivo. Sven não diz nada, mas percebo que ele está observando atentamente. Semana após semana vou emagrecendo, acelerando, recuperando minha antiga força. Sven sugere que entremos em contato com meus antigos treinadores na Síria para obter meus recordes pessoais e assim ter um ponto de referência no qual mirar. Os treinadores respondem com os meus melhores momentos: 2:12 nos duzentos metros livre, 1:02 nos cem; 1:09 nos cem metros borboleta, 10:05 nos oitocentos. Estou longe de alcançar esses tempos agora.

— Estou vendo que você leva a natação a sério — observa Sven uma noite. — Seu comprometimento com os treinos… Bem, eu não poderia querer uma atleta melhor. Então a pergunta é: está fazendo isso porque simplesmente gosta de nadar ou porque realmente quer alcançar algo?

— Eu já disse. Quero ir às Olimpíadas.

— Ótimo. Então vamos conversar sobre um plano de treinamento. Você não vai conseguir chegar ao Rio no próximo verão, mas não há nada que nos impeça de mirar em Tóquio em 2020.

Fico olhando para Sven. Ele está sendo sincero. Meu coração vai na garganta. Estou mais que pronta para isto. Ele está me levando a sério. Finalmente, alguém que vê como estou disposta a fazer qualquer coisa para nadar, e esse alguém está disposto a lutar tanto por isso quanto eu. Sven explica que precisamos de metas de longo prazo. Trabalharemos para recuperar minha força e resistência e nos concentraremos na minha aeróbica até o verão. Ele diz que preciso continuar me esforçando para ganhar massa muscular e reduzir a retenção de líquidos, já que ainda preciso perder mais ou menos quatro quilos se quiser parar de afundar tanto na borboleta. E ele tem razão — maldito Burger King! Ainda não vamos mirar nos exercícios técnicos porque minha base técnica é muito boa. Isso é importante na hora de ganhar velocidade, mas não é tudo. Sven afirma que o objetivo deve ser me reaproximar dos meus melhores tempos pessoais até o final desta temporada. Assim, no ano que vem, posso tentar alcançar uma melhoria de 5% em comparação, e mais 3% no ano seguinte. Se eu fizer isso, diz Sven, eu poderia alcançar o índice B para Tóquio até a primavera de 2020. Isso supondo que eu possa competir pela Síria.

— Detalhes — digo, sorrindo de orelha a orelha. — O principal é mirar em Tóquio.

Uma semana depois de começarmos a trabalhar em nosso plano de longo prazo, Sven vem falar comigo após o treino. Vejo que ele está entusiasmado, incapaz de parar de sorrir enquanto me conta a novidade. Tudo começou quando ele estava assistindo ao noticiário na TV uma noite, algumas semanas antes. Thomas Bach, presidente do Comitê Olímpico Internacional, fez um discurso na ONU, anunciando auxílio para os atletas refugiados que não podem competir nas Olimpíadas porque fugiram de seus países.

— Então escrevi um e-mail para o COI sobre você — revela ele, sorrindo. — Eu disse que estaríamos interessados em qualquer ajuda que eles quisessem lhe dar. Eles responderam de volta hoje dizendo que estão pensando em como apoiar você.

Fico olhando fixamente para a mesa, profundamente confusa. Receber ajuda do COI é uma oportunidade incrível para qualquer atleta, mas receber ajuda porque sou uma refugiada? É meio que como caridade. Se eu competir nas Olimpíadas, quero que seja porque sou boa o suficiente, não porque as pessoas têm pena de mim.

18

Ainda está escuro quando chegamos. Nosso horário é às onze, mas Sara diz que, para entrar na fila, devemos estar no escritório às cinco. Ao entrarmos na sala de espera de pé direito alto, somos assoladas por um fedor intenso. Alguém vomitou em um canto. Encontramos lugares para sentar em uma das fileiras de cadeiras marrons. Às seis, a sala já está repleta de gente miserável se apinhando contra o frio. Um exército de guardas musculosos enfileirados na parede nos olha atravessado. Sven veio conosco para dar apoio moral. Ele está horrorizado; a recepção deplorável não tem nada a ver com o que ele esperava. Sara diz para ele não se preocupar. Nós esperamos, entramos, pedimos asilo e acabou.

Chegam onze horas e nada. Já passa de uma da tarde quando nosso número é chamado. Entramos enfileirados em um escritório. Um homem atrás de uma mesa nos dá alguns formulários para preencher. Depois, ele entrega a cada uma de nós um pedaço de papel e diz que com isso enviamos nossos pedidos de asilo. Estou confusa; eu pensava que nos entrevistariam sobre o motivo de termos deixado a Síria, mas o oficial explica que essa parte vem mais tarde. Temos que esperar mais três a cinco meses até a entrevista. Depois, são mais quatro a seis semanas para a decisão final.

Estou chocada. Já esperamos dois meses e meio por este encontro, e agora estão dizendo que pode levar mais seis meses para sabermos se podemos ficar na Alemanha? Precisamos esperar para receber asilo antes de ter direito de solicitar um voo para mamãe e Shahed virem da Síria e finalmente se juntarem a nós. O problema é que até lá pode ser tarde demais. A reunião com membros da família é apenas para menores, e eu completo dezoito anos em março. Estamos no final de novembro. Neste ritmo, receberei asilo no meio do ano, quando já terei passado da idade de poder trazer minha família para cá. Sven olha para o funcionário enquanto ele explica. Posso notar que ele está com raiva. Sara arrasta a cadeira para trás e se levanta.

— Ok — diz ela. — Vamos dar o fora daqui.

Naquela noite, enquanto Sara está na rua com seus amigos voluntários, dou a notícia a mamãe pelo telefone. Nosso plano de trazer Shahed e ela para a Alemanha provavelmente não dará certo.

— Mas Yusra, *habibti*, eu não pensei que demoraria tanto. Eu devia ter ido com vocês. Apenas conversar por telefone não é o bastante. Sinto saudade das minhas filhas.

— Talvez ainda dê certo. Talvez o processo corra mais rapidamente do que eles dizem.

— Mas eu não posso fazer nada sem você — insiste mamãe, e dá para ouvir que está chorando. — Para que trabalhar ou fazer compras se não há ninguém para quem comprar? Nada mais tem sentido. Eu me sinto vazia. Não posso esperar mais. Estou indo para a Alemanha com Shahed agora mesmo. Se vocês conseguiram, nós também conseguimos.

Eu peço a ela para não chorar, afirmando que pensaremos em alguma coisa, embora, no fundo, saiba que ela tem razão. Não há outra maneira de estarmos juntas novamente. O problema é que mamãe e Shahed não podem fazer a viagem sozinhas. Ligo para papai na Jordânia, explico que a papelada está demorando muito e lhe peço para trazer mamãe e Shahed para a Alemanha. Assim poderemos estar todos juntos novamente. Papai tem medo de deixar o emprego de treinador, mas eu afirmo que ele pode recomeçar aqui. Talvez Sven e o clube possam ajudá-lo do mesmo jeito que me ajudaram. Enquanto argumento, percebo o quanto preciso dele aqui comigo. Para treinar, para melhorar, para realmente alcançar alguma coisa. Só meu pai sabe exatamente o que preciso fazer para melhorar, para ficar mais rápida.

Mais tarde, quando Sara chega, conto meu plano a ela. Assim como eu, Sara não gosta nada de pensar em Shahed atravessando o mar como nós fizemos. A ideia de Shahed à mercê de um bote no meio do mar é indigesta, mas já ouvi histórias sobre pessoas indo da Turquia para a Grécia de iate. Talvez papai possa pagar um pouco mais e providenciar um transporte melhor. Ainda assim, é difícil imaginar nossos pais dormindo ao relento ou esperando a noite toda para cruzar as fronteiras. Por fim, Sara concorda; não há outra forma de trazê-los para cá. Depois disso, as coisas acontecem rapidamente. Mamãe e papai combinam de se reunir em Istambul, na Turquia, e seguir a mesma rota que nós fizemos para a Alemanha. Ambos pedem demissão do emprego e enviam alguns pertences por correio com antecedência. Um dia antes de mamãe e Shahed saírem de Damasco, estou no clube comendo com Sven, que está arrastando a comida pelo prato.

— Fala logo, o que foi? — pergunto.

— Certo — diz Sven, deixando o garfo sobre a mesa. — Então, o COI está falando em fazer alguma coisa nas Olimpíadas do Rio 2016. Estão formando uma equipe olímpica de atletas refugiados e insinuaram que você poderia estar nela.

— Uma o quê? Uma equipe de refugiados? O que é isso?

Sven explica que o COI planeja levar uma equipe de atletas refugiados para as Olimpíadas. Pessoas que de outra forma não poderiam competir nos Jogos porque fugiram de seus países. Ele não sabe mais nada a respeito. O COI foi um tanto vago quanto aos detalhes.

— Espera, mas eles me mencionaram? — pergunto, empurrando meu prato de macarrão ainda pela metade sobre a mesa.

Sven diz que foi Pere Miro, diretor adjunto do COI. Durante uma entrevista coletiva, ele contou aos jornalistas sobre a equipe e disse que o COI está procurando atletas refugiados pelo mundo inteiro. Já havia três no páreo: um congolês que mora no Brasil, um iraniano que está na Bélgica e uma nadadora síria que atualmente mora na Alemanha. Eu levanto as sobrancelhas. Eu. Eles estavam falando de mim. Sinto um calafrio de emoção disparar da cabeça aos pés. Estou maravilhada, mas também um pouco chocada.

Sven diz que é tarde demais para ficar em dúvida. Os jornalistas já nos encontraram. A conta de Sven no Facebook foi inundada da noite para o dia. Ele recebeu oitenta pedidos de jornalistas querendo me entrevistar, grande parte deles convencidos de que já estou na equipe de refugiados e que vou competir nos Jogos Olímpicos do Rio. Mal posso acreditar. Isto é uma loucura. O próprio Sven disse não haver como eu estar pronta para nadar no Rio. De repente, eu me dou conta. Se eu competir, será porque sou uma refugiada.

— Ok, sim, eu admito, sou uma refugiada — digo, levantando as mãos. — Mas refugiado não é minha equipe, é? Essa palavra não me define, define? Eu sou síria. Sou uma nadadora. Não vou competir por uma equipe de refugiados. É tão... Bem, é um pouco ofensivo.

Sven olha para mim como se eu tivesse acabado de esbofeteá-lo.

— Como assim? — pergunta ele, balançando a cabeça. — Você não está fazendo sentido.

Ele se inclina para mim, me olhando fixamente nos olhos.

— Diga-me novamente o que você quer.

— Nadar. Eu quero nadar nas Olimpíadas.

— Nadar. Certo. Nas Olimpíadas, certo? Então me diga o seguinte: importa mesmo por quem você nada?

Eu fico em silêncio, lutando comigo mesma por um minuto. É aquela palavra. Refugiado. São as bombas, o mar, as fronteiras, o arame farpado, a humilhação e a burocracia. E, sim, também é a dolorosa questão da caridade.

— Yusra, pense nisso. É a sua chance de fazer o que você mais deseja no mundo inteiro. Você pode nadar. Você pode competir. E não apenas em uma competição qualquer. São as Olimpíadas. Seu sonho.

Eu digo que preciso de um tempo para pensar a respeito. O treino no dia seguinte praticamente não conta. Minha cabeça está a mil com a equipe de refugiados, a mil com aquela palavra, a mil com as Olimpíadas. Quanto mais penso no assunto, mais incerta me sinto quanto à ideia toda. Assim, logo após decidir não ir, mudo de ideia novamente. Poderia ser minha chance de mudar as coisas para melhor, mesmo que apenas um pouquinho? Talvez eu possa ser um exemplo para as pessoas. Mostrar que mesmo que uma bomba exploda sua vida em pedacinhos, você se levanta, espana a poeira e segue em frente.

No fim do dia, estou mais confusa do que nunca. Digo a Sven que ainda acho a ideia de uma equipe de refugiados um pouco ofensiva. Se um dia eu chegar aos Jogos Olímpicos, quero que seja porque sou boa o suficiente, que seja porque me esforcei para isso. Mas depois penso em

Malala, a ativista pelo ensino para meninas. Ela tem uma mensagem e está lá fora, mudando o mundo. Sei que não sou Malala. Eu não cresci querendo mudar o mundo, eu só queria nadar. Isso é tudo o que eu quero agora, mas estou trabalhando duro para construir uma nova vida, treinando todos os dias para alcançar meus objetivos. Isso tem que contar para alguma coisa. Pela primeira vez, vejo como eu poderia inspirar as pessoas. Então digo a Sven que tomei minha decisão. Eu vou.

Sven abre um sorriso radiante.

— É a coisa certa a fazer — diz ele.

Sven me lembra que, no entanto, ainda não há nada oficializado. Ainda não há um plano fixo para a equipe, como ela deve funcionar ou se os atletas devem se classificar da maneira tradicional. Se o COI for adiante, haverá uma lista grande para entrar na equipe e depois uma pré-seleção. Continuamos treinando com Tóquio em mente.

No dia seguinte, Sven recebe duas ligações da Confederação Alemã de Esportes Olímpicos, ou DOSB. A primeira chamada é de um homem chamado Michael Schirp, um dos responsáveis pela assessoria de imprensa, se oferecendo para nos ajudar a coordenar todas as solicitações da mídia. Em seguida, uma mulher chamada Sandra Logemann liga em nome do braço alemão da Solidariedade Olímpica. Ela diz a Sven que a DOSB poderia intervir junto ao Ministério do Interior da Alemanha para acelerar meu pedido de asilo, bem como o de Sara. Se houver possibilidade de viajar para o Rio no verão, precisarei que o processo avance mais rápido.

Quando Sven me conta, eu perco o fôlego. Se minha reivindicação for acelerada, isso não significará poder trazer mamãe, papai e Shahed para cá de avião? A possibilidade os pouparia de arriscar a travessia por mar. Após o treino na manhã seguinte, recebo uma mensagem de papai avisando que os três chegaram bem à costa turca. Eles estão esperando o mar se acalmar em um hotel, depois embarcarão em um iate para a Grécia. Por um instante, me vejo de volta à costa na Turquia, olhando para as ondas agitadas, e fico apavorada por eles. Em pânico, escrevo uma mensagem atrapalhada para papai dizendo-lhe para não fazer a travessia, para voltar. Pode ser que eu vá às Olimpíadas; o governo está acelerando nossos pedidos de asilo e talvez possamos trazê-los para cá legalmente, afinal. Ele pede para que eu não me preocupe, já está tudo arranjado. Eles estão vindo.

Na tarde seguinte, Sara e eu estamos sentadas no Alfreds, tentando desesperadamente pensar em tudo menos no mar. Tentamos conversar, nos distrair, mas cada vez que nos calamos, vejo as ondas cintilantes e insistentes diante dos meus olhos. Depois do que parecem horas, meu telefone toca. É papai, avisando que conseguiram chegar à Grécia. Sara liga de volta para ele imediatamente.

— Graças a Deus vocês estão bem, pai. Ponha a mamãe na linha. Quero ouvir a voz dela. Mãe! *Alhamdulillah*, você está bem?

Eu espero um pouco e estico o braço para pegar o celular. Sara me passa o aparelho.

— Estamos bem, Yusra, graças a Deus — diz mamãe. — Estamos muito cansados.

— Tudo bem, mãe, estamos orando por vocês — respondo. — Dê um beijo em Shahed por mim.

Papai escreve novamente no dia seguinte avisando que eles chegaram a Mitilene, a cidade na ilha de Lesbos, e estão esperando a documentação ser processada. Eles avançam rapidamente ao longo dos dias seguintes, atravessando da Grécia para a Sérvia. Recebo uma mensagem dizendo que a Hungria fechou a fronteira e que eles estão entrando em um ônibus gratuito para viajarem pela Croácia. Naquela semana, Sara e eu recebemos uma visita de Lam e Magdalena. Eles querem nos entrevistar e tirar fotos para um artigo de revista. É bom revê-los, mas eles me lembram daquele pesadelo na Hungria justamente quando estou tentando não me preocupar com minha família. Steven também entra em contato comigo. Eu lhe escrevo uma atualização sobre o que está acontecendo comigo e ele a publica na internet.

— Quero mandar uma mensagem para todas as pessoas na Bélgica e em todo o mundo — escrevo. — Nunca desista de algo que você quer. Tente e, se fracassar, precisa tentar novamente e lutar até seu último suspiro.

Como sempre, a melhor distração é treinar. Agora posso nadar três provas de oitocentos metros, uma após a outra, cada uma em menos de 10:30. Já perdi quase todo o peso que ganhei durante a pausa na natação.

246   Borboleta

Estou progredindo, mas mal posso esperar para contar com a orientação e a força de vontade do meu pai me ajudando a avançar. Os treinos se encerram no Natal e sou deixada com meus receios sobre a jornada da minha família.

Um dia antes da véspera de Natal, Sara e eu estamos sentadas no Alfreds quando ela recebe uma ligação de um número desconhecido. É a mamãe. Ela pegou o telefone de um desconhecido emprestado para contar que eles chegaram à Alemanha e estão em um trem rumo a Berlim. Dentro de uma hora, estou de pé na plataforma de Hauptbahnhof, a principal estação ferroviária da cidade. Não tiro os olhos da tela acesa em azul no alto. O trem está no horário. Eles estarão aqui a qualquer instante. Meu estômago se revira todo. Mamãe, papai, Shahed. Em Berlim. As plataformas em camadas da estação ascendem até alcançar uma colossal cúpula de vidro no teto. As luzes de Natal piscam. Está frio. Posso ver o vapor da minha respiração.

Eu olho para Sara, que está mordendo o lábio. Um anúncio chiado em alemão ecoa pelo vidro e pelo concreto. Um trem branco se aproxima serpenteando pela plataforma, os faróis dianteiros parecendo dois olhos vermelhos em volta de um focinho pontiagudo. Procuro pelas janelas largas enquanto os vagões passam, mas não consigo encontrá-los. O freio relincha. Então, por trás de uma janela junto a uma das portas, mamãe. Quando ela nos vê, seu rosto ansioso se transforma com um sorriso largo. O trem para, a porta se abre. Shahed salta para a plataforma, corre até mim e atira os braços na minha cintura. Depois vem mamãe, que me segura pelos ombros, beija meu rosto e minha testa. Atrás dela, papai. Eu corro para os braços dele, que me abraça forte pela primeira vez em três anos.

— Yusra, *habibti* — diz ele ao meu ouvido. — Eu pensei… Depois de duas horas no mar… eu não tinha nenhuma notícia. Eu comecei a rezar.

Sinto-me estranhamente entorpecida e distante, como se estivesse nos olhando de uma das plataformas superiores. Mamãe e papai parecem exaustos, com olheiras fundas e escuras. Shahed olha para mim e para Sara, seu rostinho encharcado de lágrimas.

— Pensamos que não conseguiríamos chegar aqui hoje — confessa mamãe. — Quando chegamos a uma cidade chamada Mannheim, eles tentaram nos manter lá, mas nós dissemos que não, nossas filhas estão em Berlim. Precisamos ir até elas.

Mamãe sorri e nos puxa para outro abraço. Vejo que Shahed está tremendo. Eles vão precisar de roupas mais quentes. Explico que todas as lojas estarão fechadas no dia seguinte por causa do Natal, então precisamos ir às compras agora mesmo. Shahed olha pelas laterais do elevador de vidro enquanto flutuamos até o andar térreo da estação. Ali, no saguão principal, foi montada uma árvore de Natal sintética com oito metros de altura. A árvore é cheia, cafona e dourada. Mamãe tira uma foto nossa diante dela. Depois entramos em uma loja de roupas na própria estação, onde eles compram suéteres, gorros e cachecóis. Sven providenciou para que mamãe, papai e Shahed passassem o Natal conosco na sede do clube. Compramos um pouco de comida e voltamos para o Olympiapark. Ligo para Sven no caminho e ele vem ajudar os três a se instalarem em seus quartos. Eles tomam banhos demorados e vão direto para a cama, onde dormem profundamente até tarde.

Na manhã seguinte, véspera de Natal, espero no refeitório deserto ao lado de Sara. Vemos flocos de neve flutuando lá fora e em seguida derretendo na vidraça da janela. Mamãe acorda pouco antes do meio-dia e entra no refeitório com os olhos sonolentos. Ela nos abraça novamente e se senta em uma das bancadas de madeira.

— Então, como foi a viagem? — pergunto.

— Ah, a travessia foi terrível. Disseram que teriam coletes salva-vidas para nós, mas não tinham. O iate estava muito lotado. Shahed e eu só pudemos sentar porque um bom homem nos ofereceu um assento.

— O mar estava agitado? — pergunta Sara.

— Não, estava calmo, mas no final batemos em algumas pedras e durante quinze minutos pensei que todos se afogariam. Apesar disso, acabamos alcançando a costa. *Alhamdulillah*.

— E vocês não passaram pela Hungria? — pergunto.

— Não, há uma cerca lá agora. Os soldados nos colocaram em ônibus para a Sérvia e a Croácia, depois para a Áustria e, por fim, para a Alemanha. Ficamos pulando de ônibus em ônibus. Foi tudo muito rápido.

— Ahã — digo, olhando para Sara.

248 Borboleta

Sara ri.

— Parece que foi tranquilo — diz ela.

A véspera de Natal no Olympiapark é muito calma. Passo a noite com Elise e sua família. Comemos um grande banquete e trocamos presentes. No dia seguinte, dia de Natal, Sara leva mamãe e Shahed para visitar um amigo dela, e Sven convida a mim e papai à sua casa. O apartamento de Sven está lotado. Sua família inteira está lá. A barreira idiomática não parece sequer importar. Papai sorri para todos enquanto comemos a salada de batata alemã e o fricassê de frango. Estou muito feliz. Quando cheguei à Alemanha, poucos meses antes, nunca sonhei que passaria meu primeiro Natal na Europa assim, rodeada de amigos.

Na noite seguinte, Sara anuncia que vai sair. Ela entra na cafeteria para se despedir com o rosto cheio de maquiagem e um vestido curto. Eu me encolho um pouco, prevendo a discussão. Mamãe a olha calmamente e pede que não chegue muito tarde. Só consigo continuar olhando, de queixo caído, e depois observo meu pai. Ele nem tira os olhos da tela do celular. Não acredito. As coisas serão mesmo tão diferentes assim agora que estamos na Alemanha? Ou a viagem mudou como eles nos veem? Sim, é isso. Nós mostramos quem somos. Fomos corajosas. Nunca ultrapassamos nenhum limite, apenas nos protegemos. Provamos que sabemos nos cuidar, que sabíamos o que estávamos fazendo. Agora somos adultas, temos poder com nossos pais. E daí se a Sara sai com os amigos dela?

Alguns dias mais tarde, mamãe e papai dizem que vão "se entregar" para que as autoridades lhes designem um acampamento com Shahed. Sara liga para nosso amigo Ayham, que ainda mora no *heim* em Spandau. Assim como Sara, ele tem feito trabalho voluntário na Moabit Hilft, uma iniciativa civil que ajuda recém-chegados a se estabelecerem em Berlim. Ayham ajuda a encaixar minha família em um *heim* que não esteja muito lotado. Eles vão parar do outro lado da cidade, a cerca de uma hora de trem. Dois dias após o Natal, papai vem ao Alfreds, e Sven e eu o levamos para a piscina para nadar. Sven sugere que papai ajude com nossa turma. Pela primeira vez em semanas, me sinto verdadeiramente feliz. Minha família está aqui. Estamos todos seguros. Posso nadar, e agora meu pai pode me ajudar a melhorar.

Passo o Ano-Novo com Elise e a família. Todo mundo quer me ensinar sobre as tradições alemãs. À meia-noite, assistimos da janela às centenas de fogos de artifício pipocando sobre a cidade. Depois derretemos pequenos pedaços de metal fino em uma tigela de água. Elise diz que as formas ajudam a prever o futuro, mas eu não recebo respostas sobre o que está por vir.

No início do novo ano, Sven começa a se preocupar com meus estudos. Ele providencia uma professora particular de alemão para mim, uma amiga dele chamada Corinna. Ela vem duas vezes por semana durante uma hora para estudarmos no Alfreds. Aprender alemão é difícil, mas já saber inglês ajuda muito. Um dia, ainda no início de janeiro, Sven entra no final da minha aula enquanto estou lendo meu dever de casa em voz alta. O exercício era listar em alemão quem são meus melhores amigos. Eu olho para o que escrevi.

— *Meine beste Freundin ist Elise* — leio devagar. — *Mein bester Freund ist Sven.*

Olho para Sven e sorrio. Ele está de pé na porta com os olhos vermelhos. Ele consegue abrir um sorriso, pigarreia, dá meia-volta e sai.

Talvez seja apenas o início de um novo ano, mas todos parecem estar pensando muito no meu futuro. No jantar com Sven, naquela mesma noite, papai pergunta se estou planejando fazer faculdade. Respondo que sim, claro, mas Sven franze o cenho e balança a cabeça. Estudar na Alemanha não é tão simples quanto eu pensava. Deixei a Síria antes de terminar a escola, e Sven diz que nenhuma universidade alemã me aceitará sem diploma. Ele se oferece para falar com o diretor da escola Poelchau, a escola desportiva de elite aqui no Olympiapark, e ver se eles me aceitam.

— Só para o último ano? — pergunto.

— Bem, não. Acredito que você teria que recomeçar com os jovens do nosso grupo. As aulas são em alemão, então você precisaria aprender o idioma primeiro. Depois de quatro anos, você faria seu *Abitur*, o exame de conclusão do ensino médio alemão, e assim poderia estudar.

Eu arregalo os olhos.

— Quatro anos?! Isso seria ridículo. Não quero voltar à escola por mais quatro anos. Na Síria só faltava mais um ano para me formar.

Minha cabeça está rodando. É um pesadelo. Eu quero ir em frente, não voltar para o nono ano. Já estou treinando com crianças de quatorze anos, agora Sven quer que eu volte para a escola com elas? Traduzo a conversa para papai, que certamente não espero que concorde. Contudo, para minha surpresa, ele acha que é isso que eu deveria fazer.

— Nadar não dura para sempre, Yusra. Você precisa estudar.

Eu reviro os olhos e suspiro. De volta à escola, então. A boa notícia é que a Solidariedade Olímpica, braço do COI que apoia o desenvolvimento de atletas, me concedeu uma bolsa de estudos. A verba deve pagar pelas instalações, treinos e custos de viagem para as competições, e não depende de minha classificação para a equipe de refugiados ou não. Eles a ofereceram a mim não importa o que aconteça. É uma grande oportunidade.

Mal posso esperar para voltar para a piscina e estou animada quando os treinos recomeçam após as férias de fim de ano. Papai se junta a nós para a primeira sessão, mas na maior parte do tempo ele fica quieto e observa Sven trabalhar. Um dia, não muito depois da retomada dos treinos, Richie, um dos meninos do grupo, me chama no caminho para os vestiários. Ele diz que seu pai toca bateria em uma banda de rock e me convida para um show no sábado seguinte. Thomas, do nosso grupo, também vai, e o pai de Richie já pediu ao Sven. Fico ao mesmo tempo emocionada e surpresa. Será uma bela mudança sair e fazer algo diferente. Finalmente, depois de uma longa semana de trabalho e desafios, chega o sábado. Sara também vai sair, então nos arrumamos todas. Sven me leva ao local do evento, onde encontramos Richie, Thomas e seus pais. Estou relaxada e feliz. É a primeira vez que saio em meses.

Pegamos bebidas e nos sentamos em um canto, esperando o show começar. Estou olhando o Facebook. Ali, na minha linha do tempo, um post diz "RIP Alaa". Eles não podem estar falando de Alaa, minha colega de escola de Damasco, podem? Uma onda de náusea me revira o estômago. Não. É uma piada. Deve ser uma piada de mau gosto. Eu desço a tela. Outro post: "RIP Alaa". Continuo a página. Um terceiro post. Desta vez da prima de Alaa.

— Sven — digo, sentindo o pânico aumentar.

Sven franze a testa, preocupado.

— O que foi?

Eu me levanto, mas a sala está rodando. Não pode ser verdade. Alaa não pode estar morta. Ela estava lá, há apenas alguns meses, no café em Malki, bonita, meio louca e muito viva. Eu me afasto da mesa e me escondo atrás de uma cortina, de onde ligo para Sara.

— Sara, você viu? Estão dizendo que a Alaa morreu.

Eu mal ouço sua resposta. Ela avisa que está voltando para o Alfreds, que vai me encontrar na sede do clube, e desliga. As paredes parecem estar desmoronando ao meu redor. As lágrimas vêm. Saio de trás da cortina e me deparo com Sven de pé, me observando.

— Minha amiga morreu. Acabei de ver no Facebook. Eu tenho que ir.

Sven termina o refrigerante em um gole e pega nossos casacos da chapelaria. Não consigo nem falar no caminho para casa. Fico olhando o Facebook e chorando. Não foi nem pela guerra. Alaa e a irmã mais velha já tinham deixado a Síria. Também não foi o mar — elas não chegaram tão longe. As irmãs morreram em um acidente de ônibus no caminho de Istambul para Izmir. O ônibus estava correndo demais ao dobrar uma curva nas colinas, capotou e pegou fogo.

Chegamos de volta ao clube em vinte minutos. Sara já está esperando em uma das mesas do salão de jantar com uma amiga. Eu ainda não consigo falar. Passo direto por elas e entro no quarto, fechando a porta. Eu me atiro na cama e choro. Sven fica do lado de fora e bate na porta, mas não abro. Ele chama meu nome. Eu não respondo. Só quero ficar sozinha.

— Yusra? — pergunta Sara. — Saia e fale conosco.

— Por favor, me deixem. Vão embora.

— Vamos lá, Yusra — insiste Sara. — Alaa e a irmã dela estão em um lugar melhor. Eu sei que é triste, mas pelo menos agora elas estão em paz.

Eu a ignoro. Não posso falar com ninguém no momento. Por fim, Sara desiste e vai embora. Eu pego o celular de novo. Talvez seja um engano? Talvez elas tenham sobrevivido. Apenas sete pessoas foram confirmadas como mortas. As outras trinta só se feriram. Talvez Alaa esteja no hospital em algum lugar na Turquia. Escrevo para a prima de Alaa: *Ela está morta mesmo? Porque há sobreviventes do ônibus. Vá ter certeza*, digo. *Talvez elas tenham sobrevivido*. A resposta é rápida: *Não,* habibti. *Sinto muito. É verdade. As duas morreram.* Eu explodo em soluços novamente.

Há uma batida forte na porta. Meu pai. Eu lhe digo para me deixar em paz. A dor vem em ondas. Soluço de tanto chorar por minutos a fio, depois paro, olho para a parede e respiro fundo, tentando me acalmar. Quando penso na mãe delas, perdendo as duas filhas ao mesmo tempo, a tragédia volta a retorcer minhas entranhas e eu desmorono. Respire, espere. A próxima onda vem. A dor que ela sofreu, a maneira como ela morreu. A esperança que elas sentiram em sua jornada, o medo. Choro mais e rezo por suas almas. A noite já está terminando quando me deito, exausta. Conforme adormeço, penso no rosto de Alaa. Minhas lágrimas ensopam o travesseiro.

Estou em um apartamento em Damasco com mamãe e Shahed. Um assobio estridente rasga o ar acima. O impacto. As paredes tremem e desmoronam, a alvenaria cai à nossa volta. Shahed grita à medida que o edifício desmorona.

Tudo fica preto. Estou nos escombros. Consigo sair, tossindo a poeira bege. Sem mamãe, sem Shahed. Eu cavo os escombros procurando por elas, o pânico crescendo conforme reviro as pedras. Ouço gemidos em meio ao concreto quebrado. Uma voz chama meu nome. Quando me viro, vejo mamãe, calma e sorridente, segurando Shahed nos braços.

Tudo fica preto novamente. Estou na piscina em Berlim, batendo os pés dentro d'água e me apoiando na margem. Uma voz grave ecoa da água e das paredes do salão.

— Yusra, você tem uma escolha a fazer — diz a voz. — Você não tem muito tempo para fazê-la. Você pode ficar aqui ou pode voltar ao seu país e sofrer com o resto. Você precisa escolher, Yusra. Só você pode escolher.

Eu acordo chorando.

PARTE SETE

A tempestade

19

Nas primeiras semanas após o Natal, papai acompanha todos os meus treinos. Ele me observa nadar, me dá dicas, me incentiva. Na maior parte do tempo, ele fica sentado em silêncio ao fundo, tímido demais para comentar ou contradizer Sven. Com o passar das semanas, se afasta gradualmente da piscina. Entendo que tem outras coisas com que se preocupar, como conhecer Berlim, apresentar seu próprio pedido de asilo, aprender alemão.

Sven acompanha Sara e eu em nossas entrevistas de asilo no final de janeiro. Nossa assistente social supervisiona casos especiais: espiões, celebridades, personalidades do esporte. Ela fica surpresa quando perguntamos se Sven pode entrar na sala conosco. Somos as primeiras mulheres que ela já viu trazendo um homem. Eu sorrio e digo que Sven não conta. Ele já é praticamente da família, de qualquer maneira. A entrevista em si é bastante simples, com perguntas sobre nossas origens, se éramos politicamente ativas na Síria e como e por que viemos para a Alemanha. O encontro leva cerca de meia hora. No final, a assistente informa que saberemos a decisão final dentro de seis semanas. Mais um passo dado no processo de asilo. Apenas seis semanas até termos certeza quanto a poder continuar na Alemanha.

Estou aliviada, mas, no ônibus de volta ao Olympiapark, não consigo evitar a culpa. Aquele tratamento especial não parece certo. Conseguimos fazer nossas entrevistas muito antes só porque eu poderia estar na equipe de refugiados, só porque a DOSB interveio com o Ministério do Interior. Observo as ruas cinzentas e me pergunto como é o processo de asilo para os outros. O governo tem todo o poder nas mãos e pode fazer você correr de escritório em escritório, de fila em fila. Você pode saltar por cada aro e, no final, um funcionário ainda pode dizer não, mandar você embora, de volta para enfrentar seja lá do que você tenha fugido. Até atravessar fronteiras fechadas é melhor que isso. É possível usar de perspicácia para passar por barreiras físicas. Aqui, se o governo disser não, não há muito o que fazer.

Eu me lembro de que aquele tratamento especial é apenas por uma questão de prazo. A DOSB interveio junto ao Ministério para acelerar as coisas e me permitir viajar. Não é apenas porque talvez estejamos nas Olimpíadas do Rio — Sven também organizou uma viagem a Luxemburgo para uma competição no final de abril: o CIJ Meet, um dos eventos oficiais de classificação para o Rio. O COI tem sido vago quanto à necessidade de me classificar para a equipe de refugiados da maneira tradicional, mas eles disseram que não faz mal nadar em um evento de classificação.

Na segunda-feira seguinte, volto para a escola. Um mês antes do meu aniversário de dezoito anos, estou repetindo o nono ano. Sven está incrivelmente contente — já eu, nem tanto. Sou grata pela oportunidade e sei que todos só querem o melhor para mim, mas, para falar a verdade, a única vantagem é compartilhar a mesma rotina que os jovens de catorze anos da minha equipe de treino. As aulas são uma tortura. Eu já estudei tudo aquilo antes. Escolho ficar no fundo da sala desenhando e escrevendo e olhando pela janela até chegar a hora de nadar novamente. "Meu nome é refugiada", escrevo no verso do livro de exercícios. "Pelo menos é assim que me chamam." Ao final da primeira semana, já estou em apuros com meus professores. Eles dizem a Sven que não estou dando valor à oportunidade de aprender. Eles não me entendem. Eu quero estudar, só não dessa forma.

Pelo menos tenho muitas distrações das alegrias matemáticas do nono ano, a começar por todas as solicitações da mídia. Pouco antes de entrar na escola, o presidente do COI, Thomas Bach, visita uma instalação para refugiados em Atenas e confirma aos repórteres que haverá uma equipe deles nas Olimpíadas do Rio. A caixa de entrada de Sven é inundada mais uma vez com pedidos de entrevista. Eu mesma leio diversos deles, mas deixo tudo para Sven responder. Não demora muito para ele estar recebendo e-mails demais para ler.

— É estranho que eles só queiram falar comigo — digo a Sven. — E os outros atletas refugiados que o COI mencionou estarem na disputa? O congolês, a iraniana?

— Não sei se os jornalistas os localizaram. Você fala inglês e é síria. Muitos repórteres querem falar da guerra. Além disso, tem a sua incrível história.

— Que história?

— A história do barco, boba.

— Ah, isso. Mas já contamos essa história para esses repórteres no ano passado. Por que alguém ia querer ouvir isso de novo?

Sven balança a cabeça.

— Eu não acho que funciona assim — opina ele.

É impossível atender a todos os pedidos de entrevistas, então Michael Schirp, da DOSB, sugere uma coletiva de imprensa. Dessa forma, posso falar com todos os repórteres ao mesmo tempo em vez de interromper meus treinos ou minhas aulas por cada um deles. A princípio, planejamos um evento pequeno na sede do clube em meados de março. Pelos nossos cálculos, comparecerão talvez vinte ou trinta jornalistas. Sven e Michael redigem um comunicado de imprensa anunciando a coletiva em março e pedem a todos que, por favor, me deixem em paz até lá. Convido meus amigos Steven, Lam e Magdalena a me acompanharem. Sei que vou me sentir melhor se eles estiverem lá no dia. Além disso, eles são uma grande parte da minha história.

Pouco tempo depois de enviarmos o comunicado à imprensa, recebo outra mensagem de Rami, meu amigo da natação. Ele conta que voltou a nadar em um clube de Ghent e que encontrou um ótimo treinador. Rami pergunta sobre a equipe de atletas refugiados e quer saber se Sven pode ajudá-lo a entrar em contato com o COI. Respondo que seu treinador pode fazer isso diretamente. Fico animada por Rami também estar tentando entrar na equipe. Imagine só se ambos formos ao Rio. Tudo seria muito mais fácil se meu velho amigo também estivesse lá. Poderíamos rir de tudo o tempo todo.

As semanas passam. Eu nado. Assisto entediada às aulas. Sara e eu passamos quase todos os domingos com mamãe, papai e Shahed. Eles não estão felizes no *heim*, onde há roubos e outros problemas de segurança. Mamãe diz que a comida é terrível e que os banheiros estão sempre sujos. Prometemos tirá-los de lá o mais rápido possível. Assim que a papelada chegar, encontraremos um apartamento onde possamos morar todos juntos. Conforme se aproxima a data da coletiva de imprensa, começo a me preocupar novamente com a equipe de refugiados. Eu sou uma atleta. Por que eu deveria ir às Olimpíadas só por ser uma refugiada? Num domingo, no final de fevereiro, confesso aqueles receios à minha mãe.

— Não seja boba, *habibti* — diz ela distraidamente. — Você merece. Você trabalhou duro a vida inteira para nadar.

— É sério, mãe. Não sei se devo fazer isso.

Mas mamãe não está ouvindo com atenção.

— Pense só nisso — diz ela. — Todo aquele tempo que passei sentada na beira da piscina ou assistindo a suas competições não foi em vão.

Entendo por que é difícil conversar com minha família. Meus pais estão lidando com problemas demais, ocupados com a própria papelada, os próprios pedidos de asilo. Em meados de março, Sara e eu recebemos uma carta dizendo que nossos pedidos de asilo foram aprovados. Podemos ficar por um mínimo de três anos na Alemanha. É um alívio enorme. Penso em Sven, Mette, Elise e sua família, Reni, no clube e na escola. Todos têm sido tão generosos. Eles já me ajudaram a ir tão longe nesta minha nova vida. Agora sabemos que o que temos construído não é apenas temporário. Agora sei que posso ficar, posso continuar me dedicando a realizar meu sonho.

Eu não vejo muito Sara. Ela sai muito, cuidando da própria vida. Uma noite, chego à sede do clube após o treino e escuto *Tarab*, a música tradicional síria, vinda de seu quarto no corredor. Depois de bater na porta a encontro de pé diante da pia, passando maquiagem e se arrumando para sair. Eu me sento em sua cama e olho para as paredes e sua última coleção de cartazes loucos.

— Você já pensou em voltar? — pergunta Sara, se olhando no espelho enquanto passa delineador nos olhos.

— Para a Síria? Com certeza, mas só quando tudo isso tiver terminado.

— Acho que eu vou voltar.

— O quê? Agora? Você enlouqueceu?

— Você não sente saudade de lá? — insiste ela.

Sara faz uma pausa para passar duas camadas de batom vermelho escuro na boca.

— Não se sente mal por todas as pessoas ainda presas na Síria? — insiste.

— É claro que sim, mas como eu os ajudaria voltando?

Sara dá uma última olhada no espelho e se vira para mim. Ela muda de assunto abruptamente e pergunta se pode pegar meu casaco preto emprestado.

— Não. É o meu favorito. Você provavelmente vai rasgá-lo ou perdê-lo.

— Meu Deus. Você está ficando um saco, sabia?

— Como assim? Porque não deixei você usar meu casaco?

— Só porque você tem uma bolsa de estudos, não significa que é melhor do que ninguém — dispara Sara. — Ou é porque você é famosa agora?

Fico olhando um tempo para ela, me levanto, saio e bato a porta. Vou para o quarto, deito na cama e choro. Se minha própria irmã pensa isso de mim, o que os outros estão dizendo? Eu entro no Facebook. Uma de minhas amigas em Damasco mudou a foto de perfil para uma imagem de um mar tempestuoso. Na imagem, em itálico branco, as palavras: "Após a tempestade, vem a calmaria". Fico olhando para a foto por um bom tempo. A tempestade já está durando demais. Quando a Síria terá dias de calma? Quando eu terei?

— Não preciso de esmolas — falo para as paredes do quarto. — Eu não quero ser famosa, eu quero paz para poder reconstruir a minha vida.

No início de março, três dias antes do meu aniversário de dezoito anos, o COI oficializa a equipe por meio de um anúncio. Neste verão, uma Equipe Olímpica de Refugiados, usando a sigla ROT, de Refugee Olympic Team, desfilará atrás da bandeira olímpica na cerimônia de abertura. Haverá até dez atletas na equipe, selecionados de uma extensa lista de 43 potenciais integrantes. Eu estou na lista, assim como meu amigo Rami.

É a primeira vez que o COI me menciona pelo nome. O telefone de Sven toca tanto que ele é obrigado a colocá-lo na geladeira para ter um pouco de paz. Minhas contas nas redes sociais estão uma loucura. Pessoas comuns começam a escrever para mim. Entre as palavras de incentivo, chegam alguns insultos. Das mensagens positivas, uma se destaca. Um jovem me escreve da Síria dizendo que sua mãe foi morta na guerra e o deixou sozinho para cuidar da família. Os alimentos estão tão caros que eles quase nunca comem. "Obrigado", escreve ele. "Minha vida é difícil, mas você me inspirou a continuar." Releio aquela mensagem diversas vezes.

Outros escrevem para me alertar sobre Sven, questionando sua gentileza, perguntando o que ele ganha com isso. Parece que ninguém entende nossa amizade. Nem meus pais conseguem assimilar por que ele está me ajudando tanto. Eles supõem que ele deve estar atrás de alguma coisa. Fama. Dinheiro. Tanto faz. Eu digo a todos que estão sendo ridículos.

Depois há os jornalistas. Eu não imaginava que existiam tantos. Sven me aconselha a desativar todas as notificações do celular e parar de ler meus e-mails. Ele diz que vai cuidar disso com Michael. Parece que a maioria dos repórteres não entende o que é uma pré-seleção. Eles julgam que, só porque estou na lista, significa que definitivamente estarei no Rio, mesmo que nada tenha sido decidido ainda. Estamos todos surpresos com o interesse na coletiva de imprensa. Algumas semanas antes do grande dia, Michael liga para Sven e avisa que precisaremos de um lugar maior. Agora são sessenta meios de comunicação diferentes vindo, alguns compostos por equipes de TV que precisam de mais espaço. Não cabe todo mundo na sede do clube.

Meu aniversário se aproxima — o primeiro na Alemanha. Penso na festa que Sara e Leen fizeram para mim no ano anterior em Malki, Damasco. Onde será que meus amigos sírios estão agora? Decido que não posso deixar a ocasião passar em branco. Peço para Sven organizar uma pequena festa no Alfreds para meus colegas de natação após o treino. Sven estará na Inglaterra para um evento de família e não poderá estar lá no dia, mas ele me liga na noite anterior. Ele diz que na Alemanha as pessoas comemoram à meia-noite do dia de aniversário. Faltam cinco minutos para a meia-noite. Sven sorri na tela e diz que tem uma surpresa para mim. Ele me pede para ir ao meu quarto e abrir uma caixa de madeira. No quarto, encontro uma caixa na mesinha de cabeceira com uma chave no interior. Sven me manda usar a chave para abrir a porta que dá no maior quarto do corredor. A chave encaixa, a fechadura clica e eu empurro a porta para abri-la. Preciso tomar fôlego: Sven decorou o cômodo todo com serpentinas em cores vibrantes e faixas de parabéns.

— Uau. Sven, que incrível.

— Já encontrou seus presentes?

Eu olho pelo quarto e vejo três pacotes sobre a mesa de cabeceira. Desembrulho o primeiro e arfo: um traje de compressão de aspecto caro para ajudar na recuperação muscular após o treino. Dentro do segundo pacote encontro um par de tênis Adidas brancos. O terceiro e menor pacote parece um livro. Quando rasgo o papel me deparo com a autobiografia de Malala. Eu sorrio. Que amigo incrível fui arranjar. Sem Sven, onde eu estaria agora? Só mais tarde entendo que ele não era o único. Na Alemanha toda, milhares de voluntários apoiavam os recém-chegados. Nós tínhamos chegado, tínhamos sobrevivido ao pesadelo e agora nós, os sortudos, tínhamos encontrado amigos para nos ajudar a seguir.

Alguns dias após meu aniversário, o COI e o ACNUR, Alto Comissariado das Nações Unidas para Refugiados, enviam equipes de filmagem à piscina para me entrevistar. Falo bastante das Olimpíadas, que sempre foi meu sonho e é emocionante ter aquela oportunidade fantástica. As equipes tiram fotos do lado de fora do estádio com os anéis olímpicos ao fundo. O fotógrafo do COI me faz pular demonstrando alegria. Diversas vezes. Quando eles vão embora, não posso deixar de me perguntar por que o COI se daria o trabalho de enviar uma equipe de filmagem a menos que eu esteja confirmada na equipe. Sven minimiza aquilo, dizendo que não podemos ter certeza de nada. De qualquer forma, ainda não tenho certeza sobre a ideia de estar na equipe. A cada dia, me vejo oscilando entre uma emoção atordoante e uma dúvida paralisante.

Apesar de todas as coisas pelas quais devo agradecer, é um momento difícil. Eu não gosto da escola. Elise, Mette e Sven são ótimos, mas não tenho amigos da minha idade. Sinto muita saudade da Síria. Além disso, o interesse da mídia significa que a pressão está aumentando. Quero desesperadamente competir nas Olimpíadas, mas também não quero esmolas. Estou ficando mais rápida na piscina, mas é impossível me qualificar da maneira tradicional para o Rio. Minha prática começa a pagar o preço. Seguimos o plano de Sven de mirar em Tóquio, tentando voltar aos meus recordes pessoais até o verão. Evito pensar nos tempos padrão de qualificação para o Rio: 1:00 nos cem metros borboleta e 2:03 nos duzentos metros livre. Mesmo meus melhores tempos estão nove segundos atrás em ambas as modalidades. A última coisa que desejo fazer é falar de tudo isso com jornalistas em uma coletiva de imprensa. Dos meus tempos, dos Jogos Olímpicos ou de ser refugiada. Ou do barco. Muito menos do barco. Sven sabe que não é fácil para mim. Ele está preocupado com toda a pressão.

— Yusra, é só você pedir e nós paramos tudo na hora — diz ele uma noite, uma semana antes da coletiva. — Você só tem que me avisar se não quiser fazer isso. Podemos cancelar tudo, deixar de participar de tudo. Eu falo com a DOSB, com o COI. Podemos encerrar tudo isso.

Fico olhando para ele. Sven está falando sério.

— Mas, se fizermos isso, será definitivo — continua ele. — Tudo estaria acabado. Sem volta. Sem Olimpíadas. O sonho enterrado.

Fico olhando para o chão lutando comigo mesma. Competir nas Olimpíadas sempre foi meu sonho, mas ainda não cheguei lá como atleta. Ao me deitar naquela noite, minha cabeça continua trabalhando a mil por hora. Assim que apago a luz meu telefone apita com uma mensagem de Sven.

"Acho que você deve saber por que estou fazendo tudo isso", escreveu ele. "Às vezes, tenho a sensação, e também já ouvi dizer, de que as pessoas julgam que estou fazendo tudo isso para o meu próprio bem. Preciso saber que você não acha isso. Desde o primeiro dia em que você e Sara chegaram, eu só quis ajudar. E por quê? Só por ajudar. Eu não quero nada, nem dinheiro, nem fama."

Leio a mensagem de olhos arregalados. Conheço Sven, ele não é assim. Ele ajuda porque ele é assim, porque ele foi educado assim. É da sua natureza ajudar os outros sem esperar nada em troca.

"A primeira coisa que você me disse quando chegou foi que queria ir às Olimpíadas, e agora você pode. Se não for este ano, será em 2020. Você pode provar que os céticos estão enganados. Todas aquelas pessoas que atiraram pedras no seu caminho. Lembre-se de que estou aqui para ajudar você a ter um futuro, Yusra. Boa noite."

Eu sorrio e penso até onde Sven e eu já chegamos. Ele tem razão. Competir nas Olimpíadas sempre foi meu sonho. Agora, com a ajuda dele, isso está ao alcance das minhas mãos, mas, de alguma forma, ainda parece errado.

Alguns dias antes da coletiva de imprensa, Michael liga para Sven dizendo que Pere Miro, diretor adjunto do COI, comparecerá pessoalmente. Sven acredita que ele pode estar vindo para confirmar que estou na equipe, mas ainda me sinto dividida. Não quero ir para o Rio se não tiver merecido ou só porque sou síria, só por ser uma refugiada. De qualquer forma, por que precisa ser eu? Aposto que muitas outras pessoas adorariam ter essa oportunidade. De repente, estou decidida a não ir. Vou esperar para ir às Olimpíadas quando estiver pronta. Conto para Sven que não posso fazer aquilo. Naquela noite, ligo para meu pai e revelo minha decisão. Eu não quero esmolas. Não preciso que as pessoas tenham pena de mim. De qualquer forma, que atleta quer ir às Olimpíadas por caridade?

— Talvez você tenha razão — concede papai ao telefone. — Mas talvez também esteja encarando isso da maneira errada. Pense no quanto se esforçou para poder nadar. Todas as horas, todo o sacrifício. Por que não aproveitar a oportunidade? Depois você pode usar sua voz para ajudar as pessoas.

Penso nos horrores que vejo todas as noites apenas ao olhar as redes sociais. Os atentados suicidas, os ataques a gás, as crianças famintas e ensanguentadas. As fugas desesperadas, as orações no mar, pessoas presas indefinidamente em intermináveis fronteiras de arame farpado. Ajudar as pessoas. Sim, eu adoraria fazer isso, mas como? Minha ida às Olimpíadas não vai acabar com a guerra, abrir as fronteiras, nem mesmo reduzir as filas de espera no LaGeSo em Berlim. Mas papai diz que eu poderia ajudar as pessoas de maneira diferente.

— Muito poucos sírios têm uma oportunidade de serem ouvidos — sinaliza ele. — Você pode ser a voz deles. Você conhece grande parte da história deles, porque também já passou por isso. É a chance de todos nós sermos ouvidos.

Mais tarde, deito na cama pensando no assunto. Estou farta de assistir ao sofrimento do meu povo sem poder fazer nada. Se eu for para o Rio, sem dúvida terei mais influência do que tenho agora. Além disso, a coisa toda está pegando impulso. Dentro de alguns dias, estarei falando com o mundo. Jornalistas e equipes de TV do Japão ao Brasil, redes de notícias americanas, agências globais, jornais e revistas de toda a Europa e América. Papai tem razão. Eu deveria contar nossa história. Por todos nós.

No dia anterior à coletiva de imprensa, Sven e eu estamos sentados no Alfreds, matando tempo antes do treino noturno. Pergunto o que acontece se eu acabar indo mesmo para o Rio. Ele supõe que todo esse interesse da mídia pode me tornar um pouco famosa, mas me adverte para, a longo prazo, não contar só com isso. A mídia sempre parte para o próximo assunto, diz ele. Ainda assim, podemos usar isso como um começo, como uma plataforma para a minha voz. Posso usar essa voz para inspirar jovens e aspirantes a atletas, crianças ainda nas escolas, esse tipo de coisa. Sven faz uma pausa e olha para mim.

— Você ainda quer ser uma voz para incentivar mudanças? — questiona ele. — Como Malala?

Eu o olho nos olhos e declaro:

— Se eles me convidarem, eu vou. De qualquer forma, quando se tem a chance de ir às Olimpíadas, você vai.

— É sua decisão final, certo? Está resolvido? Não vamos mais falar sobre isso?

Afirmo que sim. E também darei todas as entrevistas, mas quero melhorar minha comunicação com a mídia. Se terei uma voz, quero que as pessoas me escutem. Sven enumera nos dedos o que os jornalistas vão querer saber. Eles vão querer a história do barco. Eles podem perguntar sobre a Síria. Eles vão perguntar sobre natação e por que anseio em fazer parte da equipe.

— Eu lhes direi a verdade. Estou fazendo isto para inspirar as pessoas a fazerem aquilo em que acreditam, não importa o que aconteça. Mostrar que ter problemas não significa ficar sem fazer nada chorando como um bebê. Quero dar orgulho a todos os refugiados e mostrar que, mesmo que nossa jornada tenha sido difícil, podemos alcançar alguma coisa.

Dizer as palavras em voz alta me dá coragem. Estou surpresa com a calma que sinto. Penso na mensagem do jovem sírio. Talvez tudo valha a pena se eu puder ajudar pessoas como ele a continuarem.

Nesse instante, escuto vozes vindas de fora da sede do clube. Quando me aproximo da janela, vejo papai de pé no final das escadas. Ele está com uma equipe de filmagem e o tradutor de nosso antigo *heim*, Abu Atef. É claro que eles estão me procurando, mas ninguém disse nada sobre entrevistas hoje. No bolso, meu celular toca. É Abu Atef. Atiro o aparelho na cama. Não, eu não vou falar com nenhuma equipe de jornalistas. Amanhã já falarei com uma centena deles e, de qualquer forma, tenho treino em dez minutos. Contudo, estamos presos na sede do clube. Não podemos chegar à piscina sem passar por eles. Eu me abaixo até a altura do parapeito da janela e espio um segurança se aproximar do grupo. Espero com expectativa, imaginando que talvez ele os mande embora, mas o guarda se afasta e a equipe continua plantada lá, esperando para falar comigo quando eu sair. Meu celular toca de novo. Desta vez é meu pai.

— Meu Deus — digo. — Sven, você tem que fazer alguma coisa. Não podemos chegar à piscina sem que eles nos vejam.

Sven tira o celular do bolso e liga para Peter, vice-presidente do clube. Ele saberá o que fazer. Peter diz que está vindo para distrair os jornalistas e assim podermos ir para o treino. Sven desliga e nós esperamos. Da janela vemos, alguns minutos depois, Peter dobrar a esquina na direção da sede do clube. Ele diz algo a Abu Atef e o grupo o segue de volta rumo à entrada do Olympiapark. Pouco depois, o celular de Sven toca. É Peter, avisando que a barra está limpa. Pego a mochila e saímos correndo do clube, escada abaixo. Dobramos a esquina que leva à piscina às pressas. Sem papai, sem Abu Atef, sem equipe de filmagem. Apenas um homem alto de cabelos escuros e terno, parecendo perdido.

— Sven? — pergunta o homem.

Ele estende a mão e se apresenta como Michael Schirp, da DOSB. Pessoalmente, pela primeira vez. Michael e Sven se cumprimentam calorosamente. Depois ele olha para mim e sorri.

— E você deve ser a famosa Yusra?

— Eu mesma — respondo com um sorriso.

Sven coloca uma das mãos no ombro de Michael e o conduz em direção à piscina.

— Estamos com pressa para chegar à piscina — explica Sven. — Fomos encurralados na sede do clube por uma equipe de filmagem nos esperando do lado de fora.

— Ah, não — diz Michael, seu rosto enrugado de preocupação. — Eu gostaria de ter pegado um trem mais cedo. Poderia estar aqui para ajudar vocês a espantá-los.

Na manhã seguinte, eu me levanto cedo. Sven e eu nos reunimos para tomar café da manhã com Michael e Pere Miro, diretor adjunto do COI, antes da coletiva de imprensa. No início estou nervosa, mas todos parecem descontraídos. Conversamos sobre minha infância na Síria e minha nova vida em Berlim. Pere nos conta sobre os planos do COI para a equipe. Eles estão planejando criar uma equipe olímpica tão legítima quanto as outras, com fisioterapeutas, médicos, assessores de imprensa e líderes de equipe. Está claro que todos no COI estão muito entusiasmados com o projeto.

Após o café, seguimos para a grande sala emprestada da Federação Esportiva de Berlim, que também tem instalações no Olympiapark. Aguardamos em uma pequena sala lateral com Pere e outros convidados da Confederação Alemã de Esportes Olímpicos. Lam e Magdalena nos encontram nos bastidores. Lam está de bom humor, conversando, brincando e tirando fotos, ajudando a acalmar meus nervos. Quando chega a hora, Sven abre a porta e entramos na coletiva de imprensa lotada. A primeira pessoa que vejo é Steven, o jornalista belga. Eu sorrio e o abraço. É tão encorajador ter meus amigos comigo entre todos esses estranhos. Então examino as fileiras de cadeiras. Exatamente 126 jornalistas do mundo todo. Dezoito equipes de câmeras filmam do fundo. Suas lentes acompanham meus passos até a para a primeira fila. Ocupo um espaço entre Pere Miro e papai. Uma multidão de fotógrafos se ajoelha aos meus pés. Seus obturadores estalam mais alto que o som da mensagem de vídeo gravada anteriormente pelo presidente do COI, Thomas Bach.

— Nós os ajudamos a realizar seu sonho de excelência nos esportes — diz ele. — Mesmo quando eles tiveram que fugir da guerra e da violência.

Tento acalmar os nervos, optando por me concentrar na mensagem. Michael ocupa uma cadeira em uma pequena plataforma elevada, dando uma pequena introdução antes de Pere, Sven e eu subirmos ao palco. Atrás dele, projetada em uma tela no alto, passa uma série de fotos de Lam. As imagens piscam uma a uma. Sara e eu caminhando pelos trilhos de trem na fronteira com a Hungria. Nosso grupo agachado no milharal, se escondendo da polícia. Tudo isso realmente aconteceu? Não parece verdade. Quando Michael termina sua apresentação, Sven, Pere e eu nos levantamos. As câmeras clicam e estalam novamente, a sala se agita. Os repórteres se sentam em seus lugares, sacam suas canetas, abrem seus notebooks. Um silêncio se instala quando assim que piso no palco. Os jornalistas me olham, observam meu moletom, meu tênis, minha cara lavada. Fico olhando-os de volta enquanto Pere apresenta os planos do COI para a equipe. O que toda essa imprensa está fazendo aqui? Ainda nem estou na equipe. Suponho que seja aquela palavra. A palavra que todos usarão em suas manchetes. Refugiada.

Eu olho pela multidão e vejo meus amigos, Steven, Lam e Magdalena. Os três estão sorrindo, me incentivando. Minha garganta está apertada e meu peito pesado. Meu estômago está se revirando do avesso. Por um instante me pergunto o que aconteceria se eu lhes contasse a verdade, sem rodeios. Se eu lhes dissesse como é ser reduzida a uma palavra, tentasse explicar o que essa palavra significa para aqueles forçados a usá-la como se fosse seus nomes. Refugiada. Uma concha vazia, quase não humana. Sem dinheiro, sem casa, sem passado, sem história, sem personalidade, sem ambição, sem caminho, sem paixão. Nosso passado, presente, futuro. Tudo isso eliminado e substituído por essa palavra avassaladora. Eu sorrio enquanto os flashes das câmeras piscam. Estou calma. Conheço minha mensagem.

— Então — começa Michael —, vamos abrir logo para as perguntas. Um mar de mãos se levanta.

20

Olho pelo aglomerado de lentes. Os repórteres querem saber o que aconteceu no barco. Eu sorrio e conto minha história educadamente, mas sem emoção. Meu coração se fecha, eliminando a imagem das gigantescas ondas. Apenas minha cabeça funciona. Nós nadamos da Turquia para a Grécia. Após quinze minutos, o motor pifou. Eu e minha irmã somos nadadoras profissionais, então entramos na água e nos seguramos à corda. Depois de três horas e meia, chegamos à Grécia. Faço cinco entrevistas em grupo, uma após a outra. Repito as mesmas palavras, de novo e de novo. É impossível reviver o horror da travessia para cada repórter. Mantenho o coração blindado e um sorriso calmo fixo no rosto.

Pere Miro, diretor adjunto do COI, é o primeiro a deixar a coletiva de imprensa. A última coisa que ele diz é que nos verá no Rio. Eu olho para Sven e ergo as sobrancelhas. Estou definitivamente na equipe agora, certo? Sven, porém, diz que ainda não sabemos ao certo. Ninguém lhe deu certeza de nada. É tudo muito misterioso. Suponho que, se o COI me quiser na equipe, eles me colocarão na equipe.

Nos dias seguintes à coletiva, são publicados centenas de artigos e vídeos contando a história do barco de todas as óticas imagináveis. Alguns dizem que empurrei o barco até a costa, outros que puxei. Alguns mencionam Sara, outros não. Alguns mencionam as outras pessoas que também pularam no mar, outros não. Os mais ridículos me retratam sozinha com uma corda amarrada na cintura, nadando em estilo livre e puxando um barco lotado com 150 pessoas até um local seguro, como em um desenho animado, como uma supermulher. A versão mais estranha, no entanto, é uma manchete de um jornal árabe: "Irmãs sírias nadam da Grécia até a Alemanha". Recebo uma série de mensagens que me chamam de mentirosa e de fraude. Pela primeira vez percebo que, não importa o que você diga, a imprensa publica a história que quiser. Acho que eles queriam uma heroína, mas a única coisa que eu sempre quis foi nadar.

Se esperávamos que a coletiva de imprensa deixasse a mídia satisfeita, estávamos enganados. A caixa de entrada de Sven transborda como nunca. Ele agora responde a trezentos e-mails por semana. Recebemos ofertas para transformar minha história em livro e até em filme. As pessoas por trás das propostas são muito persistentes. O funcionário de uma produtora em Nova York liga para Sven a cada cinco minutos para apresentar seu grandioso projeto de filme. Ele sempre fala de muito dinheiro e se vangloria de seus contatos em Hollywood. Sven responde que estamos nos concentrando nos Jogos Olímpicos, mas o produtor insiste que se quisermos fazer um filme precisa ser agora, pois ninguém estará interessado em mim após o verão. Eu me pergunto se ele tem razão, mas Sven insiste para irmos devagar. Já temos o suficiente com que lidar e resolver antes do Rio. Além disso, como tenho a bolsa de estudos da Solidariedade Olímpica, não preciso me preocupar com dinheiro.

Tento me concentrar nos treinos, mas a pressão só aumenta. No fundo ainda estou esperando por um milagre. Eu sonho em me classificar para a equipe da forma tradicional e ir às Olimpíadas não por ser uma refugiada, mas por ser rápida o bastante. Imagino passar por todas as séries eliminatórias até chegar à final. Eu me imagino ganhando uma medalha olímpica. Se não for neste verão, então no de 2020, em Tóquio. Sven tem o cuidado de me lembrar que para Luxemburgo, no final do mês, nossa meta é apenas alcançar meus melhores resultados pessoais. Não preciso marcar um tempo de classificação. O COI quer que eu nade em um evento de classificação por mera formalidade.

Uma noite, algumas semanas antes da competição de Luxemburgo, estou deitada na cama usando o Facebook. Meu feed é um show de vídeos apavorantes sobre a invasão de Aleppo, controlada pelos rebeldes. Alguns têm imagens explicitamente violentas. Fecho os olhos com força e respiro fundo. Quando clico no ícone das mensagens, sou nocauteada por uma enxurrada de histórias trágicas, pedidos de ajuda para crianças moribundas e famílias famintas. Um jovem estudante escreve da Síria dizendo que

270 BORBOLETA

queria muito poder fugir como eu fugi. Horrorizada, desligo o celular e apago a luz.

Estou na sede do clube com mamãe e Shahed. Mamãe olha para o nada, seus olhos vidrados e distantes, o rosto inchado e encharcado de lágrimas. Aceno diante dela. Ela não se mexe.

— Mãe!

Ela vira o rosto para mim, mas não me vê. Seu olhar me atravessa. Então ela suspira e se levanta, abraça Shahed, e as duas se afastam. Eu ouço risos. Meu pai.

— Pai! Por que a mamãe não me vê?

— Porque você morreu, Yusra. Você e Sara. Você não sabia?

Tudo fica preto.

Um vagão de trem. No alto, símbolos desfocados piscam em uma tela azul. Eu estreito os olhos, tentando ler o destino.

— Onde estão meus óculos? — grito no vagão vazio. — Para onde estamos indo?

Tudo fica preto novamente.

Estou sozinha em casa. Então, inevitavelmente, o ruído vindo do alto, o impacto, as paredes caindo, e eu revirando desesperadamente as montanhas de escombros. Eu acordo, meu rosto já encharcado de lágrimas.

No treino do dia seguinte, não nado bem. Só consigo pensar na devastação em Aleppo. Quando será que vou perder mais um amigo, um parente? Quando Sven pergunta o que está acontecendo e lhe conto sobre o sonho, ele parece preocupado e sugere não entrar na Internet antes de dormir. No entanto, não posso simplesmente deixar a guerra para trás. Preciso saber o que está acontecendo no meu país. Preciso ler as mensagens, as histórias terríveis, os pedidos de ajuda. Afinal de contas, são a essas pessoas que pretendo dar voz. Não é justo. Estou segura aqui enquanto eles morrem de fome nas ruínas de suas cidades bombardeadas, sem comida nem eletricidade. Sinto-me tão desamparada. Sven diz que aquela culpa tem nome e se chama síndrome do sobrevivente. Ele se oferece mais uma vez para me levar a um psicólogo, mas isso não faz meu estilo.

Então, Sven me mantém ocupada. Há sempre assuntos a planejar: compromissos com a imprensa, competições, treinamentos intensivos, administração, viagens. Sven frequentemente me olha preocupado e pergunta se aquilo tudo é demais. A pergunta me deixa desconfortável. Ele me acha tão fraca assim? Acha que cheguei ao meu limite? Estou acostumada a ser desafiada a me sair bem. O estilo de papai era um de altos padrões, grandes expectativas e importantes recompensas. Se você sofre, você sofre sozinho. Você cai sozinho, você se levanta sozinho. Afirmo para Sven que sou capaz. Eu sei que sou forte. Lembro a ele sobre como passei por coisas muito piores e sobrevivi.

Em meados de abril, vamos ao escritório buscar minha autorização de residência oficial. O papel também serve como um documento de viagem e chegou bem a tempo para a competição em Luxemburgo. O oficial me entrega uma pequena caderneta azul e me informa que posso usá-la como passaporte para qualquer país, exceto o meu. Eu olho para o documento em minhas mãos. O alívio inicial dá lugar a uma profunda sensação de perda. Sou livre para ir a qualquer lugar, menos para casa.

Naquela noite, durante o jantar, Sven me fala que muitas pessoas, nomes conhecidos, querem filmar documentários sobre mim. Ele pergunta como eu me sentiria com uma equipe de filmagem me acompanhando constantemente por alguns dias. Afirmo que por mim tudo bem, mas ele ainda parece cético.

— Eu estava pensando que podíamos fazer um teste. Com alguém em quem você confie. Podermos pedir para Steven e Ludwig registrarem o fim de semana da competição em Luxemburgo. Que nem um reality show, acompanhando seu cotidiano. Eles seguiriam você por toda parte. Assim podemos ver como você se sai.

— Ok. Será divertido.

Embarcamos para Luxemburgo na última quinta-feira de abril. É minha primeira competição internacional em quatro anos. Estou na lista de largada para quatro disputas de nado livre e borboleta espaçadas entre sexta-feira, sábado e domingo. Steven e Ludwig devem chegar no sábado de manhã bem cedo e me filmar pelo resto do fim de semana. Na sexta-feira à noite, nado minha primeira disputa, cinquenta metros livre, em 29 segundos. Chego em 28º lugar dentre 53 nadadores. É um bom resultado. Sven e eu não conversamos a respeito. Na manhã seguinte, acordo de madrugada com uma dor lancinante na parte inferior do abdômen. Estou enjoada. Pior momento para isso. Passo a hora seguinte no chão do quarto de hotel, mal conseguindo me mexer. Cólicas dilacerantes se revezam incessantemente com ondas de náusea. Eu luto para descer até o restaurante do hotel e tomar café da manhã. Faço uma careta para Sven. É aniversário dele.

— Feliz aniversário — digo, colocando um pequeno embrulho em cima da mesa.

Ele o abre e sorri. É uma foto emoldurada de nós dois na piscina. Pego meu equipamento de natação e iniciamos a caminhada de dez minutos até a piscina. Mais uma cólica retorce minhas tripas. Eu paro e dobro o corpo, esperando que as terríveis ondas de dor passem.

— Como está se sentindo? — pergunta Sven.

— Bem — respondo, segurando as lágrimas.

Quando a dor para, eu endireito as costas, respiro fundo e continuo caminhando. Encontramos Steven e Ludwig à nossa espera na entrada da piscina. Dou meu melhor sorriso e abraço os dois.

— Tudo bem? — pergunta Steven. — Pronta?

— É claro — afirmo, torcendo o rosto de dor no caminho até a área da piscina.

Steven revela que também está sendo importunado pelo cara de Nova York. O produtor quer todas as cenas não utilizadas das filmagens que fizemos em Belgrado e Viena, ou seja, cada segundo em filme que ele tem meu. Steven insiste em negar, mas o produtor não desiste — e ele não é o único. Há quatro ou cinco outras redes em cima de Steven querendo as filmagens da minha jornada. Fico novamente atônita com o interesse pela minha história.

— Só estou dizendo que obviamente é um momento de ouro para você, Yusra — diz Steven. — Sabe, se vocês quisessem ganhar algum dinheiro.

— Não — decreta Sven, sacudindo a cabeça. — Achamos que fazer um filme ou qualquer outra coisa seria demais no momento. Temos muito em que pensar quanto à preparação para as Olimpíadas.

Steven olha para mim e pergunta:

— Então você vai para o Rio? Está certo?

— Ainda não sabemos — digo. — Eles vão divulgar a lista com a equipe final em junho.

— Eu acho bem provável — oferece Sven. — Depois de tudo o que ela fez para o projeto.

Deixo os outros e vou para os vestiários pronta para colocar meu traje de banho e os equipamentos de aquecimento da FINA. Eu mal reparo no enorme complexo de piscinas. Estou concentrada demais nos meus tempos, temendo que a cólica afete meu desempenho. Sei que não preciso de um tempo de classificação, mas obter um ajudaria muito a aquietar minha mente. Os jovens ao meu redor estão falando alemão, francês e holandês. É estranho não ver rostos conhecidos em uma competição. Se fosse na Síria, eu conheceria absolutamente todo mundo.

De volta à beira da piscina, Ludwig liga a câmera. Coloco meus fones de ouvido, balanço os braços para me aquecer e tento ignorar a atenção. Ao meu redor, os outros nadadores me olham fixamente. Não há mais ninguém sendo acompanhado por uma equipe de filmagem. Coloco meus óculos de proteção e a touca de natação. Ajo como se estivesse calma e relaxada para a câmera. Aqueço o corpo na piscina e tenho uma conversa de última hora com Sven. Minha primeira corrida do dia é nos duzentos metros borboleta. Ludwig me filma quando tiro a jaqueta de aquecimento e a deixo na caixa ao lado do bloco de partida. Atrás de mim, a câmera registra quando subo no bloco. Meu estômago está se ondulando, apertando.

— Em suas marcas.

Bipe.

Eu mergulho. Ondulo as pernas. Irrompo na superfície. Giro os braços. Puxo a água com as mãos em concha na direção do meu estômago revirado. Deixo a memória muscular fazer seu trabalho. A disputa passa como um borrão, mas, ao tocar a borda, sei que não foi suficiente. A câmera está em cima de mim quando pego impulso para sair. Tiro meus óculos de proteção e vou até Sven.

— Ok, 2:34 — diz ele, lendo de sua prancheta.

Posso me sair muito melhor que isso. Eu me afasto com asco, ignorando o olhar implacável das lentes. Tiro a touca de natação e sigo os demais nadadores pela borda da piscina. Olho para o quadro: 2:34. Vinte e um segundos mais lento que o padrão de classificação para o Rio. O pior é que nadei rápido o bastante para chegar à final da minha faixa etária. Isso significa ter que fazer tudo de novo no final da tarde.

Enquanto desço as escadas para o vestiário, os ecos dos alto-falantes parecem abafados e distantes. Sven, Steven e Ludwig estão lá esperando com a câmera ainda ligada. Estou horrorizada, sem disposição para falar diante de uma câmera. Preciso que me deixem em paz. Preciso encarar os cem metros livre em uma hora. Eu os ignoro e volto para a beira da piscina a fim de esperar pela próxima disputa. Quando Sven vem me procurar, fico aliviada ao notar que Steven e Ludwig desistiram de me acompanhar de perto. Eles pegam a câmera e se retiram para a plateia.

Nado os cem metros em 1:05, três segundos mais devagar que o meu recorde pessoal. Entre os treze da minha faixa etária, chego em 11º. No grupo mais jovem, os vinte melhores são mais rápidos do que eu. Nas Olimpíadas ninguém se importa com a idade; é o tempo que conta. É uma constatação difícil. Se eu for para o Rio, nem entrarei na segunda rodada.

Sven quer conversar, mas não estou a fim. Coloco os fones de ouvido, me isolo com meus pensamentos e espero pela final. As horas se arrastam. A dor no estômago vai e volta. Finalmente, é hora de nadar a final dos duzentos metros borboleta. Eu só quero que o dia acabe. Há apenas dois outros na minha faixa etária. A disputa é só para determinar as medalhas. Completo em 2:40 e fico em segundo lugar. O vencedor toca com 2:28. Por mais que eu tenha ganhado a prata, é uma vitória vazia. Posso fazer melhor. Eu me arrasto para fora da piscina, incapaz de conter as lágrimas. Sven coloca as mãos sobre os meus ombros. Eu congelo, tensiono todo o corpo e me solto dele. Visto a jaqueta de aquecimento, recoloco os fones de ouvido e fico sentada no canto, olhando para os azulejos até a hora da entrega das medalhas. Não demora muito para Sven reaparecer na minha frente. Não tiro os fones, embora saiba que ele quer que eu vá receber minha medalha de prata. Eu continuo sentada sem me mexer, olhando fixamente para o chão.

— Yusra, você é uma atleta ou não? Por favor, vá receber sua medalha.

As lágrimas rolam pelo meu rosto. Sven me segura pelos ombros e os sacode delicadamente. Eu não me mexo. Preciso ir à cerimônia, insiste ele, faz parte da competição. A última coisa que eu quero fazer é subir em um pódio, mas Sven não está disposto a ceder. Eu me levanto e marcho até a plataforma elevada, onde um homem de cabelos brancos me espera. Aperto a mão dele, que coloca a medalha em meu pescoço. Ao meu lado, os vencedores do ouro e do bronze sorriem radiantes para os fotógrafos, mas eu só consigo forçar um sorriso amarelo. Desço da plataforma, tiro a medalha e volto até Sven. Ele está assistindo, impassível, as mãos na cintura. Recolho minhas coisas e saio rumo aos vestiários, secando os olhos com a toalha. Acabou. Que tudo acabe. Sven está me esperando nos armários, desta vez sem a equipe de filmagem. Continuo de cabeça baixa olhando para o chão enquanto descemos as escadas até a piscina aquecida.

— O que é? — pergunta Sven. — Não ficou satisfeita com seu tempo?

Paro nas escadas e olho para ele com surpresa. Insatisfeita seria um eufemismo.

— Satisfeita? Com meu tempo?

Ele enruga a testa, preocupado. A frustração fecha minha garganta.

— Você está bem?

— Meu desempenho na piscina hoje — digo, prendendo as lágrimas. — Posso fazer muito melhor. Eu quero melhorar. Tenho opções. Eu poderia treinar nos Estados Unidos e estudar lá. E fugir de... de tudo isso.

Sven se afasta novamente e balança a cabeça.

— Ok. Faça isso. Vá para os Estados Unidos. Tente lidar com tudo isso por conta própria.

Ele começa a se afastar a passos largos. Estou chocada. É a primeira vez que o vejo zangado. Fico olhando para as escadas por um segundo, depois desço para a piscina aquecida. Eu relaxo, me troco e encontro Sven e Steven me esperando na porta de entrada. A câmera está registrando tudo novamente. Ninguém fala nada na saída. Sven volta para o hotel sozinho e eu me sento no banco de trás do carro de Steven, ao lado do equipamento de filmagem. Lembro-me do choque da discussão com Sven e começo a chorar de soluçar. Steven olha para trás e me pergunta o que foi.

— Só estou doente — digo. — Podemos conversar? Só você e eu?

De volta ao hotel, Steven me leva a uma mesa reservada no bar. Depois de nos sentarmos, respiro fundo algumas vezes e confesso que não sei o que fazer. Digo que às vezes sonho em ir para os Estados Unidos, onde o sistema universitário me permitiria estudar e treinar ao mesmo tempo. Estou ansiosa para viver meu futuro logo, mas Sven diz que eu deveria ficar na Alemanha, levar as coisas devagar, continuar na escola. Sven e o clube têm feito muito por mim. Estou confusa.

— Se você quer ir às Olimpíadas, o melhor é ficar onde está — opina Steven. — No momento, não se trata de seu desempenho na natação, Yusra. É tudo muito político. Dividir sua história com o mundo parece mais importante do que nadar dentro de um determinado tempo.

Eu franzo a testa.

— Mas eu sou uma nadadora.

— Lembra-se de quando nos conhecemos naquele parque em Belgrado? Quando me disse que tinha nadado até a Grécia e queria nadar nas Olimpíadas? — diz Steven, abrindo as mãos. — Bem, naquela época, eu nunca pensei que você iria às Olimpíadas. E agora, sete meses depois, estou assistindo sua coletiva de imprensa, vendo tudo acontecer. Acontecer de verdade. *Refugiada vai às Olimpíadas*. Yusra, você precisa saber que sua história é uma em um milhão.

Eu balanço a cabeça. Até agora, eu nunca pensara que a história fosse tão especial. Para mim, foi apenas uma viagem, mas Steven diz que eu tenho algo único. Segundo ele, quando eu falo, as pessoas me escutam, elas se identificam comigo. Eu as emociono, e isso deve ser preservado. Por ora, tudo o que preciso fazer é contar minha história. Ainda não tenho que ganhar uma medalha olímpica. Ele diz que eu devia me concentrar em ter uma voz. Fico sentada ali sem dizer nada. As palavras rodam na minha cabeça. Vivi toda minha vida para nadar. Como eu poderia colocar isso de lado e apenas falar? Preciso de espaço para pensar, para me concentrar. Agradeço a Steven e aviso que vou dormir. Subo para meu quarto e, quando me deito na cama, exausta, mais uma cólica me acerta em cheio. Pego o celular e mando uma mensagem para Sven, pedindo analgésicos. Dez minutos depois, ele bate à minha porta com uma caixa de paracetamol. Nossa discussão já foi esquecida. Ele sorri, dá boa noite e me diz que vai sair com Steven. Eu e ele concordamos ser melhor eu não participar das disputas programadas para o dia seguinte.

De manhã, quando abro os olhos, é como se uma chave tivesse virado. Hoje eu não preciso competir, só dar entrevistas. Não preciso ganhar uma medalha, só contar minha história. Aproveito a sensação de alívio enquanto tomo banho e me maquio. No café da manhã, brinco com Sven e Steven como se o dia anterior nunca tivesse acontecido. Estou empolgada para minha entrevista. Estou pronta. Encontramos um canto silencioso do bar e Ludwig monta a câmera e prende um microfone na minha camiseta. Depois que a câmera é ligada, Steven me pergunta sobre minhas expectativas para o Rio.

— Vou deixar todos orgulhosos — respondo. — É uma grande responsabilidade. Acho que estarei pronta. Eu sempre quis ser alguém que inspirasse muita gente. Alguém que diz às pessoas que você pode ir em frente, não importa o que aconteça. Poder fazer isso é incrível, e uma oportunidade que nem todo mundo tem.

Não fico nervosa, sei que mensagem quero passar. Eu me concentro na minha voz. Todas as dúvidas das semanas anteriores sumiram da noite para o dia. Encontro um jornalista alemão no saguão do hotel e dou mais uma entrevista. Ainda temos algumas horas para matar antes de nosso voo de volta para casa, então Steven sugere darmos um passeio. Vamos de carro até a cidade de Luxemburgo e Ludwig me filma em um parque de diversões. Lanço dardos em balões e ganho um brinquedo. Não penso em absolutamente nada. Steven me compra um waffle com uma montanha de chantilly. Sven e eu voltamos à nossa dinâmica normal, até quando estamos a sós no avião de volta a Berlim. Fica claro que ainda estamos aqui, que continuaremos juntos como antes. Mas ele nunca mais diz nada sobre documentários.

No dia seguinte ao retorno de Luxemburgo, Sara e eu nos mudamos para nossa própria casa, um apartamento de quarto e sala a uma parada de trem do Olympiapark. O imóvel pertence à irmã do diretor da minha escola, que nos deixou sublocá-lo. Tivemos muita sorte em arranjar aquele lugar. Para muitos sírios é quase impossível encontrar um apartamento em Berlim. Sven ajuda com a papelada e tenta obter ajuda das autoridades de Berlim com o aluguel. No entanto, o funcionário da agência de empregos diz que precisamos esperar que mamãe e papai saiam do *heim* antes que o Estado nos ajude. Ele explica que, segundo as regras, refugiados não podem morar sozinhos até os 26 anos de idade. No final, Sven faz um acordo com o COI para que eles contribuam com nosso aluguel. Mais uma vez, temos muita sorte.

É bom ter alguma distância da sede do clube, pois as coisas estão um pouco estranhas lá. Nos últimos dez anos, apenas um atleta de Wasserfreunde foi às Olimpíadas. Algumas pessoas têm dificuldade em aceitar a equipe de refugiados e o que eu agora entendo: que isso tudo diz respeito à minha história, à minha voz, não à minha vida na natação.

O grande dia, quando o COI deverá anunciar a seleção final da equipe de refugiados, está se aproximando. Nada é certo ainda, mas todos esperam que eu esteja na lista. Sinto-me mais calma após minha revelação em Luxemburgo. Não preciso alcançar tempos impossíveis, só contar minha história e transmitir minha mensagem, embora isso nem sempre seja fácil. Sven e Michael organizam entrevistas com duas grandes redes de notícias estadunidenses. Eles querem filmagens para mostrar após o anúncio da equipe. Fazemos as entrevistas no intervalo do almoço entre minhas aulas. Ao sair da aula, olho desejosamente para os outros alunos, brincando, tirando selfies e ouvindo música no celular enquanto aqui estou eu, contando a mesma história pelo que parece ser a milionésima vez. Começo a ter horror de narrar a história do barco. Sempre o barco, muitas vezes a primeira pergunta. Não consigo entender por que todo jornalista parece tão entusiasmado em ouvir aquilo novamente.

Alguns dias antes do anúncio, Sven me chama e conta que o diretor adjunto do COI, Pere Miro, lhe avisou para desligar o telefone no dia. Está claro que haverá muito interesse por parte da mídia. Tenho certeza de que isso só pode significar uma coisa, mas Sven ainda age como se não fosse nada demais, insistindo não haver nada definitivo. Um dia antes do anúncio, recebo um telefonema de Rami. Ele conta que sonhou que estávamos ambos na equipe. Imagine, eu lhe digo, se nós dois formos às Olimpíadas e como seria divertido? Prometo ligar para ele assim que souber de alguma coisa, e Rami afirma que fará o mesmo. O dia finalmente chega. Eu me obrigo a ir ao treino matinal, como de costume. Sven e eu partiremos para o Campeonato do Norte da Alemanha, em Braunschweig, naquela noite.

Após o treino, preciso passar em casa para fazer as malas e esperar pelas notícias do COI. A campainha toca: são Lam e Magdalena, chegando para registrar o momento em que é anunciada a equipe.

— Já soube de alguma coisa? — sonda Magdalena.

— Não.

— Abra seus e-mails.

Eu lhe digo que não leio meus e-mails há meses. Magdalena sorri.

— Quer que eu os leia? — oferece ela.

Dou para ela o login da minha conta. Magdalena se senta e começa a digitar no notebook. Eu prendo a respiração. O silêncio chega a crepitar. Magdalena sorri novamente.

— Você entrou — diz ela.

Eu arfo e, por cima do ombro dela, espio a lista de nomes na tela. Ela rola de volta até o topo. O primeiro nome é Rami Anis. Eu dou um gritinho e pego meu celular. Anda, Rami, atende. Meu estômago está dando cambalhotas. Estou mais feliz por ele do que aliviada por mim. Ele se esforçou tanto e agora teve a recompensa.

— Yusra?

— Rami! Você está na equipe. Nós dois estamos. Nós vamos para o Rio!

PARTE OITO

Os anéis

21

A porta da frente se abre e Sara entra em casa. Eu salto da cama.

— Sara! Eu vou!

Sara não diz nada enquanto fecha a porta e tira os sapatos.

— Eu vou para o Rio — repito. — Para as Olimpíadas.

— Ahn? Ah, é.

Ah, é? É só isso que ela tem a dizer? Meu rosto queima enquanto espero uma reação dela. Sara mexe dentro da bolsa, entra em nosso quarto compartilhado e se senta em sua cama. Por fim, ela levanta a cabeça e me olha nos olhos.

— O que foi? Sério, não é tão grande coisa. Já te vi nadar em um monte de competições.

Estou perplexa. Isto não pode ser só mais uma competição para ela. São as Olimpíadas. É o nosso sonho de infância. Meus olhos se enchem de lágrimas.

— É porque é uma equipe de refugiados?

— Não seja boba, Yusra. Estou orgulhosa de você, é sério.

O que é, então? Ela poderia estar na equipe comigo. Eu queria que ela fosse ao Rio comigo, menciono, mas ela parou de nadar. Sara me olha fixamente

— Você sabe por que eu parei. Foi porque eu não conseguia mais nadar. Foi a minha lesão. Meus ombros doem demais.

Ficamos sentadas em um silêncio carrancudo por um minuto e me pergunto em que momento nos distanciamos tanto. Então Sara anuncia que deixará Berlim. Meu estômago se aperta. Não pode ser para a Síria, pode? Mas Sara diz que não: ela vai voltar para a Grécia. Um amigo fará trabalho voluntário pelos refugiados lá e a convidou para ir junto. Sara suspira e levanta as mãos, dizendo que precisa se afastar de tudo isso, explica, ser ela mesma novamente. Ela revela que diversos jornalistas lhe escrevem, mas eles só querem falar de mim. Eles nunca perguntam quem ela é, o que ela está fazendo. Em seguida, ela confessa que recebe mensagens de pessoas perguntando por que eu estou alcançando tanta coisa e ela não é nada. Ela sente que está murchando e, em breve, não será nada além de minha irmã.

— Bem, eu não sou uma zé-ninguém — termina Sara. — É por isso que estou indo embora.

Fico a encarando e me perguntando por que ela não me contou tudo isso antes. Eu não entendo. O que ela quer? Fama? Sucesso? Reconhecimento?

— Não, claro que não — responde Sara, seus olhos também cheios de lágrimas. — Eu só quero que as pessoas parem de me perguntar sobre o barco. E sobre você. Quero que parem de me rotular com essa história. Eu sou muito mais que isso. Essa história aconteceu com nós duas, a história toda, mas agora parece que só existe você.

Estou chocada. Eu nem sonhava que minha irmã se sentia assim. Nunca pensei que eu estar na equipe a magoaria tanto. Talvez eu possa ajudá-la, ofereço. Talvez Sven possa fazer alguma coisa. Ela me interrompe.

— Apenas escute, ok? Eu vou para a Grécia fazer isso por conta própria. Sem você.

Sara pega a bolsa de cima da cama, calça os sapatos e sai. Depois que ela bate a porta da frente, me deito de costas na cama. Nunca me senti tão só. Vejo Sara, eu e papai no sofá do apartamento em Daraya, torcendo para Michael Phelps ganhar mais uma medalha de ouro. Na época, as Olimpíadas significavam tanto para nós. Será que ela esqueceu tudo isso? Eu me levanto e olho pela casa. Preciso me preparar. Em poucas horas estarei partindo para a competição em Braunschweig. Então me lembro novamente. Eu vou para o Rio. Meu estômago está agitado com um turbilhão de alegria e mal-estar. Tudo ficou tão complicado.

Naquele fim de semana eu nado razoavelmente. Não consigo alcançar meus melhores tempos, mas não é nenhum desastre. A pressão diminuiu. Estou na equipe com meu amigo Rami. Tento não pensar em Sara e consigo silenciar minhas insistentes dúvidas quanto a estar na equipe. No domingo, após a competição, Sven e eu chegamos a Berlim a tempo para minha primeira aparição ao vivo na TV. Fui convidada para participar do *Mensch Gottschalk*, um talk show famoso com o apresentador de TV alemão Thomas Gottschalk. Estou nervosa quando chegamos ao estúdio de TV, mas Sara concordou em nos acompanhar para me dar apoio moral, o que ajuda. Sven e ela acalmam meus nervos durante a espera para entrar no estúdio. Devo compartilhar um quadro com o então presidente do Parlamento Europeu, Martin Schulz. Somos apresentados nos bastidores e ele é muito simpático. Quando chega a hora, ocupo o lugar ao lado dele no sofá do palco, ignorando as luzes fortes e a plateia do estúdio. Sorrio e me concentro na minha mensagem. Ninguém escolhe ser um refugiado. Somos seres humanos como todo mundo. Nós também podemos alcançar grandes feitos.

Mais tarde, em casa, Sara age como se nossa discussão nunca tivesse acontecido. Tomo cuidado para não mencionar a ida ao Rio e ela se ocupa planejando a partida para a Grécia. Ela vai em agosto, por volta da mesma época em que eu embarcarei para o Brasil com Sven. Nossos pais também estão agindo como se nadar nas Olimpíadas fosse a coisa mais normal do mundo.

— Que bom, *habibti* — diz mamãe quando conto. — Você trabalhou muito, você merece.

Eu me esforço na piscina e na escola. Elise e Mette ficam animadas por mim quando lhes conto sobre a equipe, embora ainda não pareça real. Uma semana depois que a equipe é anunciada, a Visa, parceira olímpica, me convida para aparecer em um comercial. Os produtores dizem que querem contar a história do barco em um curta-metragem de um minuto e gostariam de incluir imagens minhas mergulhando e nadando. Michael e Sven organizam uma gravação na piscina para a semana seguinte. No dia da filmagem, Sven e eu nos encontramos com os produtores na sala de jantar da sede do clube. Eles nos mostram um *storyboard* de dez quadros. As cenas cortam e se alternam entre gravações minhas nadando na piscina e uma atriz em um bote superlotado no mar. Minha parte na piscina é apenas mergulhar, nadar e colocar meus óculos de proteção. A parte ambientada no mar mostra a atriz entrando na água e mais tarde um grupo de pessoas se esforçando para puxar um barco até terra firme. Não há nada muito bobo e, por mim, tudo bem. A filmagem é feita em poucas horas e depois, à beira da piscina, dou umas entrevistas para a TV.

Algumas semanas depois, Sven voa sozinho rumo à Suíça para uma reunião de treinadores com o COI com o propósito de organizar a logística para a equipe. Ele volta radiante de empolgação e afirma que o COI pareceu uma grande família. Sven chegou a se sentar ao lado do presidente do comitê no almoço. Eles conversaram sobre a Alemanha e sobre os refugiados, sobre a ideia e a inspiração para a equipe. O presidente disse a Sven que apoiava a decisão da Alemanha de nos ajudar, que não havia nenhuma outra escolha humanitária. A equipe foi a forma que ele encontrou de ajudar.

Nossos planos estão tomando forma. Sven e eu viajaremos ao Rio no final de julho e ficaremos com o resto da equipe e os outros atletas na Vila Olímpica. Eu sorrio quando ele me conta. Será que vou conhecer meu herói de infância, Michael Phelps? Então Sven franze a testa como sempre faz quando tem algo a dizer. Ele hesita por alguns segundos, escolhendo as palavras.

— Estou para te perguntar uma coisa. Os patrocinadores da equipe querem saber se você gostaria que Sara fosse ao Rio.

— O quê? Isso é incrível! É claro que eu gostaria.

Sven levanta as sobrancelhas.

— Tem certeza?

— Por que eu não teria?

Sven dá de ombros. Ele sabe que a ida ao Rio é um assunto delicado para Sara e que ela tem outros planos para o verão, mas eu estou certa de que ela vai querer ir. Pelo menos, espero que sim. Além disso, significaria muito para mim contar com minha irmã lá. Fizemos tudo isso juntas. Nadamos juntas quando crianças, saímos de nossa casa juntas, enfrentamos juntas as ondas. Encontramos um lugar seguro para nossa família começar uma nova vida juntas. Agora estaremos juntas diante do mundo inteiro. Mal posso esperar para contar a ela. Naquela noite, quando chego em casa, Sara está matando tempo no quarto. Eu sorrio de orelha a orelha.

— Quer ir para o Rio? Os patrocinadores estão se oferecendo para pagar pelo seu voo e sua hospedagem.

Sara franze a testa e abaixa o celular.

— Espere. O quê? Mas em agosto eu vou para a Grécia para ser voluntária. Meu amigo já comprou minha passagem.

— Qual é! É o Rio. Vai ter tempo de sobra para fazer seu trabalho na Grécia depois. Quero você lá comigo. Podemos fazer isso juntas.

Finalmente, Sara sorri e diz:

— Ok. Se é isso que você quer, eu vou.

O mês de julho passa em meio a um furacão de treinos e entrevistas para a TV. Sven me fez abandonar nossa agenda de treinos aeróbicos para Tóquio. Nós nos concentramos em praticar minha velocidade, meu ritmo. Ele me faz completar oito corridas de cinquenta metros o mais rápido possível com descansos prolongados para recuperação entre cada. Está funcionando, estou ficando mais rápida. Agora posso fazer cem metros borboleta em 1:08. Ainda sonho com um resultado milagroso nos Jogos, mas me lembro das palavras de Steven em Luxemburgo de que por enquanto, trata-se da história, da voz. Não da natação.

A mudança de foco da natação para a comunicação também afeta Sven. Nós concordamos que, depois do Rio, precisarei de outro treinador. Sven e eu não podemos continuar assim, com ele assumindo tantos papéis diferentes na minha vida ao mesmo tempo. Não é fácil ser um treinador eficiente quando também se é amigo próximo, mentor e uma espécie de agente. Precisamos poder debater os assuntos importantes, todos os planos, os discursos e o trabalho com a mídia sem interferência da natação.

A dedicação de Sven a mim também está começando a interferir com seu trabalho como treinador no clube. Alguns pais dos meus colegas de equipe não compreendem. Eles acham que Sven negligencia seus filhos porque está focado demais em mim. Sven precisa explicar repetidas vezes que ele faz o mesmo trabalho com todos os alunos. Sei que ele lida comigo da mesma forma que com todos os outros no treino e que ele só me ajuda com as outras coisas fora da piscina. Sven conversa com Reni e eles combinam que, depois do Rio, outra pessoa da equipe técnica do clube deve cuidar de mim.

O visto de Sara para o Brasil leva uma eternidade para ser aprovado, então decidimos que Sven e eu vamos na frente e ela nos encontrará lá quando puder. Na noite anterior à partida, arrumo minha mala em meio a um redemoinho de especulações alegres e inquietantes. Um mês inteiro em um país tão diferente como o Brasil. Mamãe, papai e Shahed vão ao aeroporto para me ver partir. Shahed é jovem demais para entender direito o que está acontecendo, mas meus pais estão chorando.

— Apenas lembre-se de como trabalhou duro para isso — aconselha papai, me abraçando.

— Sim — diz mamãe. — Deus está nos recompensando por tudo o que passamos. Você merece. Eu sempre soube que você faria algo grande.

Durante o voo, Sven e eu dormimos, comemos e vemos filmes para relaxar, sabendo que haverá muito a fazer quando chegarmos ao Rio. De certa forma, parece que o trabalho já terminou, mas estamos entusiasmados com o que está por vir agora. Por enquanto, não estou nervosa com minhas disputas. Vamos apenas nos divertir e nos concentrar na parte séria: a competição. Quando aterrissamos no Rio de manhã cedo, somos recebidos no aeroporto por Sophie Edington, assessora de imprensa e ex-nadadora de classe mundial, e Isabela Mazão, do ACNUR. Pegamos um ônibus do aeroporto. Sven vê Thomas Bach, presidente do COI, no veículo atrás de nós. Parece que ele chegou no mesmo avião. Olho pela janela do ônibus para as casinhas em cor-de-rosa, bem próximas umas das outras. No horizonte, uma coleção de montanhas verdes de formato estranho cercam a cidade. Chegamos à Vila Olímpica, um aglomerado de arranha-céus de concreto bege perto de um grande lago nos arredores da cidade. Somos direcionados para um dos prédios de quinze andares. Os dois primeiros andares foram designados para os atletas da equipe de refugiados, ou ROT, segundo o código do COI. Ao subirmos as escadas da entrada, ouço alguém gritar meu nome. Quando olho para cima vejo meu velho amigo Rami acenando de uma das janelas. Ele estica o celular para tirar uma foto.

— Sorria para sua irmã! — grita ele.

Eu sorrio e faço o sinal da paz com os dedos. Quando entramos no bloco, Sven e eu nos separamos para encontrar nossos aposentos. Vou compartilhar o meu com as outras atletas da equipe. Ao todo, somos quatro — duas para cada quarto simples e funcional. Como minhas colegas não estão, deixo a mala no quarto e subo para encontrar Rami no apartamento que ele está dividindo com os atletas masculinos da equipe.

Quando ele abre a porta, sorrio e levanto a mão para cumprimentá-lo. É surreal. Nós. Aqui. No Rio. Nos Jogos Olímpicos.

Reencontramos Sven e partimos para explorar a Vila Olímpica. Contornamos o exterior do complexo, passando por um centro *fitness*, uma área de recuperação contendo banheiras de hidromassagem, quadras de tênis, quadras de basquete, piscinas — tudo o que um atleta poderia querer. Há uma barreira no final da Vila e, além dela, uma zona mista com uma série de lojas e lanchonetes. As emissoras e os jornalistas credenciados só podem entrar na zona mista. A Vila é um paraíso particular só para nós. A melhor coisa no complexo é uma tenda colossal que funciona como refeitório. O lugar deve ter o tamanho de três campos de futebol. No interior, atletas de todo o mundo sentam-se diante de compridas mesas de cavalete. Passamos por cinco bufês diferentes oferecendo todo tipo de alimento que eu poderia imaginar. Cada um tem um tema: comida brasileira, asiática, internacional, halal e kosher. Minha atenção para no último bufê, uma barraca de massa e pizza. Bingo.

— É tudo de graça? — pergunto a Sven.

— É — responde ele, sorrindo. — É um bufê liberado.

Olho para as mesas repletas de frutas tropicais, iogurtes e cereais. De um lado, há uma série de geladeiras cheias de refrigerantes, energéticos e água. Sven me entrega um cartão para abrir as geladeiras e diz que posso ficar à vontade para me servir. Fico encarando de olhos arregalados a variedade e abundância de opções. Eu não teria como experimentar isso tudo nem se ficasse aqui um ano inteiro.

Quando volto ao apartamento, encontro minhas colegas de equipe já instaladas. Estou dividindo um quarto com Yolande, uma judoca congolesa que mora no Brasil. No outro quarto estão Rose e Anjelina, ambas corredoras sudanesas que moram no Quênia. Li pequenos resumos de suas histórias e admito que estou um pouco impressionada. Todas elas passaram por muitas dificuldades. Yolande, minha colega de quarto, cresceu na República Democrática do Congo e só conheceu a guerra. Quando criança, ela foi separada da família e aprendeu judô em um orfanato. Yolande representou Congo em competições internacionais, mas as condições de treinamento eram extremamente difíceis. Alguns anos antes,

290 BORBOLETA

ela e Popole, outro atleta da ROT, buscaram asilo no Brasil enquanto competiam no Campeonato Mundial de Judô. Já Rose, Anjelina e mais três colegas de equipe, chamados Yiech, Paulo e James, são todos corredores do Sudão do Sul. Eles fugiram da guerra civil quando eram crianças e cresceram em Kakuma, um enorme campo de refugiados no norte do Quênia. Rose me diz que o acampamento de Kakuma inteiro está torcendo pela equipe. Todos nele vão assistir. Penso em meus amigos que ainda moram no *heim*, em Berlim, nos treinadores e nos outros nadadores do clube. Pergunto-me se eles vão assistir às minhas corridas e se vão torcer por nós também.

Nós não falamos da equipe de refugiados. Não parece ser o momento para conversas profundas. Sou tímida demais para perguntar a Rose sobre a vida em Kakuma e também não sei se ela se sentiria ofendida. Resolvo então me limitar a um assunto seguro: o esporte. Já é impressionante o suficiente estar aqui, nas Olimpíadas, vivendo o sonho de todo atleta. No entanto, mais tarde, deitada na cama, penso em meus companheiros de equipe e no que eles passaram. Percebo o quanto perdi enquanto estive ocupada contando minha história. Agora eu faço parte de algo muito maior. Com a equipe, estou representando sessenta milhões de pessoas deslocadas em todo o mundo. É uma enorme responsabilidade, mas eu conheço meu trabalho. Tenho uma mensagem para passar: ser refugiado não é uma escolha. Nós também podemos alcançar grandes feitos.

Na manhã seguinte, Sven se reúne com Sophie Edington, a assessora de imprensa da ROT, para falar sobre minha agenda nas quatro semanas seguintes. Minha primeira série eliminatória está programada para sábado, dia da abertura dos Jogos. Até lá, devo treinar todos os dias com Sven. Para o restante do tempo, Sophie elaborou um calendário ambicioso. Parece que cada minuto livre da semana antes da primeira eliminatória será ocupado por coletivas de imprensa, entrevistas, reuniões e discursos. Sven não sabe se conseguiremos encaixar tudo isso. Ele sugere pedir para nos limitarmos às reuniões essenciais, mas eu estou aqui para contar minha história, estou aqui pela equipe de atletas refugiados, pelo COI. Respondo que devemos fazer tudo.

No dia seguinte, fazemos nossa primeira saída pública em equipe. Pegamos um trem para o Corcovado e visitamos a estátua do Cristo Redentor. No topo, uma multidão de jornalistas e fotógrafos espera por nós. Eles pedem declarações minhas.

— Estamos muito felizes em estar aqui — digo. — Todos nós temos a mesma determinação em nunca desistir. Trabalhamos muito para chegar até aqui.

É apenas o começo. Os três dias seguintes são ocupados por longas coletivas de imprensa. Em cada uma delas, a situação se torna mais constrangedora. Parece que eu sou a história. Os jornalistas fazem uma ou duas perguntas por educação aos meus colegas de equipe, e depois se dirigem a mim para fazer outras cinquenta. Após cada evento, Sophie me ajuda a priorizar quatro ou cinco entrevistas seguidas com as maiores emissoras e veículos de imprensa. Falo com jornalistas da Austrália, da Alemanha, do Japão e da Coreia do Sul. Todos estão atrás da mesma história: sempre o barco. Cumpro meu dever e conto o que aconteceu com um sorriso no rosto, o coração blindado, a mente alerta. Os repórteres parecem satisfeitos, mas as conferências de imprensa e as entrevistas adicionais não são suficientes. Jornalistas e fotógrafos me seguem aonde quer que eu vá. Sou cercada de gente toda vez que ponho os pés fora da Vila. As equipes de câmeras aparecem na piscina quando estou treinando com Rami. Eles esperam para me flagrar entre as idas e voltas às coletivas de imprensa. Em um evento, um jornalista brasileiro tenta me seguir até o banheiro. Uma jornalista britânica arranja meu número em algum lugar e me envia mensagens insistentes, perguntando onde estou e o que estou fazendo. Eu mostro as mensagens para Sven.

— Será que ela quer ser minha amiga ou algo assim? — pergunto.

— Basta ignorá-la — diz Sven.

Mal posso esperar para ver Lam, Magdalena e Steven, que também estão no Rio cobrindo os Jogos. Eles podem ser jornalistas, mas não há pressão; eles são meus amigos. Lam e Magdalena estarão na cerimônia de boas-vindas da nossa equipe dentro de alguns dias. Steven está ocupado cobrindo outras histórias na cidade, mas nós o veremos depois das minhas disputas.

Ao final do terceiro dia, já estou exausta de todo o trabalho com a imprensa. Sven, Rami e eu estamos comendo no cavernoso salão de jantar da Vila. Estamos atentos, procurando atletas famosos na multidão. Já vimos Rafael Nadal e Novak Djokovic, mas Rami e eu estamos só esperando o mais importante, nosso maior herói, Michael Phelps. Sven pega sua mochila e tira a versão impressa da agenda elaborada por Sophie.

— Amanhã teremos mais um dia inteiro de entrevistas — comenta ele.

— Meu Deus. Quantas mais?

Ele vira as páginas.

— Algumas. Eu te disse que era muita coisa.

Eu sacudo a cabeça.

— É demais. Você tem que dizer à Sophie que eu não posso fazer tudo.

Sven balança a cabeça e diz que de jeito nenhum; eu mesma terei que dizer aquilo. Ele pedirá que ela me procure e eu terei que dizer não diretamente para ela. Fico desconfortável com a ideia, mas não tem outro jeito. Sinto-me mal por decepcionar Sophie, mas é impossível continuar cada momento do dia cercada de jornalistas. É estressante demais. Preciso nadar dentro de alguns dias.

— Lá! — exclama Sven, apontando para a direita.

Eu me levanto para ver melhor e arfo. Logo ali, a algumas mesas à direita, estão Ryan Lochte e o resto da equipe de natação americana. Eu observo a pequena multidão ao seu redor. Então o vejo, aqueles ombros enormes, o pescoço grosso: Michael Phelps. Meu herói de infância. Meu estômago vai até a boca. De repente meus nervos estão à flor da pele. Rami sorri e bate as mãos na mesa.

— Vamos pedir para tirar uma selfie com ele — propõe Rami.

— Não. Ele está concentrado, no meio de uma competição. Se eu fosse ele, não gostaria que as pessoas se aproximassem para pedir fotos.

Rami observa melancolicamente enquanto Phelps dá meia-volta e sai da tenda.

No dia seguinte, recebemos nosso uniforme olímpico oficial, projetado pela marca de artigos de natação Arena. Há um traje de corrida, uma jaqueta de aquecimento e o melhor de tudo, uma touca de natação branca com meu nome em negrito e letras pretas sob os Anéis Olímpicos: "R.O.T.

Mardini". Eu grito de emoção e orgulho. É inacreditável. Uma Mardini, aqui, nas Olimpíadas.

Mais tarde, no mesmo dia, a equipe está programada para aparecer na abertura da sessão do COI, uma reunião anual mais ou menos como um parlamento. Os organizadores pediram que eu dissesse algumas palavras. Sven e eu estamos esperando um táxi na saída da Vila quando um jornalista coreano nos alcança. Ele quer me fazer algumas perguntas. O homem parece simpático, então começo a conversar com ele.

— Não, Yusra — diz Sven, puxando meu braço para me afastar.

Sven olha atravessado para o jornalista e lhe diz para nos deixar em paz. O homem sai. Estou chocada.

— Por que você fez isso? Ele parecia tranquilo.

— Não fale com eles. Você precisa dizer a eles que não. Acredite, se os outros descobrirem que podem simplesmente se aproximar de você e arrancar uma entrevista, não poderemos ir a lugar nenhum sem sermos cercados de gente.

Talvez seja só todo aquele estresse, mas não consigo afastar o incômodo. Desde quando Sven decide com quem eu falo? Aquilo não cabe a mim? Quando um táxi para, eu entro, bato a porta e me sento em um silêncio furioso até o hotel onde o evento está sendo realizado. Nós chegamos e esperamos nos bastidores até a hora de a equipe subir ao palco. Ao me acalmar, percebo que Sven tem razão. Preciso ter cuidado com toda essa atenção da mídia. Ele só está cuidando de mim.

Depois de uma breve apresentação, subo ao palco com o resto da equipe. Os membros do COI presentes na sessão nos aplaudem de pé. Meus olhos percorrem a multidão e penso na coletiva de imprensa em Berlim. Fique calma, concentre-se na mensagem. Eu ando até a tribuna com meu colega de equipe Yiech, um dos corredores sudaneses que vivem no Quênia. Yiech começa:

— Somos embaixadores para os outros refugiados. Não podemos esquecer esta oportunidade que vocês nos deram. Nós não somos más pessoas. Refugiado é apenas uma designação.

Isso mesmo. Apenas uma designação. Um nome que nos foi dado por circunstâncias fora de nosso controle. Agora temos que recuperar o controle. Yiech e eu trocamos de lugar e eu subo para o atril.

— Ainda somos seres humanos — digo —, não apenas refugiados. Somos como todo mundo. Podemos fazer algo, alcançar algo. Nós não escolhemos deixar nossas pátrias. Não escolhemos o nome refugiado. Nós prometemos novamente que faremos o que for preciso para inspirar a todos.

Ao me afastar do microfone, sinto uma onda de energia. Foi bom dizer aquelas palavras em voz alta diante de tantas pessoas influentes. Dizer ao mundo quem realmente somos. No entanto, por mais estimulante que seja, está bem claro que não posso fazer tudo que pede a agenda da imprensa. Converso com Sophie ainda naquele dia, e concordamos em reduzir as entrevistas e adiar algumas para depois da minha segunda série, na quarta-feira seguinte.

O próximo evento na programação é a cerimônia de boas-vindas. Todas as equipes olímpicas são recebidas oficialmente na Vila durante uma cerimônia realizada na zona mista. É um gesto breve e simbólico, com duração de apenas cerca de dez minutos. As cerimônias de boas-vindas já vêm acontecendo há dias, passando pelas equipes em ordem alfabética. Nosso evento está programado para uma noite, pouco antes da equipe russa. Por puro acaso, isso significa que os jornalistas podem comparecer e cobrir as duas grandes histórias da semana de uma vez: o escândalo do doping russo e nós. Como resultado, a zona mista está abarrotada de centenas de repórteres, câmeras e fotógrafos. Esperamos na entrada e fotografamos a cena caótica.

Quando chega a hora da cerimônia de nossa equipe, é preciso abrir caminho entre a horda de jornalistas à nossa espera. Conforme nos aproximamos, eles se acotovelam na nossa direção. Sven, Lam, Rami e eu lutamos para passar. Após a cerimônia, o tumulto é ainda maior. Repórteres se amontoam ao meu redor, enfiando microfones e câmeras diante do meu rosto. Eu mal consigo me mexer. Lam e Sven se espremem à minha volta e tiram a imprensa do caminho. Enquanto lutamos para sair, Sven levanta a mão para chamar um segurança próximo dali. O homem me puxa da multidão e me leva de volta ao nosso bloco. No caminho, somos acompanhados por Pamela Vipond, diretora adjunta da Solidariedade Olímpica. Ela tem mantido contato com Sven há meses — desde que ele enviou aquele primeiro e-mail sobre mim ao COI. Pamela sorri e conversa conosco, ajudando a nos tranquilizar e me deixando mais à vontade. Mais tarde, quando me deito, estou abalada e completamente exausta.

No dia seguinte, durante o café da manhã, Sven menciona a cerimônia de abertura. O evento será realizado na noite anterior à minha primeira série, então temos que decidir entre ir ou não.

— Normalmente, se um atleta tivesse uma corrida na manhã seguinte, ele não iria à cerimônia de abertura — diz Sven. Então ele sorri e acrescenta: — Só que, bem, isto é diferente, não é?

É óbvio, respondo. Precisamos estar lá. Pode ser uma oportunidade única na vida.

— Quem vai levar a bandeira pela equipe? — pergunto.

— Falei com o pessoal do COI sobre isso, salientando que você não é a única integrante da equipe e que outra pessoa deveria fazê-lo. Eles escolheram sua colega Rose.

Eu sorrio. Sven tem razão. De qualquer forma, suponho que o resto da equipe ficaria com vontade de me matar se eu levasse a bandeira. Eu tenho feito todas as coisas interessantes, os discursos, as entrevistas. Já recebi atenção de sobra. É justo que outra pessoa possa estar no centro das atenções uma vez.

No dia da cerimônia de abertura, Rami e eu treinamos pela manhã e voltamos para a Vila a fim de nos prepararmos. No apartamento, encontro nossas roupas esticadas sobre a cama: um casaco azul-marinho com botões dourados, uma calça bege, uma camisa branca e uma gravata de bolinhas. Eu me troco e encontro Rami, Sven e os outros lá fora para pegar o ônibus rumo ao Maracanã.

Somos levados para uma arena interna próxima do estádio para esperar nossa vez com os outros atletas. Nossa equipe será a penúltima a entrar na Parada das Nações, antes somente da equipe anfitriã, o Brasil. Assistimos à cerimônia reluzente em enormes telas da arena. Em determinada altura, centenas de sambistas ocupam o piso do estádio e recriam um carnaval. Nos bastidores, os atletas se levantam de suas cadeiras e dançam pelos corredores. Começa o desfile e as equipes se apresentam em ordem alfabética.

Por fim, faltam apenas nós e os brasileiros. A festa dos anfitriões está em pleno vapor quando nossa pequena equipe de refugiados sai da arena com eles. Lá fora, somos cercados por centenas de torcedores brasileiros enlouquecidos, dançando e cantando conosco até o estádio. No interior, somos conduzidos rumo à entrada do estádio. Eu piso na passarela e um rugido ensurdecedor cresce do meio da multidão.

22

"Equipe Olímpica de Refugiados."

O anúncio ecoa por todo o estádio. Dezenas de milhares de pessoas se levantam de uma vez, os flashes das câmeras explodem, braços se agitam de emoção. Eu prendo a respiração. É a maior multidão que já vi. As arquibancadas lotadas ao nosso redor sobem até o alto do estádio.

Uma câmera num guindaste zune por nós. Eu sorrio e agito minha pequena bandeira branca. Na minha frente, Rose hasteia a bandeira olímpica bem alto. Vejo o presidente do COI, Thomas Bach, e o secretário-geral da ONU, Ban Ki-moon, de pé, aplaudindo, nos incentivando. Meu coração martela enquanto atravessamos o corredor central. De cada lado, funcionários vestidos com coletes fluorescentes dançam sob as luzes intermitentes e ao ritmo das batidas de samba. Nós nos misturamos à multidão de atletas. O teto redondo se eleva ao nosso redor. Diretamente acima, em sua abertura, as estrelas cintilam entre nuvens baixas.

Fico olhando para os anéis da bandeira levada por Rose. Quando fecho os olhos, vejo a linha do horizonte de Damasco ao anoitecer enquanto soa o chamado à oração. Sinto o cheiro da chuva nos pomares de oliveiras em Daraya. Síria. Meu país perdido. O que é uma bandeira, afinal? No meu coração, não sou menos síria. Sei que ainda represento meu povo. Todos os milhões de nós forçados a fugir, todos aqueles que se arriscaram no mar por uma vida sem bombardeios.

Atrás de nós, a entrada da equipe brasileira resulta em um rugido ainda mais alto. O estádio explode com música, cantoria, comemoração e dança.

— Senhoras e senhores, os atletas dos Jogos Olímpicos Rio 2016!

Os milhares de espectadores gritam em uníssono novamente. Assisto tudo pelos telões gigantes: os dançarinos levam altas caixas espelhadas para o centro do estádio e as giram até que, vistas de cima, adquiram a forma dos anéis olímpicos. Plantas verdes irrompem do topo e confetes disparam em direção ao telhado. Fogos de artifício explodem sobre o estádio reproduzindo o formato de cinco anéis. Correntes de fogo dourado disparam para o céu noturno. As chamas se apagam e o estádio escurece até se tornar uma caverna cintilante, iluminada apenas por uma suave luz azul. Os flashes das câmeras pipocam na escuridão.

Sven dá um tapinha em meu ombro.

— Vamos esperar até depois dos discursos — sussurra ele. — Depois vamos embora.

O primeiro a subir ao atril é Carlos Arthur Nuzman, presidente do Comitê Olímpico Rio 2016. Ele dá as boas-vindas aos convidados e aos atletas:

— O sonho olímpico é agora uma realidade maravilhosa. Nós nunca desistimos de nossos sonhos. Nós nunca desistimos.

As palavras ficam suspensas no ar. Uma realidade maravilhosa. Estou em minha sala de estar em Daraya, jurando chegar ao topo. Estou olhando com horror para a bomba na piscina. Estou mergulhando no mar, com orações desesperadas ressoando em meus ouvidos. Estou adormecendo em uma prisão húngara. Estou me esforçando mais que nunca na piscina em Berlim. Este é meu presente para quem eu era aos seis anos: jovem e determinada e idealista. Parecia tão longe na época, mas agora aqui estou. O momento ao qual toda minha vida tem levado. Os Jogos Olímpicos.

Agora, é Thomas Bach quem está discursando:

— Vivemos em um mundo onde o egoísmo está ganhando terreno. Onde algumas pessoas afirmam ser superiores a outras. Aqui está nossa resposta olímpica. No espírito de solidariedade olímpica e com o maior respeito, acolhemos a Equipe Olímpica de Refugiados.

O estádio irrompe em aplausos novamente e uma câmera passa por nós. Eu agito a bandeirinha e sorrio.

— Caros atletas refugiados — continua o presidente do COI —, vocês estão enviando uma mensagem de esperança a todos os muitos milhões de refugiados ao redor do mundo. Vocês tiveram que fugir de seus lares por causa da violência, da fome ou apenas por serem diferentes. Agora, com seu grande talento e espírito humano, estão fazendo uma grande contribuição à sociedade.

Lembro então que não estou sozinha nisso. Cada um de meus colegas de equipe representa milhões de pessoas, muitas delas com histórias mais difíceis e mais angustiantes do que as minhas, e aqui estamos nós, mostrando ao mundo o que podemos alcançar.

O discurso do presidente do COI está chegando ao fim. Sven me cutuca no ombro novamente. Está na hora, diz ele. Precisamos ir. Tenho que me levantar cedo na manhã seguinte para minha disputa. Sven e eu deixamos meus companheiros de equipe para trás, encontramos a saída do estádio e subimos no ônibus de ida e volta para a Vila.

De volta ao quarto, me sento na cama com a mente a mil por hora. Penso em Sven e em tudo que ele fez por mim. Penso nos outros treinadores da equipe, na dedicação e generosidade que eles nos demonstraram. E agora, as Olimpíadas, sua recompensa. Penso nos meus colegas de equipe, cada um deles se mantendo forte por suas comunidades, assumindo a responsabilidade de milhões. Lembro-me da mensagem do jovem lutando para sobreviver na Síria. *Minha vida é difícil*, escreveu ele, *mas você me inspirou a continuar tentando*.

— *Ya Allah* — digo em voz alta para a parede branca e nua. — Não há outro Deus além de você. Deus é o maior. Perdoe-me, pois sou uma das pecadoras.

Fico sentada por alguns segundos no silêncio do apartamento vazio. Depois me levanto e guardo meus óculos de proteção, touca, maiô, toalha e chinelos na bolsa de natação. Preparo as roupas para o dia seguinte. Finalmente, quando me deito para dormir, minha mente descansa.

O alarme dispara. Eu abro os olhos. Hoje. É hoje. Eu tomo banho, me visto e encontro Sven no refeitório.

— Bom dia — diz ele. — Como está se sentindo?

Consigo abrir um sorriso.

— Bem — respondo automaticamente.

Eu me levanto e ando pelos bufês. Olhar para aquela comida toda faz meu estômago apertar. Escolho uma maçã e um bolinho e me sento de volta diante de Sven, que levanta as sobrancelhas.

— Vai comer mais do que isso, eu espero?

Eu torço o nariz.

300 BORBOLETA

— Não, por favor. Eu não consigo.

Sven vai até os estandes de alimentos e volta cinco minutos depois com uma caixa cheia de macarrão.

— Não para o café da manhã — digo. — Sério, não posso.

Ele a coloca na minha frente.

— Vou deixar aqui. Você devia comer um pouco de carboidrato.

Eu olho para o lado. Estou com frio demais na barriga. Sven pigarreia e começa:

— Então, há apenas mais quatro na sua série. Lembre-se de que só está competindo consigo mesma. Você tem nadado muito bem nos treinos dos últimos dias. Aquelas arrancadas na borboleta em piscina curta, 25 metros em treze segundos, foram o mais rápido que já vi você fazer.

Minhas pernas estão fracas. Respiro fundo algumas vezes. Sven olha para o relógio.

— Certo. Está na hora.

Abandono a massa intocada na mesa e acompanho Sven até o ponto de ônibus. Entramos no transfer em silêncio. Pela janela, observo as torres de concreto dos arranha-céus e respiro. A cada respiração sinto minha mente se acalmar, meu estômago se aquietar. Quando chegamos ao Estádio Aquático, não sinto medo, apenas determinação. Balanço os braços para soltá-los e aquecê-los na beira da piscina, depois nado para esquentar o corpo. O movimento me faz bem. A água me acalma até um estado de alerta tranquilo. Visto meu traje de banho, a jaqueta de treino, coloco a touca de natação e os óculos de proteção, e vou para uma sala de espera. Eu medito. Nada de pensar agora. Só preciso da minha memória muscular. Escuto meu nome sendo chamado. A primeira prova de natação dos Jogos Olímpicos de 2016 está prestes a começar. Ao sair para a piscina, eu rezo novamente.

— Nada é fácil, exceto o que você tornou fácil — murmuro. — Se desejar, pode tornar o difícil fácil. Por favor, Deus, torne minha prova fácil.

Está frio. Menos de um terço dos lugares para espectadores estão ocupados. Escuto alguns aplausos enquanto caminho em direção aos blocos de partida com as outras quatro nadadoras. Tiro minha jaqueta de treino. Um anunciante lê nossos nomes.

— Yusra Mardini, da Equipe Olímpica de Refugiados.

Lenta e gradualmente, os aplausos dos espectadores crescem. Meu nervosismo aumenta à medida que os gritos ficam mais altos. Abaixo o volume na minha cabeça e luto para manter a mente tranquila. Se eu pensar, estou perdida.

O tempo corre. Piso no bloco aos meus pés. Aponto o pé direito para a frente, enrosco os dedos dos pés na borda de aço e seguro-a com as mãos. Minha mente está em branco. Tudo o que vejo é a água diante de mim. Tudo que ouço são as batidas cadenciadas do meu coração. Os ecos na piscina diminuem e acompanham seu ritmo.

Em suas marcas.

Eu me tensiono e me equilibro.

Bipe.

Eu mergulho na água reluzente.

A voz

Uma noite, não muito depois de minha segunda e última disputa no Rio, encontrei Steven. Rami, Sven, eu e ele passeamos de carro pela orla de Copacabana, rindo de como as coisas deram certo de um jeito estranho. Vimos as fotos de Belgrado no celular de Steven.

— Quando estava tirando essas fotos, você imaginou que Yusra ficaria famosa? — pergunta Rami.

— Eu tinha a sensação de que ela talvez fosse especial — admite Steven. Fico encarando o celular, envergonhada.

— Não tão especial — digo.

O visto de viagem de Sara finalmente saiu e ela pegou um voo para se juntar a nós no Rio. Enfrentamos juntas uma difícil e emotiva coletiva de imprensa. Quando as inevitáveis perguntas sobre o barco começaram, Sara acenou para mim. Eu me inclinei e ela sussurrou no meu ouvido:

— Exatamente um ano atrás, estávamos no mar.

Afastei a cabeça e a olhei fixamente, ambas ficando com os olhos cheios d'água. Um ano desde que quase fracassamos nessa aposta desesperada. No entanto, agora, em que costa foi que acabamos chegando? Nós nos abraçamos enquanto as câmeras disparavam para registrar nossos rostos.

Depois, Sara me chamou de lado e me contou sobre seus planos para a Grécia. Ela decidira voltar para Lesbos. Um jovem voluntário da ilha, chamado Eric, havia escrito para ela contando que nossa história estava inspirando os jovens sírios na região. Eric trabalhava com a ERCI, uma organização de resgate de embarcações de imigrantes. Ele disse à Sara que seria útil contar com alguém fluente em árabe para ajudar a orientar os barcos. Eu a olhei com admiração. Que coisa corajosa a fazer.

Os últimos dias no Rio se passaram em mais um turbilhão de reuniões, entrevistas e sessões de fotos. Sara foi para a Grécia logo após voltarmos para Berlim. Eu também não tive tempo para descansar. A partida do Brasil marcou o início de outro capítulo. Eu tinha um novo trabalho. Eu tinha uma mensagem a disseminar. Apenas algumas semanas depois, voei para Nova York e discursei na Cúpula da Assembleia Geral da ONU para Refugiados e Migrantes. Tive a grande honra de apresentar o presidente dos Estados Unidos, Barack Obama. Não posso dizer que não estava nervosa ao pisar no palco. Foi a primeira oportunidade que tive de passar minha mensagem a líderes mundiais.

— Esta experiência me deu uma voz e uma oportunidade de ser ouvida — discursei à cúpula. — Quero ajudar a mudar a percepção das pessoas sobre o que é um refugiado, de modo que todos entendam que fugir de casa não é uma escolha, e que os refugiados são pessoas normais que podem alcançar grandes feitos se tiverem a oportunidade.

Em seguida, conheci o presidente Obama. Eu estava nervosa, mas ele me deixou à vontade imediatamente. Foi incrível conhecer esse líder poderoso e vê-lo me tratar como alguém especial, alguém com quem vale a pena conversar. Na noite seguinte ao meu discurso, fui a um evento das Nações Unidas para celebrar os direitos das mulheres em ascensão pelo mundo. Lá eu conheci a rainha Rania da Jordânia. Fiquei completamente deslumbrada. Lá estava essa mulher bela e forte, e ela queria conversar comigo sobre a minha vida. Nós nos demos bem, e mais tarde ela me indicou para a lista da revista *People* de 25 mulheres que estão mudando o mundo.

Alguns meses depois, em novembro de 2016, fui a Roma visitar o papa Francisco e lhe entreguei um Bambi, um prêmio da mídia alemã. Ele foi gentil e gracioso, e recebi mais uma lição de humildade ao conhecer outro grande homem que mudou o mundo para melhor. Mais tarde, ainda naquele mês, Sara e eu também recebemos prêmios Bambi em uma cerimônia glamourosa repleta de estrelas. Em janeiro de 2017, falei mais uma vez aos líderes mundiais no Fórum Econômico Mundial de Davos. Em abril, me tornei Embaixadora da Boa Vontade da ACNUR. Minha mensagem tem sido sempre a mesma: um refugiado é um ser humano como qualquer outro.

Apesar de todas as viagens e discursos, minha vida ainda gira em torno da natação. Sven não é mais meu treinador, mas ainda é meu amigo próximo e mentor. Ele agora trabalha para mim em tempo integral como agente esportivo. O trabalho de Sven inclui ajudar Marc, meu novo agente, a se manter a par da minha agenda louca. Meu novo treinador no Wasserfreunde, um cubano prático e otimista chamado Ariel, é um grande defensor dos treinos de força. Ele me pressiona a ganhar velocidade. O segredo para superar as barreiras da dor, ele me diz com um sorriso, está todo na cabeça.

Sven, Marc e Ariel. Minha equipe. Os três sabem que eu faria qualquer coisa para nadar e estão trabalhando duro para manter meu sonho olímpico vivo. Em julho passado, Sven e Ariel foram comigo para Budapeste, onde nadei no Campeonato Mundial. Eu sentia horror em voltar à Hungria. Era difícil não sentir ódio pelas pessoas e pelo lugar em si. Como já era de se esperar, desta vez, todos foram muito acolhedores, mas eu fiquei bem longe da estação de trem.

Algumas semanas depois do Mundial, Marc e eu voamos para o Japão com o ACNUR. Reuni-me com o comitê olímpico japonês e lhes disse que estava treinando muito para os Jogos de Tóquio. Naquele outono, assinei um contrato de patrocínio com a fabricante de roupas esportivas Under Armour. Nada é certo, mas espero mais do que qualquer outra coisa me tornar uma atleta olímpica pela segunda vez em 2020.

Olímpica ou não, enquanto eu não puder ir para casa, ainda usarei aquele outro crachá. Refugiada. Depois do Rio, aprendi a acolher essa palavra. Eu não a vejo como um insulto, apenas uma designação para pessoas comuns forçadas a deixar suas casas. Como eu, como minha família.

Mamãe, papai e Shahed agora também têm o status de refugiados. Todos nós queremos ficar em Berlim. Fomos informados de que podemos ficar na Alemanha até 2019. Depois disso, esperamos que nossas autorizações de residência sejam prorrogadas, se necessário. Acredito que a Alemanha vá fazer a coisa certa. Estamos felizes por podermos viver em paz, mas é difícil começar de novo e construir uma vida nova do zero. Nossas vidas aqui são muito diferentes. Cada um de nós precisa encontrar seu próprio caminho.

Shahed tem mais facilidade porque é a mais jovem. Ela está com dez anos e se tornando uma jovem forte e inteligente. Ela se adaptou rapidamente à nova casa e tagarela em alemão fluente com os muitos amigos alemães da escola. Estamos todos felizes por ela, é claro. Às vezes, entretanto, tememos que ela perca sua identidade síria caso continuemos na Alemanha a longo prazo.

A vida é mais difícil para meus pais. Mamãe está aprendendo alemão, mas tem dificuldade para fazer amigos. Muitos dos outros refugiados em seu curso de alemão estão deprimidos, e a dificuldade com o idioma a impede de se comunicar com os moradores. Ela sente saudade da família na Síria — minha avó, minhas tias, meus tios e primos ainda em Damasco —, mas ela ficará bem. Minha mãe é uma guerreira.

Papai também está aprendendo alemão, mas seu progresso é lento. Ele fica frequentemente frustrado por não poder treinar. No ano passado, fez um curso para treinador durante seis meses e recebeu um certificado de salva-vidas alemão, mas sua fluência no idioma ainda não é boa o suficiente para trabalhar. De vez em quando ele falava sobre voltar para a Síria e eu lhe dizia que, por enquanto, estávamos melhor onde estamos. Agora ele está mais estabelecido, e pouco a pouco as coisas estão melhorando para todos nós.

Para mim, voltar atrás não é uma opção até que a guerra termine. É mais fácil para mim. Tive muita sorte de encontrar amigos incríveis na Alemanha que me apoiam em minha nova vida. Outros, incluindo alguns do grupo com que viajamos, veem as coisas de outra forma. Eles ficaram tão infelizes na Alemanha que preferiram voltar e enfrentar os riscos em casa, na Síria. A maioria, porém, continuou aqui, trabalhando incessantemente para tirar o melhor proveito da situação. Nabih e Khalil estão em Berlim, estudando para passar no *Abitur*, o exame de conclusão do ensino médio. Ahmad, Idris, Zaher e suas famílias estão agora espalhados por toda a Alemanha. Muitos deles estão noivos, casados ou se tornando pais.

No outono passado, Sara voltou para Berlim com o objetivo de estudar. Seu ano como voluntária na Grécia fez bem a nós duas. A distância nos reaproximou. Precisávamos de tempo para encontrarmos nossos caminhos separadamente. Sara também dá muitas palestras e discursos. Esta história é tanto dela quanto minha, e ela tem o próprio lado para contar. Nós duas sentimos uma pesada responsabilidade de ajudar os outros, mas falar disso não é fácil. A história do barco nos assombra aonde quer que vamos.

Eu luto com essa história. Luto para entender por que nós sobrevivemos ao mar quando tantos não sobreviveram. Luto para lembrar o que nos fez correr esse terrível risco, o que nos fez pensar que nossas vidas valiam tão pouco. De alguma forma, o risco valeu a pena, mas, de onde estou, é difícil imaginar como.

Não nado no oceano desde então, em maior parte por medo do que possa ver na água. Embora eu não fique pensando no que aconteceu, não consigo impedir que as implacáveis ondas venham marchando na minha direção de vez em quando. A cada naufrágio de mais um barco superlotado com pessoas desesperadas, eu nos imagino agarradas àquela corda, escuto o motor gaguejando e voltando à vida. A cada vez, sou novamente pega de surpresa por como estivemos perto da morte. Se o motor não tivesse ressuscitado, jamais teríamos conseguido.

As pessoas costumam me perguntar se eu sou a garota que puxou o barco, mas não foi assim. Somente uma supermulher poderia puxar um barco cheio de gente. Sei que vivemos em tempos sombrios e que as pessoas querem heróis, mas eu sou apenas uma garota comum. Uma nadadora. Eu tinha uma vida normal antes da guerra. Nunca sonhei em ser uma heroína, mas agora, depois dos Jogos Olímpicos, tenho uma voz, uma missão. Quero inspirar as pessoas e mostrar quem os refugiados realmente são.

Então, quem somos nós? Nós somos seres humanos. Eu sou uma refugiada. Assim como Sara. Assim como mamãe, papai e Shahed. Ninguém escolhe ser um refugiado. Eu não tive escolha. Tive que deixar minha casa para sobreviver, mesmo que isso significasse um risco de morrer no caminho. Preciso continuar divulgando esta mensagem porque há mais de nós por vir. Fugi do meu país há alguns anos. No entanto, enquanto você lê estas linhas, há outros jovens atravessando fronteiras perigosas, entrando em botes superlotados e frágeis, ou sendo trancados e recebendo comida imprópria até para animais. Eles, como eu, eram jovens normais com vidas comuns até que a guerra partisse seus mundos ao meio. Eles, como eu, estão procurando um futuro no qual a morte não caia do céu. Um lugar para viver os dias de calma após a tempestade.

Agora, com a tempestade para trás, eu me concentro nesse futuro de paz. Não acredito que o segredo da felicidade seja uma vida livre de problemas.

Acredito que se trata de conseguir sorrir apesar das dificuldades. Assim, bloqueio as falas negativas e escuto aqueles que acreditam em mim. Eu me cerco de uma equipe com o mesmo ímpeto que eu. Nunca tive tanta certeza de que deveria nadar, de que meu destino está na piscina. A superação dos obstáculos dos últimos anos só me tornou mais determinada. É como meu treinador Ariel sempre diz: os limites só existem na sua cabeça. É simples. Sou uma atleta e nunca desistirei. Um dia, eu vou vencer.

Não é fácil. Há momentos em que dou tudo de mim e ainda não é suficiente. Depois fecho os olhos e conjuro o momento atormentado no mar em que toda a esperança parecia perdida. Quando aquela voz zombeteira me disse para desistir e morrer logo. Lembro que lutei e venci. Que chutei, mantive a cabeça acima da superfície, permaneci viva. Em seguida, um calor dispara por todo o meu corpo, trazendo reservas ocultas de forças para meus músculos doloridos. Ao abrir os olhos, eu sei. Nada pode me destruir agora. Aconteça o que acontecer, eu vou me reerguer. Vou continuar nadando. Vou sobreviver. Vou sair da crisálida como uma borboleta.

Agradecimentos

Eu gostaria de agradecer a Sven e a Sara, que tornaram este livro possível.

No verão de 2017, quando este trabalho começou, Sara deixou sua vida na Grécia e voou para Berlim para me ajudar a captar a experiência dela durante nossa jornada juntas. Mais tarde, ela revisitou muitos lugares dolorosos em nossas lembranças na ilha de Lésbos para garantir que não faltasse nenhum detalhe sobre como fomos levadas pelas ondas até as margens da Europa. Obrigada, Sara, minha ídola, minha irmã. Eu te amo.

Obrigada também a Sven, que me deu um lar, uma piscina e um futuro. Desde o dia em que nos conhecemos, ele tem estado do meu lado, e sei que sempre estará. Sven passou horas revisando rascunhos do manuscrito, editando, ajustando e ajudando a garantir que nossa história estivesse o mais vívida e detalhada possível. Sara e Sven, vocês são a minha base. E são a espinha dorsal deste nosso livro.

Meus agradecimentos sinceros a todos os outros que contribuíram para minha história. O mais profundo agradecimento ao jornalista Steven Decraene por sua inabalável amizade e orientação e por doar suas lembranças de forma tão generosa a este livro. Também estou em dívida com Michael Schirp por seus comentários e por todas as vezes em que ele fez mais do que era obrigado a fazer por mim. Obrigada também ao meu velho amigo Rami Anis por compartilhar suas lembranças dos momentos em que nossas histórias se cruzam.

Obrigada a Josie Le Blond por sua inestimável ajuda. Agradeço também aos meus editores: Carole Tonkinson (Bluebird), Margit Ketterle (Droemer) e Karen Wolny (St Martin's) por toda a sua orientação e apoio editorial.

Obrigada também ao resto da minha equipe. Ao meu treinador Ariel Rodriguez, por sua incansável motivação e paciência, e ao meu agente

Marc Heinkelein por sua visão, entusiasmo e dedicação a sempre estar do meu lado.

Também sou profundamente grata a todos os amigos que conheci no caminho por me permitirem compartilhar nossa história com o mundo. Obrigado a Zaher e aos outros por nos guiar, nos manter a salvo e nos acolher em sua família, e a Ayham e Bassem pela coragem e humor demonstrados nas águas mais escuras. Também quero agradecer a Mette, Elise, Katrin e sua família e todos os meus amigos da Wasserfreunde Spandau 04 pela amizade, pela hospitalidade e pelo apoio. Agradeço também a Reni, Gabi e Michael por ajudarem Sara e eu a nos instalarmos depois de perdermos nosso país, nossa família e nossa casa.

Muito obrigada àqueles que trabalharam tanto para ver uma Equipe Olímpica de Refugiados nas Olimpíadas. Um agradecimento especial ao presidente do COI, Thomas Bach, e ao diretor adjunto, Pere Miro, por acolherem Sven e eu tão calorosamente na família olímpica. Gratidão também a Pamela Vipond e Sandra Logemann da Solidariedade Olímpica e à assessora de imprensa da equipe de refugiados, Sophie Edington, bem como a todos os meus colegas da ROT por sua dedicação inspiradora ao esporte e à nossa causa.

Gostaria também de agradecer a todos no ACNUR, Alto Comissariado das Nações Unidas para Refugiados, por seu apoio e incentivo durante os últimos anos. Agradecimentos especiais a Claire Lewis e a todos no Programa Global de Embaixadores da Boa Vontade por me darem a plataforma e a oportunidade de mostrar a verdade sobre os refugiados ao mundo.

Finalmente, gostaria de agradecer ao resto de minha família: minha irmã Shahed, tão querida para mim, e especialmente minha mãe, Mirwat, e meu pai, Ezzat, por me ensinarem que, com determinação, força e coragem, posso chegar à costa. Por todas aquelas vezes que vocês se sentaram à beira da piscina. Nunca foi em vão.

Este livro foi impresso pela Lisgráfica, em 2022,
para a HarperCollins Brasil. A fonte do miolo é
Adobe Garamond Pro. O papel do miolo é
pólen natural 70g/m^2, e o da capa é cartão 250g/m^2.